年収は「住むところ」で決まる

雇用とイノベーションの都市経済学

THE NEW GEOGRAPHY OF JOBS

ENRICO MORETTI

エンリコ・モレッティ＝著

安田洋祐＝解説　池村千秋＝訳

プレジデント社

年収は「住むところ」で決まる

雇用とイノベーションの都市経済学

目次

第3章 給料は学歴より住所で決まる

第6章 「貧困の罠」と地域再生の条件

日本語版への序章

浮かぶ都市、沈む都市

中国とインドでは毎年、何百万人もの農民たちが故郷の村を離れ、無秩序に広がる都市に移り住み、増え続ける工場のいずれかで職に就いている。日本やアメリカなどの先進国で暮らす人たちは、そうした巨大な工場が生み出す膨大な数の雇用、工場からひっきりなしに吐き出される工業製品の数々、そして、これらの国の目を見張るような生活水準の向上を、驚きと恐れの入り混じった思いで見ている。先進国の住人がおそらく忘れているのは、それがそう遠くない昔の自分たちの姿にほかならないということだ。彼らも数十年前、低所得社会から中流社会への移行を成し遂げた。その際に原動力になった要素も、いまの中国やインドと同じだった。それは製造業の旺盛な雇用である。

第二次世界大戦が終わったころ、日本とアメリカの家庭は、今日に比べるとまだ貧しかった。乳幼児の死亡率は高く、給料も安く、消費に回せる金も少なかった。冷蔵庫や洗濯機などの家電製品は珍しく、新しい靴を買うのは、ほとんどの人にとって人生の一大イベントだった。テレビをもっている家庭もほんの一握りにすぎなかった。しかしその後の三〇年ほどの間に、日本とアメリカの社会は、人類の歴史上有数の急激な変化を経験する。所得は急上昇し、社会のあらゆる階層で消費が飛躍的に拡大した。国内のあらゆる地域の人々がそれまでにない豊かさを実感し、将来に対して楽観的な気持ちをいだくようになった。一九七五年までに、日本とアメリカの乳幼児死亡率は半分に下がり、生活水準は二倍に上昇。冷蔵庫や洗濯機の価格も安くなり、誰でも買えるようになった。新しい靴を買うのは人生のありふれた一コマとなり、大半の家庭がテレビを保有するようになった。日本とアメリカの社会は、わずか一世代の間に中流社会に変貌したのである。

この時期の中流層の所得増と切っても切れない関係にあったのが、自動車、化学、電動工具といった製造業における生産性の向上だった。当時、多くの人は、工場で安定した高賃金の職に就くことをめざした。そうすれば、文化的にも経済的にも中流層の生活を満喫できた。マイホームを買い、週末は家族と過ごし、夏休みは旅行に出かけられた。工場でよい職に就ければ、豊かさと明るい未来が約束された時代だった。

一九八〇年代に入ると、それが変わりはじめ、一九九〇年代以降は、変化がますます加速している。日本でもアメリカでも、この二〇年ほど、グローバル化と技術の進歩により、製造業の雇用が減少してきた。製造業が下り坂になると、中流層の給料も伸び悩んだり、頭打ちになったりするようになった。自国が衰退期に突入したのではないかと、不安になるのも無理はない。しかし、経済の状況はそんなに単純ではない。昨今の経済論議では見落とされがちだが、一国の経済のある部分が経済的に苦しんでいるなかで、別の部分が繁栄を謳歌しているケースがある。とくに際立っているのは、一国内での地理的な格差が拡大してきていることだ。

三〇年で人口が三〇〇倍になった都市

世界経済の地図は、近年急速な変化を遂げてきた。きわめて大きな変化が空前のペースで進行しているのだ。新しい経済的エネルギーの集積地がその地図の上に出現する一方で、古い経済的中心地が退場しつつある。発展している都市もあるが、逆に衰退の道を歩んでいる都市もある。一昔前まで世界経済の地図上でケシ粒のような存在だった町が巨大都市に変貌し、何千もの新しい企業と何百万もの雇用を生み出しているケースもある。新しい経済の都が登場し、古い都に取って代わろうとしているのである。

世界経済の勢力図がどのように変化してきたかは、中国の沿岸部の都市、深圳を見ればよくわかる。もし、あなたがこの町の名前を聞いたことがないとしても、今後はたびたび耳にするようになるだろう。深圳は世界経済の新しい都の一つであり、いま世界で最も急速に成長している都市の一つでもある。わずか三〇年ほどの短い期間に、この町は小さな漁村から、一〇〇〇万人を超す人口を擁する巨大都市に様変わりした。アメリカにも、ネバダ州のラスベガスやアリゾナ州のフェニックスなど、三〇年で人口が倍増した都市があるが、深圳は同じ期間に人口を三〇〇倍に増やし、世界の製造業の都にのし上がった。

深圳の台頭に注目すべきなのは、それが日米の製造業の衰退とほぼ表裏一体の関係にあるからだ。三〇年前、深圳という町を知る人は、中国の広東省の外に出ればほとんどいなかった。この町の運命が——そして、日本とアメリカの製造業で働く何百万人もの人たちの運命が——決まったのは、一九七九年のことだ。この年、中国指導部が経済特区の一つとして深圳を選んだのである。新設された経済特区には、たちまち外国から大量の投資が流れ込むようになり、何千もの新しい工場がつくられた。日本とアメリカの製造業雇用の多くは、そうした工場に流出していった。

アメリカの工業都市であるデトロイト（ミシガン州）やクリーブランド（オハイオ州）が衰退するのを尻目に、深圳は大きく成長した。いま好景気に沸いている都市を見たければ、深圳を訪ねればいい。あらゆる業種の大規模な生産施設が町を埋め尽くしている。毎週のように新しい超高層ビルが出現し、新しいオフィスや住宅が生まれている。高給の働き口を求めて農村から多くの人がひっきりなしに流れ込み、働き手の数も増え続けている。中国の人々の間では、「高層ビルが一日に一棟、大通りが三日に一本」のペースで生まれていると言われるくらいだ。この町の混み合った道を歩けば、旺盛なエネルギーと楽観的な雰囲気を肌で感じ取れるだろう。

深圳は、中国屈指の経済活動の中心地であり、この二〇年は中国最大の輸出拠点でもある。

いまや深圳の港は、世界的に見ても異例の活況を呈している。広大な港湾施設に背の高いクレーンが林立し、貨物列車や大型トラック、色とりどりのコンテナがひしめき、二四時間休むことなくコンテナが巨大な貨物船に積み込まれてアメリカ西海岸などへ運ばれていく。港を出ていくコンテナは、年間にざっと二五〇〇万個。一秒に一個近いペースだ。出航して二週間足らずでアメリカ西海岸の港に到着した工業製品は、またトラックに載せられて、ウォルマートの物流センターやＩＫＥＡの倉庫型店舗、アップルストアなどに運ばれる。

深圳は、アップルのスマートフォン「ｉＰｈｏｎｅ」やタブレット型端末「ｉＰａｄ」が組み立てられている場所でもある。ｉＰｈｏｎｅは、経済のグローバル化の申し子と言っていいだろう。この製品が生産されるプロセスに着目すれば、グローバル化が雇用の分布をどのように変えつつあるかが見えてくる。日本とアメリカの労働者が直面している困難の本質も浮き彫りになる。昔、ＩＢＭやヒューレット・パッカード（ＨＰ）といったアメリカの大手コンピュータ企業は、製品を自社でつくっていて、工場は従業員の住んでいるアメリカ国内にあった。しかし今日、アップルの従業員がｉＰｈｏｎｅを一台一台製造することはない。製造はアジアの何百社もの業者にアウトソーシングされているのだ。そのサプライチェーンは、経済的に見ればきわめて理にかなっており、まさに芸術の域にまで磨き上げられている。アップルは、おしゃれな製品のデザインと同じくらい、サプライチェーンのデザインにも力を入れている。

ｉＰｈｏｎｅは、カリフォルニア州クパティーノのアップル本社にいるエンジニアたちが考案し設計した。生産プロセスの中でいまも全面的にアメリカ国内でおこなわれているのは、こうした製品デザイン、ソフトウェア開発、プロダクトマネジメント、マーケティングといった高付加価値の業務だけだ。この段階では、人件費を抑えることはさほど重要でない。創造性、創意工夫の才、アイデアの創出のほうが重んじられる。一方、iPhoneに用いられている電子部品の製造は、主にシンガポールと台湾でおこなわれている。これらの部品は最先端のものではあるが、その製造過程は、iPhoneのデザイン過程ほどは知識集約的でない。生産プロセスの最後には、最も労働集約的な段階がひかえている。部品の組み立て、在庫の保管、製品の箱詰めと発送などである。この段階で最も重んじられるのは、人件費の安さだ。これらの業務は深圳近郊でおこなわれており、アップルの下請けである台湾のフォックスコン（富士康）という企業がそれを取り仕切っている。

世界有数の規模を誇る工場で働く労働者は四〇万人。敷地内に、寮や商店、映画館まであり、工場というより、さながら一つの町だ。労働者は、たいてい一二時間連続で勤務し、日々のほとんどの時間を工場の敷地内で過ごす。もしあなたがアメリカに住んでいて、オンライン通販でiPhoneを購入すれば、商品は深圳から直接アメリカに配送される。あなたの手に届くまでに、最終製品に物理的に手を触れるアメリカの労働者はただ一人——宅配業者のドライバーだけだ。

製造業で雇用が失われても問題ない

ｉＰｈｏｎｅの物語は、一見アメリカや日本などの先進国の住人にとって気がかりなものに思えるだろう。ｉＰｈｏｎｅはアメリカの象徴のような商品で、世界中の人々を魅了している。それなのに、アメリカの労働者が主要な役割を担っているのは、イノベーションの段階だけだ。高機能の電子部品の製造も含めて、生産プロセスのそれ以外の段階は、シンガポールと台湾にあらかた流出してしまった。不安になるのは無理もない。今後、雇用はどうなるのか？　アメリカだけでなく、日本や韓国にはじまり、イギリスやドイツにいたるまで、所得の高い国の国民は同じ不安を感じている。

アメリカの状況は、そうしたほかの国々にも参考になるだろう。過去半世紀、アメリカ経済は、物理的な製品をつくることを中心とする産業構造から、イノベーションと知識を生み出すことを中心とする産業構造へ転換してきた。アメリカは製造業の雇用のほとんどを失ったが、これまでのところ、イノベーション産業の雇用はしっかり維持されている。大半の新興国は、最近まで高度な技能を要求されない労働集約的な製造業に力を注ぎ、主として価格の安さを武器に競争してきた。いずれは、そうした国々も「デザインド・イン・カリフォルニア（＝カリフォルニアでデザインされた）」製品を量産するだけの役割では満足できなくなるかもしれない。そのとき、多くの新興国はイノベーションに本腰を入れはじめるだろう。現にインドのバンガロールには、いわばインド版シリコンバレーが栄えており、ＩＴ産業が発展してきている。中国もすでに、ヨーロッパのすべての国より多くの特許を新たに生み出すようになっており、テクノロジー産業が年々成長している。

それでも、アメリカや日本のような国はイノベーション産業に非常に強い比較優位をもっており、何十年も先まで先頭を走り続けられるだろう。なぜそう言えるのか？　昨今のグローバル経済をめぐる議論ではしばしば見落とされているが、アメリカや日本の経済がある特徴をもっているからだ。本書では、その特徴を明らかにし、それが雇用にとってどうして重要な意味をもつのかを論じていきたい。ここではさしあたり、このような楽観的な見方が単なる机上の空論ではないことを指摘しておこう。アメリカのイノベーション関連の雇用が減っていないことは、データにもあらわれている。むしろ、この分野の雇用は爆発的に増えている。メディアでは、新興国へのアウトソーシングばかりが話題になるが、アメリカのイノベーション産業の優位は強まりこそすれ、弱まってなどいない。イノベーション産業は、雇用と経済的繁栄の原動力の一つになりつつある。本書で見ていくように、その恩恵を受けるのは、教育水準が高くテクノロジーに精通した人だけではない。イノベーション産業の成長は、そうした産業で働いていない人も含めて、すべての働き手にきわめて大きな恩恵をもたらす。その点では、教育レベルの低い人たちも例外ではない。

ただし、よいニュースばかりではない。このような経済の変容は、同じ地域内に勝者と敗者を生み出し、地域間や都市間では、雇用と人口と富の移動を空前の規模で引き起こしはじめている。新しいイノベーションハブ（イノベーションの拠点）が成長し、旧来の製造業の都市が衰退しつつあるのだ。しかも、勝者と敗者の格差はこれまでにない速さで拡大している。それは偶然の結果ではなく、イノベーション産業の台頭を突き動かしたのと同じ経済的要因がもたらす必然の結果だ。アメリカの成長エンジンが成功を収めることにより、地域間の経済格差が拡大している――そんなジレンマが生じているのである。そして以下で論じるように、誰がその勝者と敗者かは、一般のイメージとはだいぶ違う。

繁栄の新しいエンジン

イノベーションは、雇用に大きな影響を及ぼす。しかも、その影響力は強まる一方だ。今日の経済では、生産プロセスにおけるイノベーションの段階がどの土地でおこなわれるかが、これまでになく大きな意味をもつようになっている。製品に最も大きな価値を加えるのは、イノベーションの段階だからだ。いかなる物理的な部品よりもアイデアが重要な時代がやって来たのである。部品をつくることはさほど難しくないので、それだけでは大きな価値を生み出せない。歴史上はじめて、目に見える物体や貴重な天然資源ではなく、革新的なアイデアが希少性をもつようになった。そうなれば当然、新しい製品が生み出す価値から最も大きな取り分を手にするのは、イノベーションを担う人たちということになる。ｉＰｈｏｎｅは六三四種類の部品で構成されている。そのなかで、ナットやボルトのようなありきたりの部品がつけ加える価値は非常に小さい。そうした部品は、価格競争がきわめて激しい業界でつくられており、世界のどこでも製造できるからだ。それよりは専門性の高いフラッシュメモリーやコントローラーチップなどの部品は、いくらか大きな価値をつけ加えられるだろう。しかし、iPhoneの価値のかなりの部分は、この商品の発案とデザインが生み出している。だからこそ、アップルはiPhone一台ごとに三二一ドルという、どの下請け業者よりも多くの金を得ているのだ。

ひとくちにイノベーション関連の仕事と言っても、さまざまな種類がある。IT、ソフトウエア、オンラインサービス、ナノテクノロジー、クリーンテクノロジー、それにバイオテクノロジーをはじめとするライフサイエンスがその一部であることは間違いない。しかし、コンピュータとソフトウエアが深く関係している分野だけがイノベーション産業ではない。新しいアイデアと新しい製品を生み出していれば、その産業はイノベーション産業とみなせる。エンターテインメント、環境、マーケティング、金融サービスなども含まれる場合があるだろう。それらに共通するのは、ほかの人がまだつくっていない製品やサービスを生み出していることだ。今日の経済では、そういう産業に金が流れ込む。それは、企業の収益や国の誇りにとって大きな意味をもつだけでなく、良質な雇用を生み出すという非常に大きな効果も生む。理由は単純だ。アップルがiPhoneを一台売るごとに受け取る三二一ドルのうち、一部は同社の株主の懐に入るが、残りはクパチーノのオフィスで働く従業員のものになる。また、アップルはきわめて高い利益率を誇っているので、イノベーションを継続するために投資しようというインセンティブが働き、人材を雇い続ける。イノベーションの面で優れている企業ほど、従業員に支払う給料が高いことも、いくつもの研究によりわかっている。

ＩＴ産業においては製造業を上回る規模と速度でアウトソーシングが進み、いずれ完全にアウトソース化されると予測する論者は多い。ハイテク関連の仕事は工場に出勤しておこなう必要がないので、イノベーション産業の雇用の大半は、最終的には低賃金の国に出ていってしまうというわけだ。きわめて悲観的な予測だが、一見すると正しそうに思える。たとえば、インドでは、年に四万ドル支払えば経験豊富なソフトウエア・エンジニアを雇えるが、シリコンバレーや東京では、その数倍の給料を支払っても平均レベルのエンジニアしか雇えない。アメリカや日本の企業は当然、自国内でエンジニアを雇う代わりに、インドにアウトソーシングして人件費を節約しようとするのではないか？

トーマス・フリードマンはグローバル化をテーマにした著書『フラット化する世界』（邦訳・日本経済新聞出版社）で、携帯電話、電子メール、インターネットの普及によりコミュニケーションの障壁が低くなった結果、ある人が地理的にどこにいるかは大きな意味をもたなくなったと主張した。この考え方によれば、シリコンバレーのような土地は存在感を失っていくことになる。シリコンバレーが栄えているのは、ハイテク関連の仕事をする人たちが密集しているため、緊密に連携しやすいからだ。しかし、人と人が物理的に接触する必要がなくなれば、こういう土地の強みは失われてしまう。

もっともらしい議論だが、データを見るかぎり、現実の世界ではこれと正反対のことが起きている。アメリカのイノベーション関連の雇用は増えており、その増加ペースはほかのあらゆる業種を大きく上回っている。製造業の雇用の縮小をもたらした二つの要因、すなわちグローバル化と技術の進歩が、イノベーション産業の雇用を増やす原動力になっているのだ。この一〇年間、インターネット、ソフトウェア、ライフサイエンスの三部門の雇用は、それ以外の業種全体の八倍以上のペースで拡大してきた。もしすべての業種でこの三部門と同じペースで新規雇用が生まれていれば、いまアメリカには失業が発生していない。それどころか、赤ちゃんやお年寄りも含めて一人の国民を四つの雇用主が奪い合っている計算になる。このようにイノベーション産業の雇用が飛躍的に拡大したのは、単に運がよかったからではない。三つの強力な経済的要因が作用した結果だ。この点については後述する。

イノベーション産業の成長は、グーグルのような企業に勤めている人には朗報だろうが、ハイテク関連以外の仕事に就いている人にはまったく無関係だ――そんなふうに思っている人が多いかもしれない。高度な技能をもたない人はとりわけ、自分には縁のない話だと感じていることだろう。先進国でも勤労者の過半数は大学を卒業しておらず、ましてやハイテク分野で働くわけではない。それなのになぜ、あらゆる人がイノベーション産業のことを気にするべきなのか？　実は、イノベーション産業の成長により恩恵を受けるのは、ハイテク企業に雇われる高学歴者——科学者やエンジニア、新しいアイデアのクリエーターたち——だけではない。この種の業界で働いていない人や、高度な技能をもっていない人も含めて、あらゆる人がその恩恵に浴する。どうして、そんなことが起きるのか？　理由は二つある。

イノベーション産業が先進国の雇用に占める割合は、いまだに小さい。重要性が急速に増しているとは言っても、すべての雇用の過半数を占める日は今後も訪れないだろう。ほとんどの先進国の経済では、雇用の三分の二を地域レベルのサービス業が占めている。教師や看護師、小売店やレストランの店員、美容師や弁護士、大工や心理セラピストなどの仕事だ。この点は、アメリカでも日本でも、ヨーロッパでも変わらない。しかし、地域レベルのサービス業は、雇用の大多数を生み出してはいるが、繁栄の牽引役にはなりえない。ほかの産業に引っ張られて経済が繁栄してはじめて、サービス業が栄える。人々の生活水準を向上させるためには、労働者の生産性を引き上げる必要があるが、サービス業の生産性は大して変わりようがないからだ。心理セラピストがセラピーをおこなうのに要する時間は、フロイトの時代からさほど変わっていないだろう。美容師が髪を切り、整えるのにかかる時間も、レストランで客の世話をするために必要なウエーターの数も、昔とあまり変わっていない。

五〇年前、経済の生産性向上を牽引していたのは製造業だった。製造業があらゆる産業の労働者の賃金を引き上げていたのだ。その役割は、製造業からイノベーション産業にバトンタッチされた。ほとんどの労働者の賃金増は、いまやイノベーション産業の首尾にかかっている。

何十年もの間、経済の繁栄のエンジンであり続け、あらゆる業種の労働者の生活水準を向上させる役割を一手に担ってきた製造業が縮小しはじめたことは、社会にとって重大な問題だ。だからこそ、それに代わるイノベーション産業の成長が切実に必要とされているのである。それは、この産業の雇用だけでなく、国の経済全体に大きな影響を及ぼす。

給料は技能より「どこに住んでいるか」で決まる

イノベーション産業の成長があらゆる人にとって大きな意味をもつ理由はもう一つある。「雇用の増殖」とでも呼ぶべき魔法のような現象が生まれるのである。イノベーション関連の産業は、その分野の企業が寄り集まっている地域に高給の良質な雇用をもたらす。それが地域経済に及ぼす好影響は、目に見える直接的な効果にとどまらない。研究によると、ある都市に科学者が一人やって来ると、経済学で言うところの「乗数効果」の引き金が引かれて、その都市のサービス業の雇用が増え、賃金の水準も高まることがわかっている。

ハイテク産業は、雇用全体に占める割合はごく一部にすぎなくても、地元に新しい雇用を創出する力は飛び抜けて強い。都市全体の視点に立つと、ハイテク産業で雇用が一つ増えることには、一つの雇用が増える以上の意味がある。この産業は、地域経済のありようを大きく左右する力をもっているのである。

私の研究によれば、都市にハイテク関連の雇用が一つ創出されると、最終的にその都市の非ハイテク部門で五つの雇用が生まれる。雇用の乗数効果はほとんどの産業で見られるが、それが最も際立っているのがイノベーション産業だ。その効果は製造業の三倍にも達する。なぜそうなるのかは後述するが、ここでは、この事実が地域の経済発展戦略にきわめて重要な、そして意外な意味をもつことを指摘しておきたい。ある自治体が技能の乏しい人たちのために雇用を創出したければ、皮肉なことに、高い技能の持ち主を雇うハイテク企業を誘致するのが最善の方法だということになるのだ。

経済を構成する要素は互いに深く結びついているので、人的資本（技能や知識）に恵まれている働き手にとって好ましい材料は、同じ土地の人的資本に恵まれない人たちにも好ましい影響を及ぼす場合が多い。海の水位が上がれば、海に浮かんでいるボートすべてが上に押し上げられるのに似ている。同じ都市で暮らす人たちの間には、このような現象がしばしば見られる。その結果として、今日の先進国では、社会階層以上に居住地による格差のほうが大きくなっている。もちろん、グローバル化と技術の進歩は押しとどめようがなく、この二つの要因の影響を強く受ける経済では、教育レベルの低い働き手より教育レベルの高い働き手のほうが有利なことは間違いない。しかし、雇用と給料がこの二つの要因からどのような影響を受けるかは、個人がどういう技能をもっているかより、どこに住んでいるかに左右される。同じように技能の低い働き手でも、ハイテク産業の中心地に住む人はグローバル化と技術の進歩の恩恵を受け、製造業都市に住む人は打撃をこうむる可能性があるのだ。

イノベーションが社会にもたらす恩恵は計り知れない。病気を治療するための新しい薬や、新たなコミュニケーションと情報共有の方法、環境にやさしい新たな輸送・交通手段などがそうだ。これらの恩恵は、地球上のほぼすべての消費者が手にできる。一方、イノベーションは新たに良質な雇用を生み出すという面でもきわめて大きな恩恵をもたらすが、こちらの恩恵は世界のごく一部の土地に極端に集中している。

イノベーション産業の成長は、どうしても勝者と敗者の間に富の偏在を生んでしまう。本書では、アメリカの労働市場でなにが起きているかを見ていくが、それを通じて、この先数十年の間に、世界の多くの国の労働市場がどう変わるかも見えてくるだろう。今日のアメリカの経済地図を見ると、三つのアメリカが存在していることが見て取れる。高度な技能をもった働き手が集まっていて、イノベーションが力強く推し進められている都市は、急速な成長を遂げている。そこには新しい良質な雇用が生み出され、それに引きつけられて優秀な働き手がますます集まってくる。それと対照的なのは、旧来型の製造業が君臨していた都市だ。このような都市は長期にわたって凋落し続けており、雇用と人的資本の流出が起きている。そして両者の中間には、以上のどちらのタイプに変貌していくかまだ見えてこない都市がたくさんある。この三つのアメリカを隔てる距離はますます広がっている。こうした経済的格差の拡大は数十年前に始まり、そのペースは加速してきた。最初、この「大分岐」とでも呼ぶべき現象は経済の分野だけにとどまっていたが、年を追うごとに、文化的アイデンティティや政治的価値観の差異も拡大しはじめている。

以下で見ていくように、こうした潮流は偶然の産物ではない。それは、イノベーションに基盤を置く経済の基本的性格から生まれる必然の結果だ。従来型産業を中心とする経済と異なり、知識経済ではどうしても繁栄が一部に集中しやすい。この新しい経済は先手必勝の性格が強く、都市がどのような未来を迎えるかは、それまでの歩みによって決まる面が大きい。繁栄している都市はますます繁栄していく。イノベーションに熱心な企業は、イノベーションに熱心な都市を拠点に選ぶ傾向があるからだ。イノベーション分野の良質な雇用を創出し、高度な技能をもった人材を引き寄せた都市は、そういう雇用と人材をさらに呼び込めるが、それができない都市はますます地盤沈下が進むことになる。

こうした傾向は、アメリカほどではないにせよ、日本や多くのヨーロッパ諸国、カナダでも見られる。将来は、最近になって工業化を遂げたアジアの国でも同様のことが起きるだろう。高度な技能の持ち主が大勢集まっている都市が豊かなのは、大学卒業者が多く、そういう人たちが高い給料を受け取っていることだけが理由ではない。そういう理由であれば、興味深い話ではあるが、別に意外ではないだろう。しかし実際には、もっと大きなメカニズムが作用している。ある人がどの程度の教育を受けているかは、その人自身が得る給料の額だけでなく、その人の暮らす地域全体にも影響を及ぼすのである。ある土地に大学卒業者が多くなれば、その土地の経済のあり方が根本から変わり、住民が就くことができる職の種類と、全業種の労働者の生産性に好影響が及ぶ。最終的に、そういう土地では、高度な技能をもっている働き手だけでなく、技能が乏しい働き手の給料も上がっていくのだ。

なぜイノベーション産業は一極集中するのか

先進国で地域間格差が拡大していることは、見過ごせない問題だ。三つのアメリカの間の格差はなによりもまず経済的なものだが、それは人々の暮らしのそのほかの領域にも波及しはじめている。健康、家族生活の安定、政治への影響力などの格差も拡大しつつあるのだ。このまま放置されれば、その傾向は今後も続き、さらに加速する可能性が高い。

このような潮流は、どうして生まれたのか？　イノベーション産業が集まっている土地が世界地図のどういう場所に存在しているかというパターンには、一見するとなんの脈絡もなさそうに思える。ハイテク産業が栄えている土地に共通する地理的な強みがあるようには見えない。シリコンバレーでシリコン（半導体の主な原料）が採れるわけではないし、東京がハイテク関連の研究開発で強みを発揮する必然的な理由があるとも思えない。むしろ、イノベーション産業の集積地はたいてい地価の高い場所にあるので、ビジネス上の選択として賢明でないようにも思える。では、もっと地価の安い都市に行こうと思えば行けるのに、イノベーション産業はどうして地価の高い一握りの都市に寄り集まるのか？

それは、イノベーションの集積地に拠点を置くことで、企業が競争上の強みを手にできるからだ。集積効果が発揮されることによって、労働市場の厚みが増し、イノベーション産業のためのビジネスインフラが整い、そしてなにより、知識の伝播が促進される。これらの集積効果がなぜ生まれ、それがなぜ強まっていくのかは、後述する。ここでとりあえず理解してほしいのは、ある土地にいくつかのハイテク企業がやって来ると、その土地の経済のあり方が変わり、ほかのハイテク企業もそこにやって来たいと感じるようになって、ハイテク産業の集積がさらに進む、という図式だ。そうした土地では、高い技能をもつ働き手がイノベーション関連の職を求め、イノベーション関連企業も高い技能をもつ人材を求める結果、企業の集積と人材の集積が相互補完的に安定して持続される場合が多い。前述の三つの集積効果が期待できるので、イノベーション関連企業はそういう場所にきわめて強い魅力を感じる。ひとことで言えば、このような環境では、全体が個々の部分の総和以上のものを生み出すことができるのだ。ある程度の規模をもったイノベーションハブでは、高い技能をもった人材と専門性の高い下請け業者や納入業者がふんだんに集まっていて、活発に知識の交換がおこなわれる環境があるので、ハイテク企業はいっそう創造性と生産性を高めていける。

イノベーション産業には、従来型の産業と異なる点がある。従来型の生産活動が比較的容易に海外に拠点を移せるのに対し、イノベーションに取り組む企業を移転させることはずっと難しい。オモチャや繊維製品をつくる工場をアメリカや日本からまったく別の国へ、たとえば中国やインドへ移すことはさほど難しくない。この種の製品はおおむね、世界のたいていの場所で製造できる。鉄道や港が近くにありさえすれば、どこに工場を置いても大きな違いはない。

しかし、イノベーション重視の企業は、そうはいかない。バイオテクノロジー関連の研究所やソフトウェア企業をいきなりどこかへ移転させれば、イノベーションを生み出す力を失ってしまうだろう。イノベーションとは、そんなに簡単なものではない。孤立した環境ではけっして革新的なアイデアを生み出せない。イノベーションを起こすためには、適切な「エコシステム(生態系)」に身を置くことがきわめて重要だ。とくにハイテク分野の企業が成功できるかどうかは、従業員の質だけでなく、地域の経済環境の質にも左右される。ハイテク産業の盛んな土地にさらに多くのハイテク企業が集まってくるのは偶然ではないのだ。こうして、ごく一握りの都市に、イノベーション関連の雇用と研究開発投資が極度に集中する結果になっている。このように、単にイノベーション関連の産業が特定の土地に集積しているだけでなく、その状態がずっと続くようにできているのである。テレビ会議、電子メール、インターネットなどの普及が進んでも、集積状態はあまり変わっていない。世界の電話通話、ウェブサイトへのアクセス、投資資金の流れの九五%は、比較的近接した地域内で起きている。むしろ、今日のハイテク産業は、二〇年前に比べて一部の土地への集積がさらに加速している。

イノベーション産業が地理的に集積する性質をもっていることは、単に学術的に興味深い現象というだけでなく、多くの国の未来にとって、きわめて大きな意味をもつ。まず、地域間の格差がますます拡大すると予測できる。古い製造業の中心地から、新しいイノベーションハブへと雇用が流出し続けるからだ。スポーツの世界で、試合に勝つことで弾みがついて、次の試合で勝つ確率がいっそう高まるのと似ている。イノベーションというスポーツで勝利を収めてきた都市はこれからも勝ち続け、ほかの都市はさらに衰退していく。この点を前提にすると、いまアメリカで起きている地理的格差の拡大は、経済の構造的要因が生み出した必然の結果と言える。この結論が政治的にもつ意味は大きい。過去の経済的失敗に足をとられて悪循環に陥っている地域のために政府はなにをすべきか、という問題が持ち上がるからだ。こうした「貧困の罠」を打ち破るうえで政府がどのような困難に直面しているかにも、本書では言及する。

ドットコム・バブルの最盛期だった二〇〇〇年、識者は口をそろえて「ニューエコノミーの登場により、企業も個人も地理的制約から解き放たれる」と主張した。[*1] しかしすでに述べたように、実際には、それとは逆のことが起きている。イノベーション関連の企業が成功できるかどうかは、どのようなエコシステムで活動するかに大きく左右されるのだ。

多くの研究が明らかにしているように、都市は単なる個人の寄せ集めではなく、さまざまな要素が複雑にからみ合っている。そうした環境は、新しいアイデアや新しいビジネスのやり方の創造を後押しする。たとえば、イノベーション関連の企業で働く人たちの間で社交が活発におこなわれれば、学習の機会が生まれ、イノベーション能力と生産性が向上する可能性が高い。聡明な人のそばにいれば、ほかの人たちの聡明さも増し、イノベーションを起こす力も高まるのだ。イノベーションを実践する人たちは、地理的に近い場所に寄り集まることで互いに創造の意欲を刺激し合い、その結果としてますます成功を収めるようになる。このように、ある都市がイノベーション能力に富んだ個人や企業を呼び込むことに成功すれば、その都市の経済が大きく様変わりし、さらに多くのイノベーション関連の人材や企業がその都市に魅力を感じ、そこに集まりはじめる。

私は、貧しい地域が豊かな地域に追いつくことは不可能だ、などと言うつもりはない。事実、世界経済に過去一〇年で起きた最も大きな変化は、ブラジル、中国、ポーランド、トルコ、インド、さらには一部のアフリカ諸国などの新興国の生活水準が目覚ましいペースで向上したことだ。それにともない、これらの国々と豊かな先進国のギャップが狭まり、世界の所得格差はだいぶ縮小した。この点は喜ばしいことだ。あまり知られていないが、世界規模で見ると、経済的な格差は昔より小さくなっている。格差縮小の実例としては、過去半世紀でアメリカ南部が北部に追いついた歴史も挙げることができる。一九六〇年代、南部の多くの州はアメリカ国内のほかの地域に比べて際立って貧しかったが、その後の数十年間に、ほかの地域を上回るペースで成長を遂げた。

しかしいずれの場合も、追いつくことに成功した地域とそうでない地域があったことを見落としてはならない。オースティン、アトランタ、ダーラム、ダラス、ヒューストンといったアメリカ南部の都市は、南部のほかの都市より急速に成長した。その結果、南部における地域内格差は拡大した。こうした格差は、新興国の国内にも生まれている。中国の上海では、住民一人当たりの所得がすでに先進国に匹敵する水準に達した。学生の共通テストの成績も欧米に大きく水をあけており、公共インフラの質もアメリカのほとんどの都市を上回っている。しかし、中国西部の農村が経験した進歩はずっと小さい。中国全体と豊かな国々の間の格差は縮小したかもしれないが、中国の国内の格差は拡大したのである。

人的資本をめぐる競争

二〇世紀の大半の時期、よい仕事と高い給料は、目に見える製品をつくることによって生み出されてきた。地域間の競争は、工場の建設や機械の導入のための投資をどれだけ集められるかをめぐるものだった。大規模な製造業を育てることに成功した都市や国は、目を見張る繁栄を謳歌した。アメリカと日本は世界に冠たる製造業を築き、世界経済に君臨する存在になった。しかし、二一世紀は違う。よい仕事は、新しいアイデア、新しい製品、新しいテクノロジーを創造してこそ生み出せる。工場や機械のような物的資本ではなく、人的資本をどれだけ引きつけられるかをめぐって、競争がおこなわれるようになるだろう。そのような時代には、場所の重要性がかつてなく強まる。人は互いに顔を合わせてコラボレーションするとき、最も創造性を発揮できるからだ。ある土地に人材が集積すれば、その土地にさらに人材が集まり、コラボレーションが促される。その結果、一人ひとりの技能がさらに高まり、ますます多くの人材が集まってくる。そうやって、イノベーション能力に富んだ人材を大勢引きつけられた都市や国が経済の覇者になる。

以下の各章では、このような新しい経済の世界を旅していきたい。成長しつつある都市と衰退しつつある都市を探索し、馴染みのない土地にもお馴染みの土地にも足を延ばす。ピクサー社の色彩専門家やサンフランシスコの製本業者も訪ねる。シアトルの最先端の一角であるパイオニアスクエア（以前は薬物依存症患者のクリニックが立ち並んでいた土地だが、いまではジンガやブルーナイルといった活気ある企業が本社を置いている）にも足を運ぶ。ヨーロッパで屈指のカッコいい町でありながら、驚くほど貧しい都市でもあるベルリンも訪ねるし、退屈だけれど驚くほど豊かになったノースカロライナ州のローリー−ダーラム圏も訪ねる。

このような検討を通じて、世界経済の変化が仕事の世界をどのように様変わりさせつつあるかを明らかにしたい。将来、どこに雇用が生まれ、個々の都市や国がどのような運命をたどるかは、そうした経済の新潮流によって決まる。その新しい潮流はどうして生まれたのか？　そして、それは私たちのキャリアに、地域社会に、そして生き方に、どのような影響を及ぼすのか？　本書では、これらの問いに答えていく。アメリカがどう変わりつつあるかは、日本の未来を見通すうえで大いに参考になるだろう。

＊1　Atkinson and Gottlieb, "The Metropolitan New Economy Index," 2001.

第1章 なぜ「ものづくり」だけでは駄目なのか

一九四〇～五〇年代、アメリカを代表する活力ある都市と言えば、デトロイト（ミシガン州）、クリーブランド（オハイオ州）、アクロン（オハイオ州）、ゲーリー（インディアナ州）、スクラントン（ペンシルベニア州）、ピッツバーグ（ペンシルベニア州）といった製造業の町だった。これらの都市は、世界中から羨望の眼差しで見られたものだ。その力と繁栄は、明らかに——そう、はっきり目に見える形で——大きな工場と、煙を吐き出す煙突、油にまみれた機械類、そして、形のある（たいていは大きな）製品の製造と結びついていた。デトロイトは一九五〇年代の最盛期、アメリカで三番目に豊かな都市にのぼり詰めた。今日のシリコンバレーのような存在だったと言えるだろう。この町に最先端の企業（その多くは、業界の世界トップ企業だった）が集中し、イノベーション能力に富んだエンジニアなどの人材も集まっていた。当時は、アメリカの繁栄が製造業の繁栄と同一視されていた時代だった。それを象徴するのが、一九五〇年代に自動車大手ゼネラル・モーターズ（GM）のCEOを務めたチャールズ・ウィルソンが述べたとされる有名なひとことだ。「GMにとっていいことは、アメリカにとっていいことだ。そして、逆も真なり」という言葉である。

アメリカの製造業興隆の原動力になったのは、労働生産性の飛躍的高まりである。マネジメント手法が改善され、近代的な機械を導入するために莫大な投資もおこなわれた結果、一九七五年のアメリカの工場労働者の生産性は、一九六四年の二倍に上昇した。そうした生産性の向上は、二つの面でアメリカの繁栄を後押しした。第一は、賃金の目覚ましい上昇をもたらしたことだ。生産性の向上が実現したのはおおむね製造業だけだったが、賃金の上昇はそれ以外の産業にも波及した。第二は、製造工程が効率化し、物の値段が下がったことだ。庶民にとって高嶺の花だった自動車や家電が大量生産できるようになり、多くの人に手が届くようになった。たとえば、平均的なサイズのシボレーの新車の価格は、一九四六年には、所得が中央値の世帯の年収の半分相当だったが、一九七五年には、四分の一未満まで下落した。

物の値段の下落と賃金の上昇が同時並行で進んだ結果、アメリカ社会の文化的・経済的構造が根本から変わった。ショッピングモールがあちこちに誕生し、さらには大量販売と広告が登場したことにも背中を押されて、消費のあり方も大きく様変わりした。消費が目を見張るほど拡大したことで、「コンシューマリズム（消費主義）」という新語まで誕生したほどだった。こうして豊かな社会が出現し、何世紀にもわたる自然との戦い、そして欠乏との戦いに終止符が打たれ、平均的な世帯が空前の水準の物質的幸福を手にできるようになった。アメリカで生まれたというだけの理由で、たいていの人が親の世代より二倍も豊かな生活を送れる時代が訪れたのだ。

一九七八年の秋には、アメリカの製造業の雇用数が頂点に達し、二〇〇〇万人近くの人が工場で働いていた。経済は間違いなく好調だった。国内総生産（GDP）も雇用も堅調に拡大していた。しかし、経済のエンジンが突如停止する。製造業が――アメリカ経済を大恐慌の時代から安定期へとほぼ独力で引き上げた馬車馬が――減速し、前進することをやめ、ついには後退しはじめたのだ。一九七九年前半、イラン革命の影響で石油価格が急騰したとき、最初に打撃を受けたのは自動車産業だったが、悪影響はたちまちほかの産業にも拡大した。生産活動のコストが上昇し、企業は雇用を減らしはじめた。やがて原油相場は落ち着きを取り戻したが、失われた雇用は回復しなかった。一時的な景気の悪化にすぎないだろうという当初の予測ははずれ、製造業の雇用縮小は止まらず、多くの痛みを生み出しながら今日まで続いている。

同様の現象は、日本をはじめとする大多数の高所得国でも起きた。図1－aを見てほしい。この図は、一九七〇年以降の日本の全雇用に占める製造業の割合の推移を示したものである。一九七〇年には、日本の勤労者の二八％近くが製造業で働いていた。その割合は、現在では一七％を下回っている。際立った落ち込みと言っていいだろう。

ほかの先進国もことごとく、同じような経験をしている。図1－bは、ドイツ、イギリス、

[図 1-a] **日本の全雇用に占める製造業の割合**（1970～2012年）

出所：セントルイス連邦準備銀行

[図1-b] **4カ国の全雇用に占める製造業の割合**（1970～2011年）

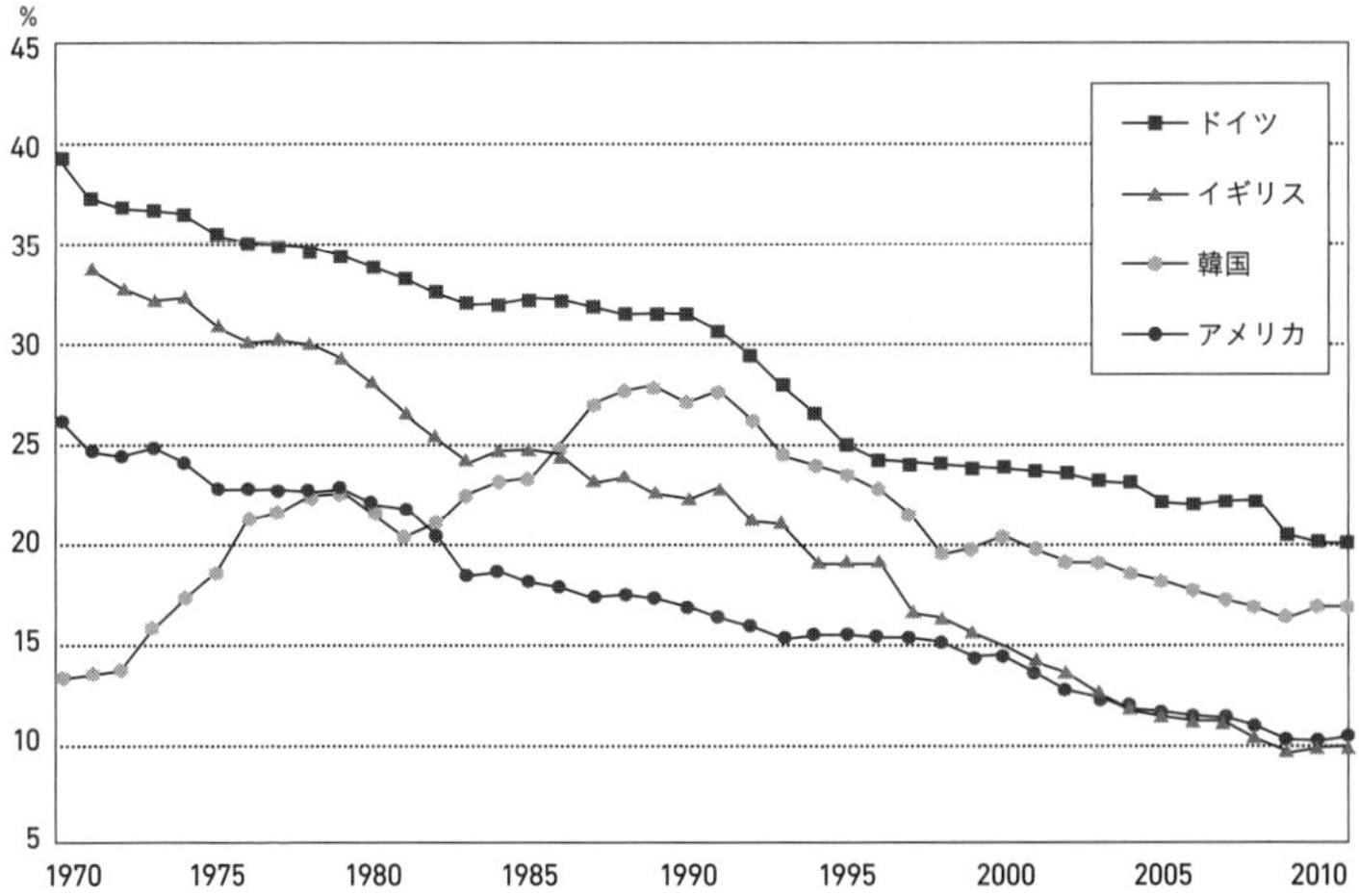

出所：セントルイス連邦準備銀行

韓国、アメリカのデータだ。一九七〇年、ドイツの勤労者の四〇%近くが製造業で雇用されていたが、いまやその割合は二一%でしかない。イギリスとアメリカもおおむね似たようなものだ。一方、韓国は、これらの国からおよそ二〇年遅れで同じ道を歩んでいる。韓国の全雇用に占める製造業の割合は一九九〇年ごろまで増え続けたが、それ以降は急激に落ち込みはじめた。その下落ペースは、ほかの三カ国を上回る。

製造業の衰退は人々の生き方まで変えた

製造業は、もはや地域経済の繁栄のエンジンとは言えなくなった。かつて栄華を誇ったアメリカの製造業都市は往年の勢いを失い、人口の縮小と経済の不振に悩まされている。亡霊のように生気をなくし、経済の地図から完全に消滅しかねない瀬戸際に追い込まれた。二〇〇〇〜一〇年に人口が最も減ったアメリカの大都市圏は、二〇〇五年に大型ハリケーン「カトリーナ」で被災したルイジアナ州のニューオーリンズだが、そのあとに続くのは、ミシガン州デトロイト（二五%減）、オハイオ州クリーブランド（一七%減）、オハイオ州シンシナティ（一〇%減）、ペンシルベニア州ピッツバーグ（八%減）、オハイオ州トレド（八%減）、ミズーリ州セントルイス（八%減）といった工業都市だ。アメリカの「ラストベルト（さびついた工業地帯）」の都市は、毎年毎年、巨大ハリケーンの直撃を受けているかのような惨状を呈しているのだ。デトロイトの人口は、一九五〇年代後半に頂点に達し、それ以降は半世紀あまり減り続け、現在は一〇〇年前の水準まで縮小している。いまや居住者の三人に一人は、アメリカ国勢調査局の定める「貧困ライン」を下回る所得しか得ていない。暴力的犯罪の発生率は、毎年のように全米最悪レベルを記録している。工場や煙突や機械類が町を出ていき、それと一緒に製造業の良質な雇用と高給の職も町を出ていってしまったのだ。

ショッキングな数字だが、製造業の衰退が社会に及ぼす影響はこれだけにとどまらない。ある意味で、これまでの人々の生き方そのものが消失しつつあると言ってもいい。雇用論議では見落とされがちだが、製造業の衰退により地域社会がこうむる最も大きな打撃は、製造業で働いていた人たちが職を失うことではない。工場が閉鎖されれば、その都市でサービス関連の仕事に就いていた人の多くも働き口を失う。私の研究によれば、製造業の雇用が一件減ると、最終的にはその土地で非製造業の雇用も一・六件減る。美容師やレストランのウェーター、大工、医師、清掃員、小売店の店員にも打撃が及ぶ。とりわけ影響が大きいのは、建設関連の雇用だ。ラストベルト地帯では伝統的に、教育レベルの高くない人が就ける最も高給の職は、製造業以外では建設業の仕事だった。そうした建設関連の雇用は、大本をたどれば工場労働者が受け取る給料によって支えられていた。工場で働く人たちの収入が干上がれば、同じ都市に住むほかの人たちの収入も干上がるのである。

社会の雰囲気も暗くなっている。人々がアメリカの先行きに不安を感じていることは明らかだ。そうしたムードは、二〇〇八〜一〇年の景気後退をへて、今日まで続いている。最近のある世論調査によると、製造業の衰退を理由に「経済的な不安」をいだいている人が多い。ボストン・グローブ紙の分析によれば、「アメリカが物づくりをやめてしまった」ことが不安の原因だという。[1] ブルース・スプリングスティーンは一九八四年の曲「マイ・ホームタウン」で、工場の閉鎖により打撃を受けたアメリカ東部やラストベルト地帯の数知れない町を覆う不安感を表現した。

目抜き通りは、漆喰で閉ざされた窓と、主を失った店ばかり
もう誰もこの町に見向きもしないようだ

スプリングスティーンがこう歌って四半世紀あまり。歌詞に表現されている不安感はさらに広がっているようだと、ボストン・グローブは記事で結論づけている。

製造業の状況が暗転したことは、この六〇年間にアメリカ経済が経験したなかで有数の大きな変化だ。もはやアメリカは、アメリカ人が自負してきたような「特別な国」ではない、という主張がなされるなど、アメリカの未来に対する悲観論が広がっている根底には製造業の衰退がある。アメリカの平均的な世帯の生活水準は一九四六年から七八年にかけて二倍以上に上昇したが、それ以降はおおむね頭打ちになっている。アメリカの平均的な勤労者――四〇歳の男性で、学歴は高校卒、仕事の経験は二〇年ほど――を考えてみよう。そういう人物の一時間当

たりの賃金は、一九四六年から七八年の間に八ドルから一六ドルに上昇したが、今日は一四ドルまで下がっている（金額はすべて今日の貨幣価値に換算）。

こうした事態を金融機関のせいだとする考え方は、二〇一一年秋に一挙に盛り上がった「ウォール街オキュパイ（占拠）運動」が最初ではなく、昔から人々の心理に深く根を張っていた。オリバー・ストーン監督の映画『ウォール街』（一九八七年）では、一九八〇年代のアメリカ経済の変容を、誠実な市井の人々と倫理観の欠けたウォール街の戦いとして描いた。前者の象徴は、マーティン・シーン演じる実直な労働者。いまの暮らしに満足していて、労働組合の活動に熱心に取り組んでいる。一方、後者の象徴は、その息子である若き証券マン。マーティンの実の息子であるチャーリー・シーンが演じた。この若者は、競争の激しい企業買収の世界で頭角をあらわすために手段を選ばず、しまいには父親が働いている会社を崩壊の寸前まで追いやるのだ。アメリカの経済的苦悩に対するハリウッド流の解釈は、それから三〇年たっても変わっていない。二〇一〇年の映画『カンパニー・メン』では、ベン・アフレック演じるホワイトカラーの主人公が会社をクビになる。経営者がウォール街の顔色をうかがい、株価を引き上げるために、容赦ない人員整理に踏み切ったからだ。

二つの映画には、明確な共通点がある。いずれの映画でも、「善玉」は形のあるモノをつくっている会社の人たちで（マーティン・シーンの勤務先は航空機メーカー、ベン・アフレックの勤務先は造船会社）、「悪玉」は株式やら先物やらを売り買いし、売買の注文をひっきりなしに大声で怒鳴り、人々の雇用を破壊する連中だ。『カンパニー・メン』に、こんな胸の痛くなるシーンがある。造船会社を解雇された二人の元社員が昔の仕事場を訪ねる。いまは使われなくなり、あちこちにサビが目立つようになった造船所だ。昔の職場で彼らは言う――「オレたちは、ここで物づくりをしていたんだよな」。

強欲な金融業者と、ビジネススーツに身を包んだ上昇志向の強い若きエリートたちは、物語の悪役としては打ってつけかもしれない。しかし、ブルーカラーのアメリカを本当に葬り去ったのは、ウォール街ではない。本当の犯人は歴史だ。アメリカの製造業雇用が抱えている問題は、過去半世紀の歴史を通じて強まってきた根深い経済的要因を反映した、構造的なものなのだ。その経済的要因とは、グローバル化と技術の進歩である。

リーバイスの工場がアメリカから消えた日

アメリカの産業の歴史を象徴している会社を一つ挙げるとすれば、リーバイ・ストラウス(リーバイス)だろう。一九九〇年代前半に私が移り住んだ当時、サンフランシスコにはまだリーバイスの工場が一つあった。一八五三年、アメリカ西部がゴールドラッシュに沸いていたころ、二四歳のドイツ系移民が金の採鉱者向けに頑丈なパンツを製造・販売しはじめた。こうしてリーバイスが誕生して以来ずっと、サンフランシスコの工場は操業を続けていた。昔は、アメリカの都市近郊にこのような工場が無数にあったものだ。一九九四年夏に私がその工場を訪ねると、ラテンアメリカ系の女性を中心に何十人もの労働者が働いていて、看板商品である「リーバイス501」のジーンズをつくっていた。そのとき脳裏に浮かんだ問いは、いまもはっきり覚えている——彼女たちの働き口は、いつまであるだろう？　リーバイスはアメリカ国内の雇用を守ろうと努めていたが、一時間当たり九〜一四ドルの給料と付加給付を負担していた同社の製造コストは、ライバルに比べてかなり高かったのだ。その後、二〇〇三年、同社はついにアメリカ国内の工場をすべて閉鎖し、生産拠点をアジアに移した。サンフランシスコの工場は、いまはクエーカー系の富裕層向け小学校になっている。学費は年間二万四〇四五ドルだという。

工場閉鎖のニュースを聞いたとき、私は驚かなかった。むしろ、リーバイスがこれだけ長い間、アウトソーシングに抵抗し続けたことのほうが特筆すべきだ。同業のライバルであるギャップ、ラルフローレン、オールドネイビーなどは、もっと早い段階で国外での生産に転換していた。この面で、アパレル産業はアメリカ製造業の典型と言える。第二次世界大戦後の一〇年間、繊維産業はアメリカの労働市場で重要な地位を占めていた。こと雇用に関して言えば、アメリカで最も貴重な産業集積地は、デトロイトの自動車産業ではなく、ニューヨークの衣料品産業だった。[2]　一九八〇年代半ばのアメリカでは、まだ一〇〇万人を超す人たちがアメリカの衣料品メーカーで働いていた。いま、その数字は一〇分の一以下に減っている。あなたが着ている服は、どこでつくられたものだろう？　もしアメリカ企業が販売している服を着ているとすれば、その服はおそらく、ベトナムやバングラデシュなどの業者が製造したものだ。アメリカのブランドは人気を博しているかもしれないが、アメリカ国内に残っている雇用は、デザイン、マーケティング、セールス関連など、ごくわずかにすぎない。

表面だけ見ると、iPhoneの物語と似た構図に思える。確かに、いずれの場合も、デザインとマーケティングの仕事だけアメリカに残り、製造はすべてアジアの業者がおこなっている。しかし、両者の間には大きな違いがある。アパレル産業の場合——これは従来型の製造業全般に言えることだが——アメリカにとどまるデザインとマーケティングの雇用は数が少なく、あまり増えていない。それと対照的に、イノベーション産業では、デザインとマーケティング関連の雇用の数が多く、しかも雇用は急速に拡大している。

近年まで、アメリカは低所得国からさほど多くの輸入をしていたわけではない。一九九一年の時点でも、こうした国々からの工業製品の輸入は全体の三%に満たなかった。つまり、多くのアメリカ人の雇用に影響を及ぼすような数字ではなかったのである。しかしこの二〇年間、経済のグローバル化が進行し、貿易額が拡大し続けた。アメリカの輸入先全体に占める低所得国の割合は、二〇〇〇年までに二倍に増え、二〇〇七年までにさらに二倍に増えた。その増加分のほとんどを、中国が占めている。この時期、人件費の高い国から人件費の安い国へ、製造の場が移っていった。iPhoneの物語からも明らかなように、製品をつくるうえでは、アメリカのような豊かな国よりもっと適した場所が地球上にはあるのだ。その点では、ある程度高度な製品も例外でない。
途上国は人件費が安いので、アメリカに比べて工場で人力に頼る傾向が強く、機械の使用が比較的少ない。その結果、途上国の工場は、状況の突然の変化に柔軟に対応しやすいという強みをもっている。「中国はコストが安いというイメージが強いが、本当の強みはスピードだ」と、中国でビジネスをおこなっているアメリカ人実業家は最近述べている。[3] 中国で働くアメリカ人の工業デザイナーもこう指摘している。「人間は、どんな機械よりも適応力がある。機械はプログラムし直さなくてはならないが、人間なら次の週にはまったく違う仕事をすることができる」。アメリカの工場と異なり、中国の工場は、それこそ一夜にして生産計画やデザインの変更をおこなえるのだ。
グローバル化がブルーカラーの雇用に及ぼしている影響は、地域によって異なる。デヴィッド・オーター、デヴィッド・ドーン、ゴードン・ハンソンの最近の研究によると、中国からの輸入によって地域の雇用がどの程度影響を受けているかは、土地によって大きな違いがある。[4]
プロビデンス（ロードアイランド州）やバッファロー（ニューヨーク州）は、伝統的な製造業への依存度が高く、中国でも製造しているような付加価値の低い製品を主につくっている。これらの地域は、競争が激化したことで大きな打撃をこうむった。対照的に、ワシントンDCやヒューストン（テキサス州）はまったく異なるタイプの製品をつくっており、打撃は比較的小さい。中国と直接の競争関係にある都市では、輸入が増えるにともない、失業率が上昇し、労働参加率が低下し、賃金が下落している。注目すべきなのは、ツケを払わされるのが職を失う労働者だけではないということだ。アメリカ国民全体にしわ寄せがいく。失業して困窮した人たちに、さまざまな形で政府から金が流れるからだ。失業保険やフードスタンプ（低所得者向けの食料費補助制度）、さらには障害保険などの福祉給付が増大するのである（障害保険は、形を変えた低所得者向け福祉制度として利用されていることが多い）。要するに、貿易の直接的な影響に関しては地域ごとの違いがきわめて大きいが、それが生み出すコストの少なくとも一部は、最終的には納税者全体が負担することになるのだ。

企業がグローバル化の影響をどのように受けるかは、個々の企業の対応能力次第で大きく変わってくる。ニコラス・ブルーム、ミルコ・ドラカ、ジョン・ファンリーネンの最近の研究によれば、途上国との貿易が増えると、全般的に企業の技術向上のペースが加速するが、個別の企業に及ぶ影響は、その会社にどのくらい適応への意欲があるかによって決まる。[5] ブルームらが先進一二カ国の五〇万社について一九九六〜二〇〇七年のデータを調べたところ、中国からの輸入品との競争にさらされている企業は概して、自社の技術を向上させることで対応しようとしていた。コンピュータを新たに購入したり、研究開発への投資を増やしたり、特許を積極的に取得したり、経営方針を刷新したりする。皮肉なことに、外国からの脅威がアメリカ企業の生産性向上を誘発し、アメリカの経済成長を後押ししているのである。しかし、誰もがその恩恵を受けるわけではない。ハイテク企業が脅威にうまく対処する一方で、ローテク企業——

イノベーション性に乏しく、ITにあまり投資せず、生産性も高くない企業――は、中国の輸出攻勢の前に苦戦を強いられ、従業員を解雇したり、市場から撤退したりしている。要するに、グローバル化は技術の進歩を促し、教育レベルの高い働き手に対する需要を増やすが、技能の乏しい働き手への需要は減らしてしまうのである。

高学歴の若者による「都市型製造業」の限界

もちろん、製造業がすべて衰退しているわけではない。たとえば高級ファッションは、ほかの製造業ほど人件費が大きな問題とならず、デザイナーや熟練した仕立屋がどこにいるかが重要な意味をもつ。近年は、職人仕事でつくられた地元産品の人気も高まっている。食品や衣服だけでなく、自転車や家具でも、地元産品がカッコいいと思われるようになったのだ。ニューヨークやプロビデンスからポートランド（オレゴン州）やミネアポリス（ミネソタ州）まで、職人仕事で物をつくる工房が続々と出現し、そうした工房でつくられた品物が地元の洒落た店で売られるようになった。

サンフランシスコのリーバイスの工場があった界隈にも、手づくりで品物をつくる工房がいくつもできている。たとえば、流行の先端の服をつくっているカットルースという会社は、小売業者の注文を受けて、その都度、地元カリフォルニアで服の縫製と染色をおこなっている。リーバイスの旧工場から通りを挟んだ反対側にある、ブティックのザ・コモンでは、「伝統的な製造法に基づいて、流行に左右されない、長持ちする服をデザインし、製造し、販売して」いるという。この店で売られている素朴なシャツは、デザインも裁断も縫製もカリフォルニアでおこなわれている。そのすぐ近くには、自動車整備工場の跡地に、チョコレートを一からつくる工場ができた。工場でつくられた手づくりのチョコレートを、敷地内の赤レンガの雰囲気のある建物内で売っている。チョコレートバー一枚の値段は九ドルだ。このダンデライオン・チョコレートを経営するのは、こざっぱりしたオシャレな若者の二人組。有機栽培のマダガスカル産のカカオ豆をわざわざ探し求めるような情熱の持ち主だ。そこから東へ数キロ行くと、DODOケース社がある。破綻寸前だった昔ながらの製本業者の力を借りて、手づくりのiPad用ケースを販売している会社だ。カバーには顧客のイニシャルを刻印し、環境にやさしい竹製の部品を使っている。

東海岸に目を転じると、ニューヨークのブルックリンでは、ローカルな食品づくりが盛んだ。メトロポリス誌の表現を借りれば、「この地区に住む二八歳の男性がことごとく、手づくりピクルスを製造・販売しているかのよう」に見える。[6] 海軍造船所の跡地を開発したブルックリン・ネイビーヤードには、何十もの小さな製造業者の工房がひしめき合っている。ここに工房を設けたい業者はあとを絶たず、なかなか入居できない。デトロイトやフリント（ともにミシガン州）の何百もの閉鎖された工場の跡地とは、あまりに対照的だ。

その昔、ブルックリンは、アメリカの都市製造業の中心地の一つだった。第二次世界大戦中の最盛期、ブルックリンの海軍造船所では七万人の作業員が三交代制で働き、二四時間体制で生産をおこなっていた。最近の活況を見れば、ブルックリンに都市製造業が帰ってきたと思いたくなるかもしれない。その担い手は、大学卒の若者を雇って地元市場を相手に商売する小規模のハイテク製造業、ということになるだろう。ネイビーヤード内に約一〇〇〇平方メートルのスペースを借りているフェラ・デザインズは、建築資材専門の金属工房だ。副社長のジェフ・カーンがメトロポリス誌に語ったところによれば、一五人の従業員のほとんどは、地元ブルックリンにある美術大学、プラット・インスティテュート出身の工業デザイナーだ。「まだ三〇歳になっていない人が大半です。彼らは職人の技を学びたい、物づくりを勉強したいと思っている。製造業のルネサンスが起きていると言っていいでしょう」[7]。カーンに言わせれば、いまのネイビーヤードの活気は、アメリカの都市製造業が再生を遂げられる可能性を示唆しているという。「今後、中国での生産コストは上昇していくでしょう。アメリカは、製造業の基盤を一部取り戻せるかもしれない。最先端のテクノロジーとやる気ある若い世代がその牽引役になると思います」

こうしたトレンドは、アメリカの多くの都市で広がりつつある。自分の手を使って仕事をしたいと考える若者が増えているのだ。サンフランシスコのリーバイスの旧工場近くには、手づくり高級生地のメーカーが誕生した。皮肉なものだ。二〇年前には、このすぐそばで教育レベルの低いラテンアメリカ系の女性たちがリーバイスのジーンズをつくっていた。それがいま、高学歴の若い白人たちが同じような製品の裁断や縫製をここでおこなっているのだ。

都市部での物づくり復活の動きは、文化的現象としては興味深い。だからこそ、地元紙でたびたび大きく取り上げられているし、支援する価値もある。都会に製造業が戻ってくれば、外国に流出する富の一部を国内にとどめられる。それに多くの場合、消費地の近くで生産をおこなうほうが輸送による環境への負荷も少なくてすむ。しかしこの新しい現象は、雇用問題の解決策にはなりえない。まず、影響が限られている。生み出される雇用があまりに少なく、労働市場全体に影響らしい影響を及ぼせない。それに輪をかけて問題なのは、この種の雇用が地域の雇用を増やす牽引役になれないという点だ。これらのビジネスの活況は、ほかの産業がつくり出した富の産物である。この点を見落としてはならない。従来型の製造業の場合、つくられた製品は、たいてい世界のどこかに持って行って売られる。それに対し、地元産の品物の消費を支えるのは、その性格上、同じ地域内の富だ。四〇ドルの手づくりTシャツや九ドルのチョコレートバーの代金は、地域経済のなかの誰かが支払わなくてはならない。ニューヨークやサンフランシスコのような都市では、金融産業やハイテク産業の生み出した富によって、地元の職人的なものづくり産業が支えられているのだ。

また、地元産品を魅力あるものにしている重要な要素は、「特別なもの《ユニーク》」というイメージだ。消費者にそう思われ続けたければ、ビジネスの規模をある程度以上に拡大させることは難しい。アメリカン・アパレルを例に見てみよう。いま、北米で最大の衣料品工場を運営している企業である。高層ビルが立ち並ぶロサンゼルスの金融街にほど近い同社の工場では、五〇〇〇人が働いている。マーケティングで強調しているのは、労働者に十分な給料と医療保険を提供しているという点だ（縫製作業員の時給は一二ドル）。アメリカン・アパレルのTシャツは、流行に敏感な都市部の高学歴層の若者の間で絶大な人気を誇る。製造された場所を別にすれば、Tシャツ自体にさほど特別な点はない。アメリカ国内での衣料品製造が非常に珍しくなったからこそ、ロサンゼルスの都心部でつくられたということ自体が商品の差別化要因になる。アメリカン・アパレルの商品は、バージニア州ウィリアムズバーグにはじまり、テキサス州オースティン、さらにはワシントンDCにいたるまで、全米の若者たちに支持されている。賢明なビジネスモデルと言えるだろう。同社のブランドにはカッコいいというイメージがあるので、商品を高い値段で売れる。その結果、比較的高い生産コストを回収することができるのだ。しかし、アメリカの繊維労働者たちにとっては残念なことに、このビジネスモデルを広く拡大することはできない。アメリカン・アパレルのビジネスモデルが成り立つのは、同社の商品が「特別《ユニーク》」だというイメージをもたれているからだ。もし、アメリカの大都会の真ん中に工場を置くアパレル企業が続出すれば、この会社は唯一の競争力の源泉を失うことになる。

中国とウォルマートは貧困層の味方？

アメリカ人は、おおむね自信喪失と無縁の国民だ。ヨーロッパの政治家と異なり、アメリカの政治家はことあるごとにアメリカを「世界で最も偉大な国」と呼び、アメリカの労働者を「世界で最も優秀」と称える。確かに、アメリカ人が世界に誇れることはいくつもある。しかし、アメリカにも生産することが得意なものと得意でないものがある。これは、アメリカだけでなく、どの国にも言えることだ。不得意なものがあっても、まったく問題はない。グローバル化した経済においては、あらゆることに卓越している必要はないからだ。それを目標とすべきですらない。自国で生産するのが得意なものだけをつくり、それ以外のものは、他国に生産させて輸入するほうがよほどいい。デヴィッド・ベッカムはサッカーに専念し、住む家の建設や、髪の毛のカット、衣服の製造はほかの人に任せるべきだろう。これが経済学で言う「比較優位」の考え方である。

経済学の世界では論争が絶えないが、この概念を否定する経済学者はまずいない。比較優位の考え方を前提にすると、それぞれの国が他国より生産性の高い産業に特化すれば、誰もが恩恵に浴せる。どの国も得意なものをつくって輸出し、他国のほうが効率的につくれるものはその国から輸入するようにすれば、すべての国がいくらか金持ちになる、というわけだ。実際、そのとおりになっている。アメリカの国民所得は、国際貿易をいっさいおこなわないと仮定した場合に比べて何十億ドルも多い。グローバル化のこうした側面はきわめてうまく機能しており、私たちはそれを当たり前に感じている。今日のアメリカの消費者は、コンピュータや薄型テレビ、オーディオシステムなどのエレクトロニクス製品が年々安くなるものだと思っている。

そうした消費者向け製品の価格下落がとくに顕著なのは、中国からの輸入がとくに増えている分野だ。

価格の下落によって得る恩恵は、富裕層より貧困層のほうが大きい。最近、シカゴ大学の二人の経済学者が所得層ごとに世帯単位の消費行動を調べた[8]。具体的には、調査対象者がスーパーマーケットで買い物をするたびに、購入品をすべて記録させたのだ。そうやって得た豊富なデータを分析したところ、低所得層が購入する品物の値段は、高所得層が購入する品物の値段に比べて、概して値上がりのペースが非常にゆるやかなことがわかった。一九九四年以降、所得最下層二〇%が買う品物の値上がり率は、最上層二〇%が買う品物の三分の一未満にとどまっている。

この現象を生んだ要因は、おそらく二つある。一つは中国だ。一般的に、低所得層はほかの層よりも、安価なオモチャや衣服、エレクトロニクス製品などの中国製品（やその他の低所得国の製品）を多く購入する。また、安価な輸入品が流入したことで、過去一五年間、これらの分野の製品全般の価格上昇率がほかの品物よりゆるやかになっており、エレクトロニクス製品など、むしろ価格が下がったケースも多い。一方、高所得層は、個人サービスに金を使う傾向が目立つ。美容院や自宅のクリーニングサービス、レストランでの食事、医療・健康関連のサービスなどである。こうしたサービス業はあまり国際競争にさらされていないので、高所得層は、消費者としては低所得層ほどグローバル化の恩恵を受けていない。

もう一つの要因は、ウォルマートなどの安価なスーパーマーケットの増加だ。低所得層は、高所得層の二倍の頻度で低価格のスーパーマーケットを利用している。ウォルマートで買い物をしない人も、ウォルマートが引き起こす価格競争の恩恵に浴せる。エメク・バスカーの研究によれば、ウォルマートの出店がその地区の物価に及ぼす影響を調べると、ウォルマートで売られている商品の価格がそれ以前の近隣の相場より安いだけでなく、周辺の小売店の価格も以前より六〜一二％下がっているという[9]。

比較優位の視点に立てば、産業構造が大きく異なる国同士であるほど、貿易によって互いに得るものが大きく、雇用の減少という面での弊害も小さいと考えられる。中国、ブラジル、インドなどの新興国はアメリカと産業構造の違いが大きいので、貿易により双方がきわめて大きな恩恵を得られる計算だ。アメリカでは、イノベーション産業で雇用が拡大する可能性が高い。比較優位の考え方を知ると、国際競争に関するメディアの議論の多くがいかに的はずれかが理解できるだろう。中国なり韓国なり、貿易相手国の生産性が高まることを悪いニュースと考える人は多い。その国に雇用を奪われる、というわけだ。しかし、貿易はゼロサムゲームではない。スポーツの試合と違って、相手が勝てばこちらがかならず負けるという図式ではないのだ。貿易相手国の生産性が高まれば、その国から輸入する製品がいくらか安くなる。それは、消費者にとっては、実質的に少し豊かになったのと同じことだ。

つまり、賃金の安い国からの輸入により雇用の減少という形で最も大きな打撃をこうむるのは低技能・低所得の働き手だが、安価な輸入品が入ってくることによる恩恵を最も受けるのも低所得層だ。グローバル化のパラドックスの一つは、労働者として最も打撃をこうむる人たちが、消費者としては最も大きな恩恵に浴するという点なのである。

アメリカの製造業の規模は中国と同じ

製造業の雇用が減った原因は、グローバル化だけではない。アメリカの製造業はさまざまな面で苦境に立たされているが、産業としての規模はいまだに大きい。こう言うと、意外に感じる人が多いだろう。なにしろ、小売店で売られている品物にはことごとく、「メイド・イン・チャイナ」と記されているように見える。消費者向けの製品は、確かにそうかもしれない。しかし、業務用の高機能製品は話が別だ。アメリカは、航空機、産業機械、最先端の医療機器などをいまも大量に生産している。アメリカの製造業の生産高は、中国とほぼ同じで、日本の二倍、ドイツや韓国の数倍にのぼる。その規模はイギリス経済全体よりも大きく、縮小するどころか拡大を続けている。一九七〇年以降、アメリカの製造業の生産高は倍増した。

疑問に思ったかもしれない。生産高が増え続けているのに、どうして製造業の雇用は減り続けているのか？　その理由は、技術の進歩と、新しい機械への投資により、工場の生産性が飛躍的に向上した結果、同じ量の製品をつくるために必要な労働者の数が昔より減ったことにある。いまアメリカの工場労働者は、平均すると年間に一八万ドル相当の製品を生産している。

この数字は、一九七八年の三倍以上だ。生産性の向上は、経済全体にとっては非常に好ましいことだが、ブルーカラーの雇用に及ぼす打撃は計り知れない。ゼネラル・モーターズ（GM）を例に見てみよう。デトロイトの自動車産業が栄華を極めた一九五〇年代、GMの従業員は一人当たり年に約七台の自動車をつくっていた。この数字は、一九九〇年代には約一三台に、今日は約二八台に増えている。GMが自動車を一台つくるために必要とする従業員の数は、一九五〇年代の四分の一に減った計算だ。いま製造業の職に就いている人は、昔よりも生産性が高く、それにともない給料も高くなっているが、職に就くことができる人の数は大幅に減ったのである。

この点は経済成長の興味深いパラドックスの一つだ。生産性が向上すると、消費者にとっては商品の値段が安くなるし、労働者の賃金も上昇するが、最終的には雇用が奪われる。雇用の喪失というマイナス面を強調する論者は多いが、労働者の生産性が高まることは、社会が豊かになり、生活水準の向上が実現する主たる要因だ。アメリカ経済は、農業中心の産業構造を脱して工業化を遂げたときにこのパターンを経験している。一五〇年前、アメリカの労働者のおよそ半分は農業関係の仕事に就いていたが、現在は一％でしかない。ほとんどのアメリカ人は、生涯を通じて農民と一度も会うことはないだろう。一方、技術の進歩（トラクターや農薬の導入、作物の品種改良など）のおかげで農業生産は大幅に増え、農作物の価格は格段に安くなった。二〇世紀を通じて農業の生産性が高まった結果、農業地帯の所得水準は上昇したが、農業分野の労働力需要が減ったため、多くの農民が都会に移り住み、工場で働くようになったのである。いま、これと同じような大きな変化が起きようとしている。製造業の生産性が向上し、私たちは平均して昔より豊かになったが、製造業の雇用は減少の一途をたどっている。

同様のパターンは、新しい産業でも見て取れる。図2－aと2－bは、アメリカのコンピュータ製造業と半導体製造業の雇用の推移をまとめたものだ。[10] 過去二五年間、世界のコンピュータ販売台数と半導体販売数は爆発的に増えたが、両産業の雇用数は大幅に減少した。現在、アメリカでコンピュータ製造に携わる人の数は、まだパーソナルコンピュータが登場していなかった一九七五年よりも少ない。図にあるように、コンピュータ製造業の雇用が最も多かったのは、一九八八年。アップルが「マッキントッシュⅡx」を発売し、コモドール社が「C64」を一五〇万台売った年だ。当時、ノートパソコンはまだ珍しく、コンピュータの処理速度は、今日の基準からすると呆れるほど遅かった。「タブレット」と言えば、コンピュータではなく、「石盤」のことだった。その後、業界の生産性は大幅に向上したが、雇用は大きく減ったのである。半導体製造業がたどってきた道もだいたい同じだ。半導体工場を誘致しようとする州や都市はあとを絶たないが、この産業の雇用は一〇年あまり前から減り続けている。

この点はとくに注目すべきだ。高度なテクノロジーが必要とされるエレクトロニクス産業でさえ、形のあるものを製造するビジネスにつきものの落とし穴から逃れられないのである。世界最大手の半導体メーカーであるインテルのチーフエコノミスト、ポール・トーマスは、私が

[図 2-a] **コンピュータ製造業の雇用数**

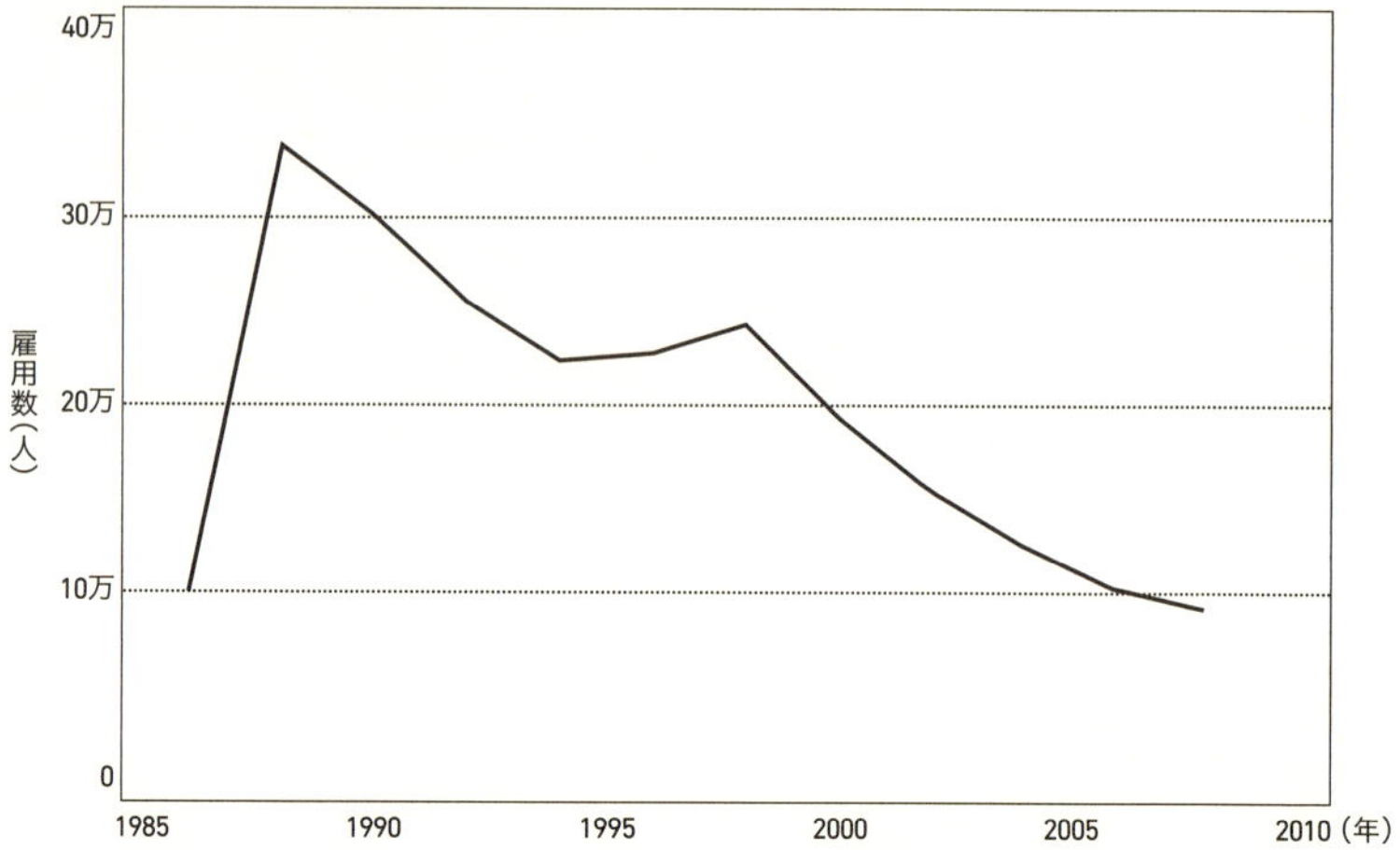

出典：County Business Patterns（アメリカ国勢調査局）

[図 2-b] **半導体製造業の雇用数**

出典：County Business Patterns（アメリカ国勢調査局）

この二つのグラフを示してもさほど驚いた様子を見せなかった。なにしろコンピュータ製造業と半導体製造業でも、かつての自動車産業がそうだったように、オートメーションが進んだことで、製造に必要な人手が大幅に減っている。しかも、iPhoneについて見たように、製品の製造・組み立てのかなりの部分が国外でおこなわれるようになった。アップルが最初に製造したパーソナルコンピュータ「アップルI」二〇〇台のうちの最初の何台かは、一九七六年にカリフォルニア州ロスアルトスのスティーブ・ジョブズの実家のガレージで、ジョブズとスティーブ・ウォズニアックが組み立てたものだった。その後しばらく、アップルの生産拠点はその近辺にとどまった。一九八〇年代、同社はパーソナルコンピュータ「マッキントッシュ」のほとんどをカリフォルニア州フリーモントの工場で製造していた。しかし一九九二年、同社はその工場を閉鎖し、最初はカリフォルニア州内とコロラド州のコストが安い土地に、さらにその後はアイルランドとシンガポールに生産拠点を移した。

ほかのアメリカ企業も同様だった。ジャーナリストのジェームズ・ファローズは、次のように記している。「アメリカ人はみな、デル、ソニー、コンパック、ヒューレット・パッカード（HP）、レノボ＝IBMのシンクパッド、アップル、NEC、ゲートウエイ、東芝などのブランドを知っているだろう。一方、クアンタ（広達）、コンパル（仁宝）、インベンテック（英業達）、ウィストロン（緯創）、エイスース（華碩）といった企業を知っている人はほとんどいない。しかし、有名ブランドの名前で売られているノートパソコンの九〇%近くは、これらの台湾企業

のいずれかが中国本土にもっている工場でつくられている[11]

経済学者のポール・クルーグマンは以前、「国を貧しくする要因は、不況、歯止めなきインフレ、内戦などさまざまだが、国を豊かにできる要因は生産性の向上だけだ」と言っている。クルーグマンの言うとおりだ。過去二〇〇年のデータを見ると、アメリカの国民一人当たりの所得の伸びは、労働生産性の伸びと密接に連動している。これは、アメリカに限った現象ではない。世界のあらゆる国で、歴史上の大半の時期に当てはまることだ。それはそうだろう。労働者の生産性が高まれば、労働者が一定の時間に生産できる製品の数量が増えるからだ。では、生産性の向上は、どのようにして実現するのか？　人類の歴史上、生産性と生活水準の上昇を力強く牽引してきたのは、つねにイノベーションと技術の進歩だった。イノベーションは、産業革命以降、西洋諸国の経済が空前のペースで成長を続けるエンジンの役割を果たしてきた。私たちの物質的幸福は、新しいアイデア、新しいテクノロジー、新しい製品を生み出し続けられるかどうかにかかっているのである。

結局、人間にしかできない仕事が残る

グローバル化と技術の進歩が雇用にどのような影響を及ぼしたかは、仕事のタイプによって異なる。一九七八年以降、製造業のブルーカラー労働者の数が大幅に減る一方で、製造業でエンジニアとして働く人の数は二倍に増えた。アメリカの雇用は、高技能・高賃金の職（専門職、

技術職、マネジメント職）と、低技能・低賃金の職（外食関連、個人向けサービス関連、警備関連などの仕事）に偏っている。ホワイトカラーにせよブルーカラーにせよ、中技能・中賃金の雇用は激減した。マサチューセッツ工科大学（ＭＩＴ）の労働経済学者、デヴィッド・オーターの言葉を借りれば、アメリカの労働市場は中央が失われて空洞化しているのだ。[12]

新しいテクノロジーが登場すると、多くの場合、高い技能の持ち主が有利になる一方、中程度の技能をもつ人に適した職の多くが消滅し、技能レベルの低い人たちの雇用にはそもそもあまり影響が及ばない。オーターらが二〇〇三年の論文で示したように、コンピュータとロボットは、機械的反復作業に従事させるぶんにはきわめて効率的だが、そうでない作業を実行させるのは非効率だ。[13] 機械的反復作業とは、同じ内容の顧客対応を繰り返したり、ものごとを記録したりするなど、明確なルールに従いさえすればできる仕事を指す。それは、これまで中程度の所得のホワイトカラー労働者が携わっていた仕事にほかならない。たとえば、かつて銀行の窓口係がおこなっていた業務の多くは、ＡＴＭ（現金自動預け払い機）やオンラインバンキングにとって代わられた。しかし、機械的反復作業ではない仕事――頭脳労働中心の仕事もあれば、肉体労働中心の仕事もある――の場合は、だいぶ事情が違う。大工、トラック運転手、ハウスクリーニングの清掃員、警備員など、繰り返しの要素が少ない肉体労働の職は、コンピュータの影響をあまり受けていない。一方、サイエンス、エンジニアリング、マーケティングなど、繰り返しの要素の乏しい問題解決をおこなう職や、複雑なコミュニケーションが必要とされる職は、コンピュータのおかげで生産性が向上した。ジャーナリスト、建築家、科学者などは、コンピュータとインターネットの活用により生産性が高まった職種だ。

労働市場の空洞化と中流層の消失は、一時的な現象ではないし、アメリカだけの現象でもない。先進国では、どこでも見られる現象だ。オーターは、一九九三年以降にヨーロッパの主要一六カ国の低賃金・中賃金・高賃金の雇用がどのように増減したかを調べた[14]。すると、すべての国で中賃金の雇用が減り、低賃金と高賃金の雇用が増えていたという。

先進国の製造業は復活しない

私たちは、人生の多くの時間を職場で過ごす。毎朝、愛する家族に別れを告げ、慌ただしく、オフィスや店舗、工場、研究所などに、「仕事」に行く。一日のほとんどの時間、一年のほとんどの日、人生のほとんどの年、私たちは仕事に最も多くのエネルギーをつぎ込んでいる。ある人をほかの人たちがどう見るか、さらには、ある人が自分自身をどう見るかは、職業に大きく影響を受ける。生活水準や住む場所も、職業によって決まる。給料の額や仕事のスケジュール次第で、どのように家庭を築き、子どもを何人つくり、家族とどれくらいの時間を一緒に過ごせるかが決まるケースもあるだろう。要するに、一人ひとりがどの程度の幸せを感じ、社会全体としてどの程度の幸福感をいだけるかは、どのような雇用の機会があり、その雇用がどのくらい安定しているかに左右される。しかし、この面では厳しい状況が続いてきた。

二〇〇八～一〇年の大不況のことだけを言っているわけではない。もちろん、好不況の波はつねに雇用の数と種類に影響を及ぼす。二〇〇八年以降の大不況も労働市場を冷え込ませた。しかし、好況と不況は比較的短期の現象だ。景気変動は歴史を通じて繰り返されてきたし、これからも繰り返されるだろう。それは大きな全体像の中のごく小さな細部にすぎない。それよりも注目すべきなのは、もっと大きなトレンドだ。そうした長期にわたる変化こそが、私たちの生活水準を大きく左右するのである。

最近、製造業雇用の減少にようやく歯止めがかかるのではないかと期待をもたせるような兆候がいくつか見えてきた。豊かになれば当然のことだが、中国の賃金水準がじわじわ上昇しはじめている。そのうえ、中国当局が通貨の人民元を切り上げたことで、アメリカ企業にとって中国の労働コストはいっそう高まっている。ゼネラル・エレクトリック（GE）は、ケンタッキー州の工場での家電生産を本格的に開始した。オンライン上のデータバックアップサービスをおこなうカーボナイト社は、コールセンターをインドからボストンに移した。オーチス・エレベータ社は、一二年にわたってメキシコのノガレスに置いていた工場をサウスカロライナ州に移転しようとしている。それだけではない。アウトソーシングならぬ「インソーシング」とでも呼ぶべき現象も見られはじめた。外国企業がアメリカに生産拠点を設ける例が増えているのだ。たとえば、運城製版という中国企業は、サウスカロライナ州スパータンバーグに工場を開設した。上海で工場を運営するより安上がりだと判断したためだ。これらの動きを理由に、アメリカの製造業がいよいよ復活を遂げようとしていると考える識者が増えている。しかし、このような事例はニュースのネタとしては魅力的だが、広く見られる現象とは言い難い。大きな潮流に反する例外的な存在だからこそ、注目を集めるのだ。*1

結局、図1で示した長期的なトレンドが変わると判断すべき材料はほとんどない。これは、アメリカに限らず、所得水準の高い国すべてに言えることだ。

雇用の消失という厳しい現実を突きつけられると、時計の針を巻き戻すべきだと言う人が多い。製造業を国内外のあらゆる脅威から保護せよ、というのだ。こうしたいわば製造業保護活動家たちは、歴史の大きな潮流に逆らっている。現実には、製造業の衰退を招いた諸要因を押しとどめることは不可能に近い。一一世紀はじめにイングランドの王位に即いていたクヌート王は、海に後退を命じたが、海に言うことを聞かせることはできず、溺れかけたと言い伝えられている。製造業保護活動家たちのやっていることは、これと変わらない。海の潮流と同じように、歴史の潮流を思いどおりに動かすことはできないのだ。

*1　運城製版の場合、サウスカロライナ州への工場進出を決断した大きな理由は、州政府が社会保障税の大規模な優遇措置を提示したことだった。

第2章 イノベーション産業の「乗数効果」

ドミニク・グリンは数学者だ。そう聞いて、一日中ずっと数学をして過ごす仕事なんてさぞかし退屈だろう、と思った人は考え直したほうがいい。グリンの職場は、映像制作会社のピクサー・アニメーション・スタジオ。この社会で色彩科学者と主任エンジニアを務めている。アニメキャラクターに生命を吹き込むのが仕事だ。カリフォルニア州エメリービルにある赤レンガづくりのピクサー本社内のオフィスは、さまざまなオモチャであふれ返っている（この会社ではけっして珍しいことではない）。これまで手掛けた作品は、『カーズ』『レミーのおいしいレストラン』『WALL・E／ウォーリー』『カールじいさんの空飛ぶ家』『トイ・ストーリー3』など（これらの作品の色彩を素晴らしいと思った人は、グリンと部下たちに感謝すべきだ）。現在、三〇代。バロックバイオリンを弾くのが趣味で、三歳の娘がいる。私が会ったときは、『カーズ2』の仕上げに忙殺されていた。本人いわく、仕事で使っている数学は初歩的なものだとのことだが、私はそうとは思えない。グリンのやっている仕事は、専門的には「イメージマスタリング・エンジニアリング」と呼ばれるものだ。簡単に言えば、人間の色覚についての数学モデルをつくっている。色彩科学とコンピュータ科学と数学のすべての素養が要求される仕事である。グリンは数式から出発して、目を見張るほど色彩豊かなストーリーをつくり上げていく。そうした仕事のおかげで、ピクサーはアニメ映画界のトップに立てているのだ。

ピクサーには、創造の遺伝子が根づいている。この会社は『スター・ウォーズ』シリーズのジョージ・ルーカス監督によって設立され、その後、スティーブ・ジョブズに買収されたのち、現在はディズニー傘下に入っている。その間、アートとテクノロジーの深い対話を通じて会社のアイデンティティを築いてきた。当初は、テクノロジーの側面が優勢に見えた。初期の同社は、主としてコンピュータのハードウェアメーカーだったのだ。主力商品の「ピクサー・イメージ・コンピュータ」は、病院や医学研究機関向けのCG（コンピュータ・グラフィクス）制作用のマシンだったが、一台一三万五〇〇〇ドルと高額だったために大きな成功を収められずにいた。そんなとき、異分野が交わり合うことによりイノベーションが起きた。当時、ジョン・ラセターという従業員がマシンの性能を紹介するために、デモンストレーション用の短編CGアニメをつくりはじめた。一九八四年に業界のイベントで披露した作品『アンドレとウォーリーB.の冒険』は大反響を呼んだ。これで誰もが気づいた。CG業界が大きく飛躍を遂げるためには、映画制作の分野に乗り出すべきだ、と。

こうしてピクサーは「天職」を見いだし、ハードウェア部門を切り捨て、映画制作を開始した。それから四半世紀以上。製薬会社の研究所とバイオテクノロジー企業が密集する地区にあるピクサーの本社は、想像力を生み出す工場であり、楽しいテーマパークのような場所でもある。ピクサーは、イノベーター、アーティスト、テクノロジーおたくという三つのグループを見事に融合させることで、ビジネスを成功させている。映画業界でこれを成し遂げた企業は、おそらく同社がはじめてだろう。ジョン・ラセターは現在、同社の最高クリエイティブ責任者の座にあり、数々の大ヒット作品の制作を指揮している。メディアにも愛されている。芸術的才能に恵まれていることに加え、トレードマークの派手なアロハシャツも人気の理由なのかもしれない。ラセターは明らかに、スーツが似合うタイプではない。

ピクサーはもうコンピュータのハードウェアをつくっていないが、アートとテクノロジーの創造的緊張関係はいまも続いている。おそらく、同社の成功の土台にあるのは、そうした綱引きなのだろう。映画づくりの過程では毎回、アート部門とテクノロジー部門の間でのやり取りが幾度となく繰り返される。グリンのようなテクノロジー系のスタッフの役割は、作品のストーリー、キャラクター、視覚効果を花開かせるための方法を編み出すことによって、アート部門を守ることだ。技術的創造と芸術的表現が融合し、それまでにない価値のあるものが生み出されているという点で、それは究極のイノベーションと言える。ピクサーは技術的・創造的な前進を重ねることを通じて、アニメ制作に革命を起こしてきた。そうすることで、同社はその名を広く知られ、空前の商業的成功を収め、世界中の映画評論家からほぼ一様に高く評価されるようになった。アカデミー賞のノミネート作品や受賞作も毎年のように送り出している。

ピクサーの成功を支えているもの、それは、突き詰めればグリンのような人たちの才能と創造性だ。アメリカ人の消費する製品の大半がアジアで製造される時代に、映画の中の夢の世界はいまもカリフォルニアでつくり出されている。『トイ・ストーリー』のキャラクターが来客を出迎える本社の庭は、まるでディズニーランドのよう。アニメーターたちが働くのは、手のつけようのない無秩序状態の個人用スペースだ。ピクサーは、骨の髄までアメリカ的な職場に見える。この会社が深圳に移転することは想像しづらい。

イノベーション産業の規模と広がり

アメリカ経済の産業構造は五〇年以上かけて少しずつ、従来型の製造業から、知識、アイデア、イノベーションに関わる産業へと転換してきた。昔ながらの製造業の雇用が減り、イノベーション産業の雇用が増え続けている。近い将来、イノベーション産業は、一九五〇〜六〇年代の製造業のようにアメリカの経済成長の牽引役になるだろう。

一九八〇年代から九〇年代前半にかけて、世界全体で生み出されるイノベーションの数は、毎年ほとんど変わらなかった。全世界で取得される新規の特許は、年間四〇万件程度で推移していた。しかし一九九〇年代に入ると、世界規模で研究開発への投資が増えはじめた。それにともない、二〇一〇年には全世界の新規の特許取得件数が八〇万件を突破し、その数は年々増え続けている。[1] 二〇一〇年のアメリカでの特許取得件数の上位は、IBM（五八六六件）、マイクロソフト（三〇八六件）、インテル（一六五二件）、ヒューレット・パッカード（HP、一四八〇件）となっている。[2] 業種別に見ると、製薬、IT、化学・素材、科学機器、通信と続き、さらに下位に行くとナノテクノロジーなどの新産業の名前もある（製薬がトップであることに、アメリカのイノベーションでライフサイエンスが果たしている役割の大きさがよくあらわれている）。

古いタイプの製造業は、かなり下位まで行かないと出てこない。ようやく、三七位に陸上輸送機器、三八位に金属加工が登場する。二〇一〇年のリストと比べると、一九九二年のリストはまるで別世界だ。IBMはすでに上位に名を連ねているが、ITとライフサイエンスの存在感は乏しい。従来型の製造業と写真関連機器のメーカーが上位に多く食い込んでおり、この年のトップテンには、キヤノン、富士フイルム、コダックがそろってランクインしていた。

イノベーション系の職とはなにかを定義するのは難しい。イノベーションにはさまざまなタイプがあるからだ。IT、ライフサイエンス、クリーンテクノロジー、新素材、ロボティクス、ナノテクノロジーなどのハイテク産業の職が含まれることは疑問の余地がない。しかし、イノベーション系の職は、サイエンスとエンジニアリングに関わる業種の仕事だけではない。ピクサーのドミニク・グリンのように、思わぬ場でイノベーションを仕事にしている人たちもいる。しかし、そうしたすべての人に共通するのは、高度な人的資本と創造の才能を活用していることとだ。

近年、アメリカ経済にとってイノベーションは本当に重要なのかと、疑問視する人が増えている。イノベーション産業が成長したところで、製造業雇用の減少を埋め合わせるほどの雇用はとうてい生み出されない、というのがその理由だ。インテルの共同創業者であるアンドリュー・グローブが「新興企業の雇用創出能力は過大評価されている」と述べたことは、よく知られている。[3]また、経済学者のタイラー・コーエンも大きな反響を呼んだ著書『大停滞』（邦訳・NTT出版）で同様の主張をしている。フェイスブックやツイッターなどのオンラインサービス企業は、ユーザーに多くのコンテンツを創造させているため、実際はそれほどの雇用を生み出せておらず、フォードやゼネラル・モーターズ（GM）のような往年の巨人たちの代わりは務まらないというのだ。

しかしデータを見ると、話はそう単純ではない。インターネット産業の雇用について見てみよう。私は実際のデータを見る前から、この産業の雇用は増えているはずだと予想していた。なにしろ、オンライン上でニュースをチェックし、情報を検索し、物を買い、友達と交流し、恋人や配偶者を見つけることが当たり前の時代になっているのだから。それでも、データを見て驚いた。雇用の伸びが想像をはるかに上回っていたのだ。アメリカ国勢調査局が集めたアメリカの全企業に関する包括的データを基に、私が推計したところによれば、インターネット産業の雇用数は過去一〇年間で七・三四倍に増加した。雇用の増加率は、同じ期間のアメリカ経済全体の数字の二〇〇倍以上である。しかもこの数字は、ハイテク産業以外のインターネット関連の雇用(たとえば、オンラインショッピングの商品の配送など)を含んでいない。図3-aを見れば明らかなように、これは爆発的な増加ペースだ。しかもそのペースは、近年さらに加速している。[4]もしアメリカ全体の雇用がインターネット産業と同様のペースで拡大していれば、いまアメリカに失業者はおらず、それどころか全人口の二倍の求人がある計算だ。インターネット産業で支払われた賃金の総額は、際立った伸びを記録している。一〇年間でなんと八・一二倍に増加したのだ(今日の貨幣価値に換算したうえで計算)。

フェイスブックがカリフォルニア州パロアルト〔二〇一一年、メンロパークに移転〕の本社でわずか一五〇〇人、アメリカのそれ以外の土地で合わせて一〇〇〇人の従業員しか雇っていないのは事実だ。従業員数は急速に増えているが、それぞれアメリカ国内で約一四万人と約七万九〇〇〇人を雇用しているゼネラル・エレクトリック(GE)やGMとは比べものにならない。しかし、フェイスブックは、さまざまなアプリケーションが機能するためのプラットフォームだけを提供しているのであり、フェイスブックの魅力を高めているアプリの大半はほかの企業が開発している。そうした企業のなかには、ソーシャルゲームを開発しているジンガのように、フェイスブックより従業員数が多い企業もある。最近の推計によると、フェイスブック向けアプリを開発しているソフトウェア企業は、五万三〇〇〇以上の雇用を直接創出しているほか、関連のビジネスサービスで一三万以上の雇用を間接的に生み出している。[5]これはけっして小さ

[図 3-a] **インターネット産業の雇用数**

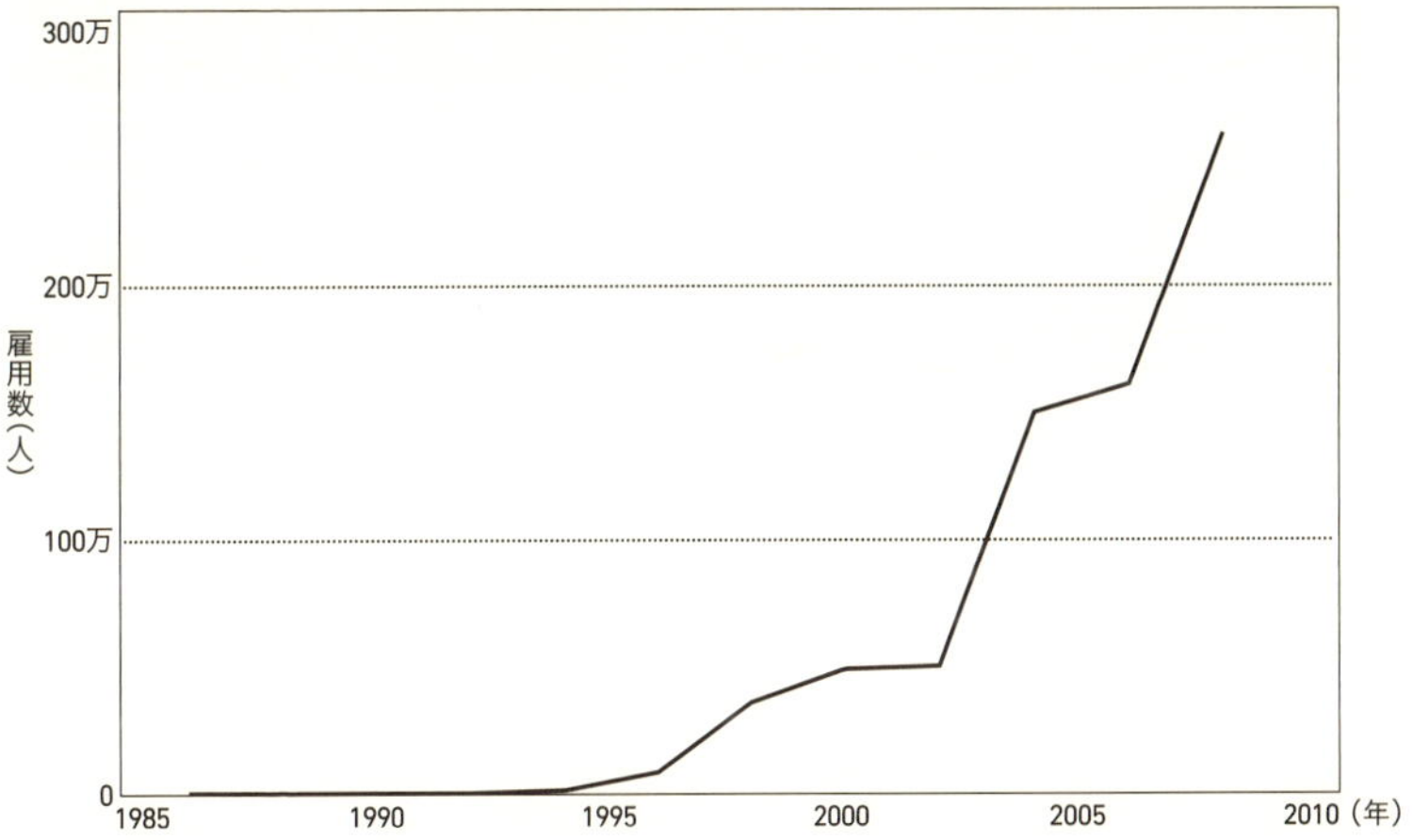

出典：County Business Patterns（アメリカ国勢調査局）

[図 3-b] **ソフトウェア産業の雇用数**

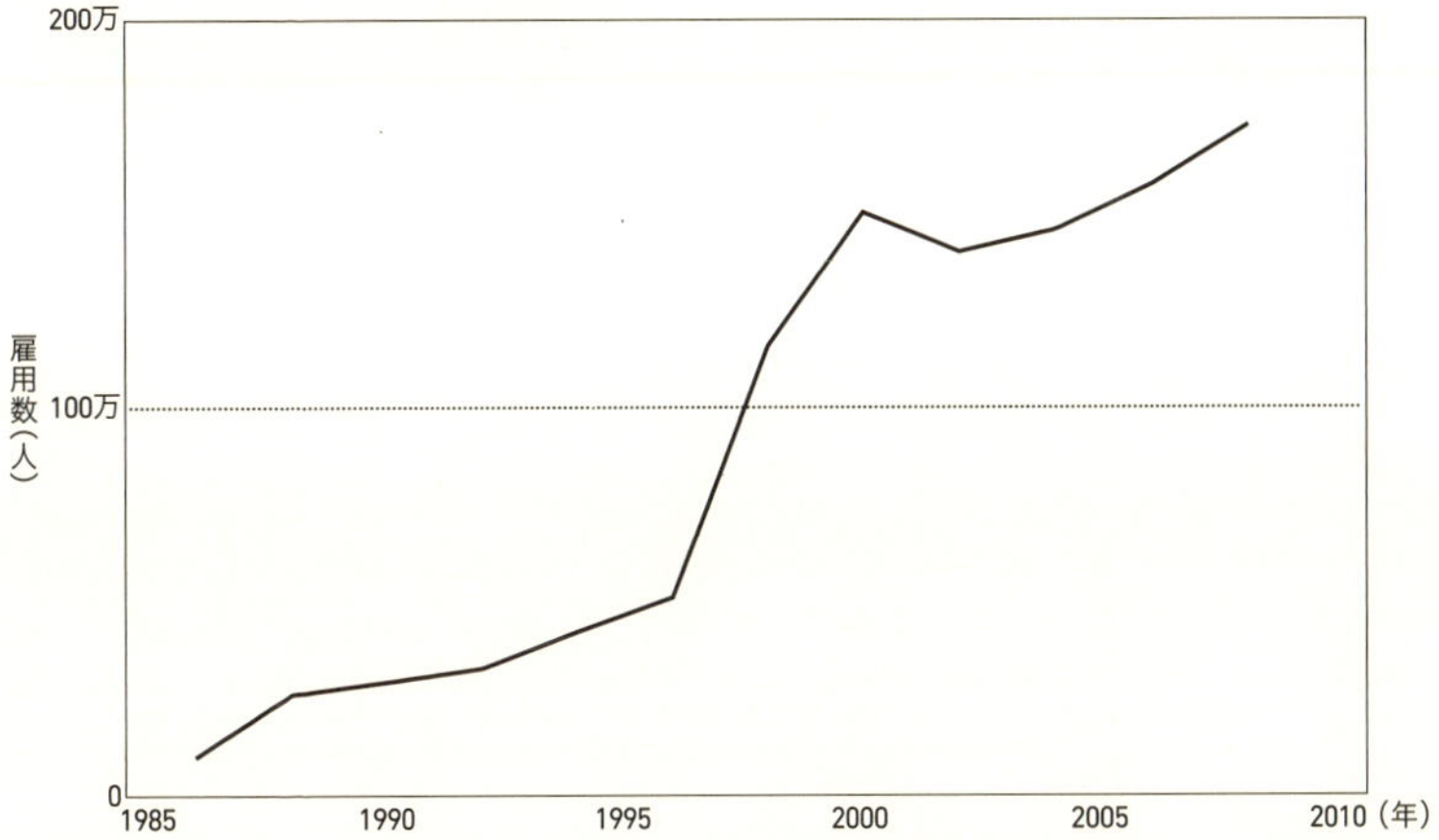

出典：County Business Patterns（アメリカ国勢調査局）

な数字ではない。これらの雇用をすべて合わせれば、フェイスブック関連の雇用で支払われている賃金と付加給付は合計で一二〇億ドルを上回る。

経済学者のミシェル・アレクソポロスは、さまざまな分野の技術マニュアルを丹念に調べて、第二次世界大戦後の技術的イノベーションを網羅した包括的なデータを収集した。[6] そこから浮き彫りになったのは、過去五〇年間、ITの進歩が雇用と生産性と投資の拡大を生み出す強力な原動力になってきたということだ。また、コンサルティング大手マッキンゼーの推計によれば、二〇〇四〜〇八年にアメリカ経済が達成した成長のおよそ二〇%は、もっぱらインターネット産業が生み出したものだった。[7]

ソフトウェア産業の成長も著しい。ピンとこない人も多いだろう。メディアでは、ソフトウェア関連の仕事がインドのバンガロールなどにアウトソーシングされているとしきりに報じられているからだ。しかしデータを見ると、この二〇年間でアメリカのソフトウェア産業の雇用は六・六二倍に増えている。インターネット産業には及ばないが、増加率はアメリカ経済全体の三三倍に達している（ただし、ソフトウェアのプログラミングの仕事は例外だ。プログラマーは、ソフトウェア・エンジニアやコンピュータ科学者ほど高度な専門技能が要求されないので、業務の国外へのアウトソーシングや機械化の影響を受けやすい）。

二〇年間で雇用が四倍にはね上がったライフサイエンス系研究開発産業も、イノベーション産業の柱をなす分野の一つだ。[8] しかも、この四倍というのは、産官学のうちの「産」だけの数

[図 3-c] **サイエンス系研究開発産業の雇用数**

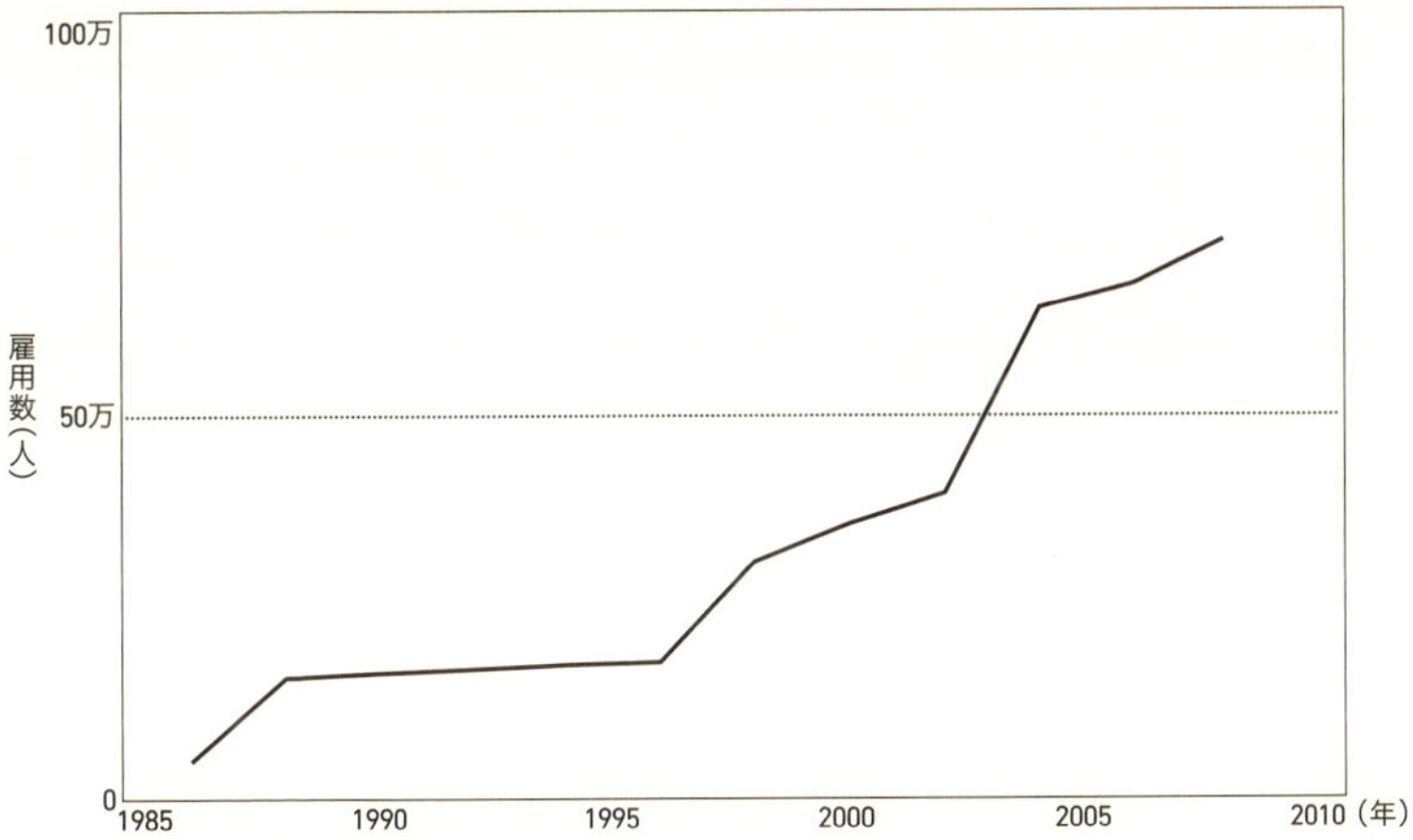

出典：County Business Patterns（アメリカ国勢調査局）

[図 3-d] **製薬産業の雇用数**

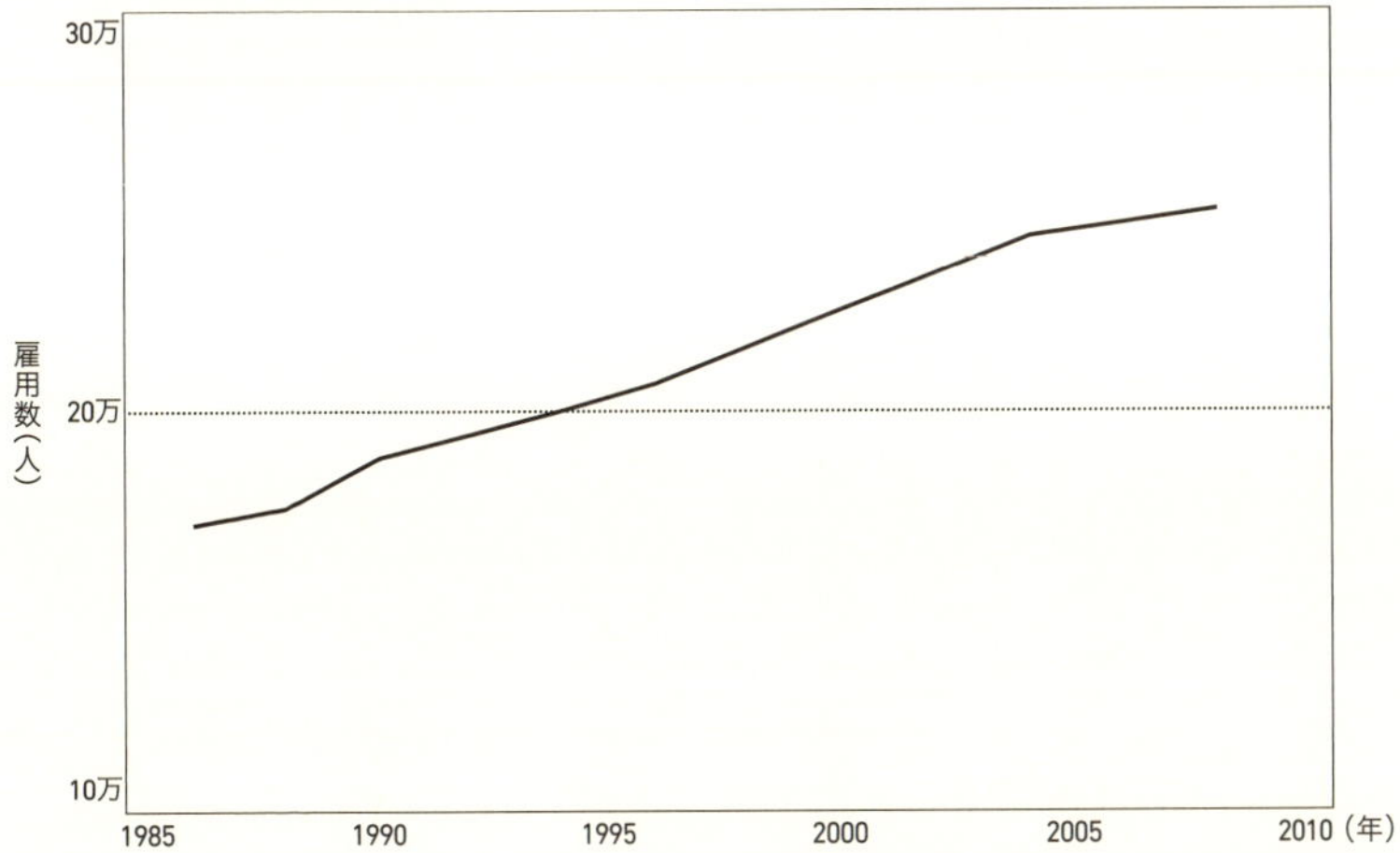

出典：County Business Patterns（アメリカ国勢調査局）

字である。大学や政府機関で研究に携わる人たちを含まずに、これだけの雇用増を記録したのだ。アメリカ労働省の労働統計局によれば、向こう一〇年間で最も雇用が増えると予想される二〇の職種のトップは、生物医学関連のエンジニアだという。[9] 雇用の数は一・七二倍に増えると予想されている。このほかに、医学者、生化学者、生物物理学者などが上位に入っている。

ロボティクスにはじまり、製薬、エレクトロニクス、先端医療機器にいたるまでの先進製造業も、イノベーション産業の一翼を担っている。アップル、ＩＢＭ、シスコシステムズといった企業は煎じ詰めれば製造業だし、アメリカの民間でおこなわれている研究開発のかなりの割合を先進製造業が占めている。最近の研究によると、先進製造業の企業は、製造業全体に占める割合こそ小さいが、生み出している価値は最も大きく、生産性も最も高い。[10] イノベーション産業のなかで歴史の古い業種は、新しい業種ほどは急激に雇用が増えていないが、増加ペースの安定性では歴史の浅い業種に勝る。たとえば図３－ｄにあるように、製薬産業の雇用は過去三〇年ほどの間、堅実に拡大してきた。コンピュータ製造業と半導体製造業についてすでに見たように、先進製造業のすべての業種で雇用が拡大しているわけではないが、全体として従来型の製造業よりは順調と言っていい。注目すべきなのは、これらの産業で雇われている人たちの職種の構成が急速に変わりつつあることだ。ブルーカラー労働者の雇用が減り、エンジニア、デザイナー、マーケティング専門家の雇用が増えているのだ。変化の背景には、ｉＰｈｏｎｅ型のサプライチェーンが広がりはじめているという事情がある。製品のデザインは、アメリカ企業がアメリカ国内で手がけるが、製品の製造は、アメリカの技術を使って国外でおこなわれるケースが増えているのである。

前述したように、イノベーション産業を構成するのは、サイエンスとエンジニアリングに関わる業種だけではない。エンターテインメント、工業デザイン、マーケティング、金融といった産業の一部もそこに含まれる。過去三年間を見ても、ベンチャーキャピタルが投資した金融関連の新興企業はおよそ二〇〇社。投資金額は総額約二〇億ドルに達している。それにより生まれた雇用は何万にものぼると、金融サービステクノロジーの有力企業であるビルフロート社のCEOは述べている。[11]

たとえば、プロスパーという新興企業がある。オンライン上で個人の借り手と個人の貸し手を結びつけるソーシャル融資サービスの企業だ。借り手にとっては、一般の金融機関から融資を受けるより有利な条件で金を借りられるという利点がある。最近のある日を例にとると、融資募集案件として、学校に通って学び直すための学費として五〇〇〇ドルを借りたいカリフォルニアの母親、展覧会場に絵画を運ぶためのトラックの購入費用として四〇〇〇ドルを借りたいアリゾナの画家、新しいシーズンに備えてワイン醸造用の新しいオーク樽を買う資金として四〇〇〇ドルが必要なナパバレー（カリフォルニア州）のワイン醸造家、リアリティ番組のテコ入れのための資金が欲しいミシガンのテレビプロデューサーなどの募集が掲載されていた。技術的に見れば、プロスパーのイノベーションはお世辞にも最先端とは言えない。金を借りたい人と金を貸したい人をウェブサイト上で結びつけているにすぎない。しかし社会的に見れば、零細企業や個人の資金調達に革命を起こしつつある。この革命により、プロスパー自体に雇用が生まれ、さらには同社の支援している企業にも雇用が生まれているのだ。

二〇一〇年、アメリカで金融サービスおよびビジネス手法のイベーションに関して認められた特許は三六四九件にのぼった。これらの分野は、特許の新規取得がとくに多い分野だ。いまアメリカ人の間では、「金融イノベーション」にきわめて否定的な考え方が広がっている。金融イノベーションによって生み出された数々の金融派生商品が二〇〇八～一〇年の大不況の引き金になったことが記憶に新しいからだ。しかし、これはやや過剰反応だろう。重大な例外はもちろんあるが、金融イノベーションはおおむね経済成長に貢献してきた。一例を挙げれば、いま庶民でも手の届く金額で外国に旅行できるのは、航空関連の技術が進歩したことに加えて、金融イノベーションによって燃料費高騰の影響をやわらげることが可能になったためでもある。

デジタル・エンターテインメントも、成長著しいイノベーション産業の一つだ。ピクサーでは、ドミニク・グリンをはじめとする八〇〇人を超す人が働いている。もちろん、ピクサーのような世界最先端の映画制作会社に就職できる人はごく一握りだが、デジタル・エンターテインメント業界では、この二〇年間で何千もの良質な雇用が生み出されてきた。一九七六年に『スター・ウォーズ』シリーズの最初の作品が撮影された当時、映画の特殊効果と言えば、手描きの銀河の背景画の前に宇宙船のプラモデルを置く程度だったが、一九九〇年代以降、特殊効果はデジタルの世界に突入していった。デジタル的な要素を含む映画やテレビドラマ、広告は増える一方だ。また、デジタル音楽ビジネスも急拡大している。音楽配信サービスのパンドラのような有名企業や数々の小規模な新興企業が、私たちの音楽体験を様変わりさせつつある。サービスの内容は多岐にわたる。ソーシャルネットワークを活用したプレイリストサービスもあれば、革新的なファイル共有システムやモバイルカラオケ、さらには自宅でロックスター気分を味わえるオンラインサービスまである。コンピュータゲーム業界の成長も見逃せない。私が子どものころのテレビゲームは、黒地の画面に緑色のグラフィクスが表示され、耳ざわりな電子音が繰り返し発せられるだけのものだった。しかし最近のコンピュータゲームは、目を見張るほどリアルな映像を楽しめるようになった。市場規模は二〇〇億ドルを突破し、映画産業と音楽産業を合わせたより大きい。雇用の数は何万人にものぼっている。

重要なのは、形のある製品（たとえば電気自動車用の高性能のリチウム電池など）をつくっているか、形のないもの（たとえば高性能の検索エンジンなど）をつくっているかではない。大事なのは、製品にせよサービスにせよ、革新的で、ほかに類がなく、簡単には模倣されないものをつくっているかだ。厳しいグローバル競争のなかで高給の雇用を生み出す方法は、それ以外にない。

エンジニアが増えればヨガのインストラクターも増える

ここまで、イノベーション産業がアメリカ経済の繁栄を牽引する新しいエンジンになったことを指摘してきた。しかしそれは、具体的にはどういうことなのか？ そもそも、経済のエンジンとはどういうものなのか？ まず理解しておくべきなのは、経済成長のエンジンがかならずしも最も規模の大きな産業である必要はないということだ。イノベーション関連の雇用の数は、「イノベーション」をどう定義するかによって変わってくるが、アメリカの全雇用の一〇％程度がイノベーション産業に属しているというのがおおよそ妥当な推計だろう。この数字は増えつつあるが、アメリカの雇用の過半数をイノベーション産業が占める時代はけっして来ない。別の言い方をすれば、平均的なアメリカの働き手が新興インターネット企業やピクサーのような企業に就職することはありえない。最盛期の製造業ですら、アメリカの全雇用の三〇％以上を占めたことはなかったのだ。

現代社会では、雇用の大多数を地域レベルのサービス業が占めている。ウェーター、配管工、看護師、教師、美容師、スポーツジムの個人トレーナーといった職は、いわば地産地消型のサービスを提供している。こうした業種はもっぱら地域住民のニーズに応えるもので、国内の他地域や外国との競争にさらされることはまずない。経済学者は、こうした産業を「非貿易部門」と呼ぶ。サービスの生産地以外にそのサービスを「輸出」できない（＝貿易不可能）からだ。[*1]

ヨガのインストラクターのことを考えればわかりやすい。今日、ヨガは大きなビジネスに成長しており、さらに拡大を続けている。女優のジェニファー・アニストンは最近、ピープル誌に「ヨガが私の人生を変えた」と語った。そう感じているのは、アニストンだけではない。歌手のマドンナやミュージシャンのスティングを筆頭に、全米で推定一五八〇万人がヨガを生活の一部に取り入れている。一〇年前が四〇〇〇万人だったことを考えれば、目を見張る増加ペースだ。ヨガレッスン産業の市場規模は、ヨガの教室、合宿、個人指導、ひいてはヨガ・クルーズなどすべてひっくるめると約六〇億ドルに達している。[12] ジャーナリストのメアリー・ビラードによれば、「ヨガには金がかかる」のだ。純粋にヨガを追究している人たちは不謹慎な言い方だと思うかもしれないが、雇用の創出という面では好ましいことだ。アメリカでヨガのインストラクターとして働いている人は数万人と言われ、彼らを含めて、「フィットネス・ワーカー」に分類されている人は二六万一〇〇〇人に達する。[13] ヨガセンターやフィットネスクラブなどを利用する人は今後も増え、この数字はさらに伸びるだろう。

ヨガやフィットネスのインストラクターは、貿易不可能な雇用の一例にすぎない。アメリカでは、すべての雇用の三分の二が非貿易部門のものだ。過去二〇年間にアメリカで生み出された二七〇〇万の雇用の大半をこのタイプの雇用が占めている（とくに目立って増加しているのは医療関連の職だ）。シリコンバレーでさえ、ハイテク企業に勤務している人より、地元のお店で働いている人のほうが多い。

それに対し、イノベーション産業の雇用はほとんどが「貿易可能」だ。アメリカの全雇用の三分の一を占める貿易部門には、従来型の製造業、一部のサービス業（金融、広告、出版など）、農業、エネルギー採掘業、林業なども含まれる。貿易部門の産業は、非貿易部門とはだいぶ性格が違う。地元以外で消費される製品やサービスを売っているので、全国規模の市場やグローバルな市場で競争できなくてはならない。たとえば、シアトルに本社と工場を置いているマイクロソフトとボーイングは、製品の大半をシアトル以外の顧客に販売している。グーグルのネット検索サービスの利用者の圧倒的大多数は、本社のあるカリフォルニア州マウンテンビュー以外にいる。

大いなるパラドックスと言うべきなのは、雇用の大半は非貿易部門が占めているのに、そうした産業が国の経済的繁栄の牽引役になりえないことだ。経済が繁栄できるかどうかは、主として貿易部門のイノベーションにかかっている。理由は二つある。第一は、そもそも生産性向上の余地が両部門で大きく違うことだ。非貿易部門の多くでは、生産性が伸びる可能性があまりない。ヨガ教室の一クラスを教えるのに必要なインストラクターの人数は、いまも五〇年前と変わっていないし、今後も変わらないだろう。家の壁を塗ったり、水漏れしたパイプを修理したり、赤ちゃんのベビーシッターをしたり、不動産を販売したりする仕事の中身は、昔からおおよそ変わっていない。もちろん、医療技術の進歩により医師や看護師の生産性が高まるように、非貿易部門でも生産性が大きく向上する例はあるが、生産性向上の余地が限られているケースのほうが一般的だ。一方、貿易部門では、時がたつにつれて技術が進歩し、生産性が高まっていく傾向がある。すでに述べたように、自動車一台をつくるために要する総労働時間は、一九五〇年に比べて四分の一に減った。ハイテク産業では、絶え間なくイノベーションが起き、労働生産性が向上するペースがますます加速している。

ここで興味深いのは、貿易部門の産業で労働者の生産性が高まると、その産業だけでなく、ほかの産業でも労働者の賃金水準が高まる傾向があることだ。とくに、生産性が向上した職種と技能レベルが同等の職種の賃金が上昇する。過去には、製造業の賃金が上がると、ほかの産業でも賃金が上昇した。賃金が安いままでは、人材を確保できないからだ。たとえば建築業では、業界の生産性は改善していなくても、人材が製造業に流出するのを防ぐために、大工や屋根職人、配管工の賃金を引き上げざるをえなくなった。このように、製造業は全雇用に占める割合が半分に満たないにもかかわらず、アメリカの多くの労働者の給料を引き上げる牽引役を果たしてきた。恩恵は、サービス業で働く人たちにも及んだ。こうしたことを念頭に置くと、製造業の衰退がどうして深刻な事態を招き、イノベーション産業の成長がどうして不可欠なのかがよくわかるだろう。それは、製造業とイノベーション産業の雇用だけでなく、経済全体に関わる問題なのである。

この点とも関連しているが、貿易部門のイノベーションが重要な理由はもう一つある。第一の理由は国全体に関わるものだったが、この第二の理由は地域レベルのものだ。ある都市でイノベーション産業の新たな雇用が生まれると、同じ都市で非貿易部門の雇用もつくり出されるのである。科学者やソフトウェアエンジニア、数学者の雇用が増えれば、地域のサービス業に対するニーズが高まる。その結果、タクシー運転手や家政婦、大工、ベビーシッター、美容師、医師、弁護士、犬の散歩人、心理療法士の雇用も増える。地域レベルのサービス業で働く人たちは、ハイテク企業の社員たちが暮らす地域に集まり、その人たちの個人的なニーズに応えていくのである。要するに、都市にとってイノベーション関連の雇用が一つ増えることは、一人の雇用が生まれる以上の意味があるのだ。

ハイテク関連の雇用には「五倍」の乗数効果がある

こうした「乗数効果」がどのように発揮されるのかを具体的に見てみよう。ここで、ティム・ジェームズというオーナーにご登場願おう。ジェームズは、サンフランシスコで製本業を営んでいる。顧客のほとんどが地元住民や地元企業という、典型的な非貿易部門のビジネスだ。製本や自費出版本の印刷をおこなう従業員は八人。この面々は手先が器用だが、教育レベルは概して低い。ネオンの看板を掲げた広い店に足を踏み入れると、まず目に入るのは、年代物の美しい裁断機や製本機。店内のいたるところに紙がある。すぐ使えるように、床にきれいに積み上げられていたり、裁断されて切れ端になっていたり。そして、機械と床の上には、うっすら埃が積もっている。製本業はきわめて労働集約的なビジネスに見える。なにしろ、ジェームズの店で用いられているテクノロジーは三〇年以上変わっていない。

ジェームズの商売は見るからにローテクのビジネスだが、業績の浮き沈みはナスダック（新興企業中心の株式市場）の株式相場の変動とぴったり一致してきた。そして、ナスダックの相場は、サンフランシスコのハイテク企業の業績と密接に連動している。一九九〇年代後半のドットコム・バブルの時期、ジェームズの商売は絶好調だった。当時は、たっぷり現金をもったハイテク企業の社員たちが地元のレストランやバーに詰めかけ、続々と新しい家を建て、スポーツジムに通い、それに後押しされる形で、地元のサービス業で働く人たちの所得も上昇した。製本業者も例外ではなかった。ジェームズは、増加した受注をさばくために新たに三人を雇い、全員の給料を引き上げた。しかしその後、ドットコム・バブルが弾けると、製本の依頼は減り、従業員を減らさざるをえなくなった。業績が回復しはじめたのは、最近になって地元のハイテク産業が成長を取り戻してからだった。

これは、けっして特異な例ではない。イノベーション関連の雇用と地域のサービス関連の雇用の間に強い結びつきがあることの典型例とみるべきだろう。イノベーション産業は労働市場に占める割合こそわずかだが、それよりはるかに多くの雇用を地域に生み出し、地域経済のあり方を決定づけている。[14] 貿易部門の産業が堅調なら、その産業内に高給の雇用を創出することで地域経済に直接的に恩恵をもたらし、さらには地域の非貿易部門にも雇用を生み出すという形で間接的にも地域経済に恩恵をもたらす。しかも、そうした間接的な効果は、直接的な効果よりはるかに大きい。私がアメリカの三二〇の大都市圏の一一〇〇万人の勤労者について調査したところ、ある都市でハイテク関連の雇用が一つ生まれると、長期的には、その地域のハイテク以外の産業でも五つの新規雇用が生み出されることがわかった。[15]

この研究結果自体はすでに紹介したが、詳しく見るとさらに興味深いことがわかる。乗数効果によって生み出される新規の雇用は、さまざまな職種に及ぶ。五件の新しい雇用の内訳は、専門職（医師や弁護士など）が二件、非専門職（ウェーターや小売店員など）が三件となっている。アップルに関するデータを見てみよう。同社がカリフォルニア州クパティーノの本社で雇っている従業員は、一万二〇〇〇人。それ以外に、乗数効果を通じて、地元のサービス業にさらに六万人以上の雇用を生み出している（専門職が二万四〇〇〇人、非専門職が三万六〇〇〇人）。アップルが地域の雇用に対しておこなっている最大の貢献は、ハイテク以外の雇用を増やしたことなのだ（ちなみに、アップルはティム・ジェームズの顧客でもある。二〇一一年にスティーブ・ジョブズが死去した際、追悼のための記帳簿の製本を依頼した）。要するにシリコンバレーでは、ハイテク関連の雇用増が地域経済繁栄の「原因」であり、医師や弁護士や屋根職人やヨガのインストラクターの雇用増はその「結果」なのである。これは別に不思議なことではない。ヨガのインストラクターの雇用が増えるためには、その都市で暮らす誰かがヨガレッスンの料金を支払わなくてはならないのだから。

貿易部門の産業はすべて乗数効果を生み出すが、その効果がとりわけ大きいのがイノベーション産業だ。私の分析によれば、伝統的な製造業の場合、一件の雇用増が地域に生み出すサービス関連の新規雇用は一・六件で、ハイテク産業の三分の一にも満たない[16]。バラク・オバマ大統領の下で製造業政策担当上級顧問を務めたロン・ブルームは、よくこう言っていた――「自動車工場ができれば、ウォルマートはその町に進出してくる。けれど、ウォルマートができたからと言って、自動車工場が進出してくるわけではない」[17]。的を射た指摘だ。確かに、製造業は地元にサービス業の雇用を生み出し、地域社会に大きな恩恵をもたらす。しかし、ブルームが見落としているのは、自動車工場と従業員数が同規模のインターネット企業なりバイオテクノロジー企業なりを誘致できれば、地域の雇用への好影響がはるかに大きいということだ。サービス産業に生み出される雇用の数が三倍以上に増えるうえ、ウォルマートよりもっと高給の働き口も生まれる。シアトルの場合、従業員の数はボーイングがマイクロソフトの二倍に達しているが、地域に生み出している雇用はマイクロソフトのほうがずっと多い。

では、ハイテク産業の乗数効果がほかの産業よりここまで大きいのはなぜなのか？　この産業には、どういう特殊な点があるのか？

まず指摘できるのは、ハイテク企業で働いている人が非常に高給取りだという点だ。そのため、地元のサービス業に落とす金が多く、地域の雇用創出への貢献も大きい。可処分所得が多いので、レストランで食事をしたり、美容院に行ったり、心理セラピーを受けたりする頻度が高いのだ。マイクロソフトの資料によると、同社の従業員に一年間に支払われている金額は平均して一七万ドル[18]。非常に大きな金額だ。秘書や守衛も含めて、同社で働く全従業員の平均の数字であることを考えれば、これはなおさら飛び抜けた金額と言える。この年収から、地元以外の業者の商品やサービスに支払う金、家賃や税金、貯蓄に回す金を差し引くと、だいたい年間に八万ドルが地元のサービス業に使える金額だ。これは、非専門職の労働者を地元の相場レベルの賃金で二人雇える金額である。このように従業員が個人として金を使う以外に、ハイテク企業はビジネスをおこなうためにその土地で企業向けサービスを多く利用するので、地元にグラフィックデザイナーやマーケティング専門家、ビジネスコンサルタント、警備員などの雇用が増える。

ハイテク産業の乗数効果がことのほか大きい理由はもう一つある。この分野の企業が互いに寄り集まる傾向が強いことだ。都市にハイテク企業が一社生まれると、将来、さらに多くのハイテク企業が生まれる可能性が高い。ハイテク企業の集積地では、そこに拠点を置く企業のイノベーション能力が高まり、好業績をあげられる確率も高まるからだ。こうした集積効果は製造業にも見られるが、ハイテク産業ではそれがとりわけ際立っている。その理由は後述するが、ハイテク企業がほかのハイテク企業を呼び込む結果、地元に生まれるサービス関連の雇用がさらに増え、乗数効果がいっそう大きくなるのである。

政治家や産業界の指導者たちは、中小企業の偉大さをよく称えるが、誰もが決まって指摘するのは、雇用創出の大部分を担っているのが中小企業だという点だ。その指摘自体は間違っていないが、アメリカの中小企業の圧倒的大多数は、小売業などの非貿易部門の企業が占めている。したがって、中小企業の雇用が存続できるかどうかは、貿易部門（貿易部門では大企業の存在感がきわめて強い）に活力があるかどうかにかかっている面が大きい。貿易部門の雇用と所得が生み出されていない都市に、多くの小売り関連の雇用が生まれることはありえない。

乗数効果は、労働市場のメカニズムを特徴づける要素一つだ。今日のアメリカ経済に関する議論の多くは、あるグループと別のあるグループの間に、完全に相容れない利害対立があるという前提に立っている。豊かなアメリカ対貧しいアメリカ、もてる者対もたざる者、といった構図だ。確かに、財政政策に関してはそういう対立があるかもしれない（高所得層にどのくらい課税するかという問題では、高所得層と低所得層の間に明確な利害対立があるだろう）。しかし、それ以外のほとんどの局面では、二項対立的な理解は正しくない。雇用の創出に関しても、高所得層と低所得層の利害が完全に相容れないということはない。むしろ、本章の乗数効果に関する議論からも明らかなように、経済を構成する要素は互いに緊密に結びついているので、あるグループにとって好ましいことは、たいていほかのグループにも好ましい影響をもたらす。海面が上昇すれば、すべてのボートが高く押し上げられるのだ——少なくとも、それらのボートが同じ都市にありさえすれば。

新しい雇用、古い雇用、リサイクルされる雇用

イノベーション産業が製造業より多くの雇用を生み出す理由に関して、とくに見逃せない点は、このタイプの産業がいまだに労働集約的性格が強いことだ。科学研究において生産のために投入される資源のなかで最も重要な要素は、人的資本、すなわち人間とそのアイデアだ。ソ

フトウェアを書くためには、いまでも誰かがキーボードを長時間叩き続けなくてはならないのだ。ある企業でどのような資源の投入が最も重要かは、その会社を訪ねれば一目でわかる。工場の場合、主役は明らかに機械だ。工場の所在地や人間など、それ以外の要素はすべて機械の脇役でしかない。一方、研究所やソフトウェア企業で重要な役割を担っているのは人間だ。それを中心に、ほかのすべてのものが存在している。皮肉な話だが、最も革新的なテクノロジーが生み出されている職場は主に人間の労働に頼っており、昔ながらの品物がつくられている職場は主に機械やロボットが動かしているのである。

デジタル・エンターテインメント業界を例に見てみよう。映像にデジタル効果を加えるためには、何時間もの創造的な労働が必要とされる。その作業がいかに労働集約的なものかを私が知ったのは、ケント・マシソンというプログラマーと一緒に映画の『アバター』を見たときだった。マシソンは、ジョージ・ルーカスの特殊効果・視覚効果制作会社であるインダストリアル・ライト&マジック（ＩＬＭ）でこの映画を担当した人物だ。二時間半の映画にほんの数秒間映るだけの宇宙船をデザインするために何週間もかかったと、彼は教えてくれた。私の友人のベン・ヴォンザストロウは、ピクサーの本社から近い場所にあるティペット・スタジオという独立系の視覚効果制作会社で働いている。ヴォンザストロウの仕事は、コンピュータを使って映画の中の小動物を仕上げること。技術的に言えば、彼の職種は「ライティングアーティスト」と呼ばれる。と言っても、実際にランプや投光器を使ってライティング（照明）をおこなうわけではない。ソフトウェアを操作して動物に光を当てるのだ。この会社では、ほかにもアニメーター、モデラー、テクスチャペインター、コンポジター、パペッティアーといった職種のスタッフが働いているが、この人たちもみな、コンピュータに向かって映像をつくっている。『ニュームーン／トワイライト・サーガ』の小さな狼のようなシンプルなキャラクターを完成させるだけでも、ヴォンザストロウたちのチームはまるまる三カ月を費やしたという。

コンピュータで映像をつくるために、きわめて多くの時間と労力が必要とされることは、この仕事に就いている人たちにとって悪いことではない。むしろ、非常に好ましいことだ。時間と手間がかかれば、それだけ多くの雇用が生まれるからだ。もちろん、いずれは画期的なソフトウェアが登場し、宇宙船や小動物をつくり出すために要する時間は数カ月から数週間に、さらには数日間に、やがては数時間や数分に短縮されるだろう。そのとき、デジタルアーティストたちは、最初は胸を躍らせるに違いない。それまでとは比べものにならないくらい簡単に、そして手早く仕事ができるようになるからだ。しかし、やがてそういう人たちの雇用が減りはじめる。トラクターやコンバインが農業労働者にとって代わり、ロボットが工場労働者にとって代わったのと同じように、強力なコンピュータと高性能のソフトウェアがデジタルアーティストの仕事を奪う日がいつかはやって来る。

いまは労働というより職人仕事とみなされているような仕事も、いずれは陳腐化され、標準化され、機械化されて、輝きを失っていく。雇用の数も減る。こうした現象は、デジタル・エンターテインメントに限らず、イノベーション関連のほとんどの分野で起きるだろう。技術が進歩すれば、人間の労働に対する需要が減るからだ。そういう時代が訪れたときに、有望な新しいアイデアや製品が登場して、古い仕事が姿を消す代わりに新しい仕事が生まれることを願うしかない。

誤解されがちだが、新しいテクノロジーが関係しているからと言って、イノベーション関連の仕事がすべて、それ以前は存在しなかったような、厳密な意味での「新しい仕事」だとは限らない。多くの場合は、既存の仕事にとって代わっているにすぎないのだ。ときにはその結果として、労働市場全体の雇用の数が減ってしまうケースもある。オンライン旅行会社が社会的な価値を生み出したことは間違いない。旅行者はそれまでより安価に、そして手軽に航空便やホテルの予約ができるようになった。この新しいビジネスの台頭にともない、エクスペディアやトラベロシティといったオンライン旅行会社のウェブサイトのデザインと管理をおこなうインターネット関連の「新しい仕事」の雇用が何千も生まれた。しかし、失われた雇用はもっと多かった。閉鎖に追い込まれた旅行代理店は数知れないのだ。同様に、オンライン上でDVDレンタルと映像配信をおこなうネットフリックスが登場し、人々が視聴できる映画の種類は増えたが、何千ものレンタルビデオ店が倒れていった。

それでも全体として見れば、イノベーションが雇用の総数を増やしていることは間違いない。フランスのインターネット関連産業についての研究によれば、ワールドワイド・ウェブが登場して以降、インターネットが生み出した雇用は一二〇万に達している（ソフトウエアエンジニアなど、インターネットに直接関係する仕事と、オンラインショッピングの配送など、インターネット産業以外の仕事の両方を含む）。一方、消滅させた雇用は五〇万。つまり、インターネットのおかげでざっと七〇万の雇用が増えたことになる。[19] ほかの先進国に関しても、インターネットが創出した雇用は、消滅させた雇用のおよそ二・五倍と考えておけばいいだろう。問題は、雇用の消滅が幅広い地域で起きるのに対し、雇用の創出がいくつかの地域に集中することだ。オンライン旅行会社やネットフリックスのケースで言えば、アメリカのほとんどの都市で旅行代理店やレンタルビデオ店の雇用（小売業の雇用）が失われたが、雇用が増えた地域は、シアトル、ニューヨーク、サンフランシスコのベイエリアなど、一握りの都市に限られていた。

本当に優秀な人は、そこそこ優秀な人材の一〇〇倍優れている

二〇〇七年、サム・レッシンという二七歳の起業家が「ドロップｉｏ」というインターネット企業をもう一人と共同で設立した。インターネット上でのリアルタイムのファイル共有とコラボレーションを助ける企業だった。三年後、レッシンは会社をフェイスブックに売却して莫大な金を手にした。思いもかけないことが起きたのはそのあとだ。フェイスブックは何百万ドルもの金を支払い、ドロップｉｏを買収した途端に、会社を畳んでしまったのだ。フェイスブックが欲しかったのは、サム・レッシンという人材だったのである。こうしたパターンがシリ

コンバレーで見られるようになっている。新興企業の新しいテクノロジーではなく、それを生み出した人材を目当てに、大企業が新興企業をまるごと買収するケースが出てきたのだ。

買収される側の企業の従業員にとっては、たいてい朗報と言える。業界の一流企業に移籍できれば、給料もたっぷりもらえるし、うまみのあるストックオプション（自社株購入権）も手にできる。ニューヨーク・タイムズ紙の記事によると、二〇〇九年、フレンドフィードという会社を買収した。さまざまなソーシャルメディアやブログへの友人の投稿を一目で見られるようにするサービスを提供している会社だ。「IT業界関係者の間では、ツイッターとの競争を意識した選択だろうと考えられていた。しかしフェイスブックの本当のねらいは、評価の高い十数人のプロダクトマネジャーとエンジニアだった」と、同紙は書いている。[20]その十数人のなかには、共同創業者のブレット・テイラーも含まれていた。フェイスブックが支払った買収金額は、推定四七〇〇万ドル。フレンドフィードの従業員一人につき四〇〇万ドル払ったことになる。「どうしてもブレットが欲しかった」と、フェイスブックのマーク・ザッカーバーグCEOは当時述べている。「本当に飛び抜けた人材は、まずまず優秀な人材より少し優れているという程度ではない。一〇〇倍は優れている」

ザッカーバーグの言葉が象徴しているように、イノベーション産業の台頭にともない、優秀な人材の価値が大きく高まった。企業がどのくらいの経済的価値を生み出せるかが、これまで以上に人材の質に左右されるようになったからだ。二〇世紀の企業間の競争は、基本的に生産設備などの物的資本の獲得合戦だった。しかし今日、競争の帰趨は、優れた人的資本の持ち主をどれだけ引きつけられるかで決まるようになった。新しいアイデアに対する経済的見返りが大きくなれば、優れたアイデアを生み出せる人物の価値も高まるのが当然だ。前出のニューヨーク・タイムズの記事では、「エンジニアには、五〇万〜一〇〇万ドルの値打ちがある」という発言が引用されている。実際、そのとおりなのだろう。なにしろ、この発言の主であるヴォーン・スミスは、フェイスブックの事業開発部長として、それまでの四年間に二〇人以上の人材を獲得する指揮を執ってきた人物なのだから。

では、新しいアイデアに対する経済的見返りがそこまで大きくなった理由は、どこにあるのか？　三〇年前だって、新しいアイデアは大きな経済的価値を生み出していたのではないか、と思うかもしれない。どこが違うのか？　根底にある変化は二つだ。グローバル化と技術の進歩である。ブルーカラーの雇用を縮小させたのと同じ二つの要因が、イノベーション産業の雇用を増やす原動力になっているのだ。

イノベーションが得意な企業にとって、グローバル化の加速はきわめて有利な材料だ。雇用とグローバル化に関する論議では見落とされがちな点だが、別に複雑な話ではない。イノベーション産業は、利益を生む仕組みがほかの産業と根本的に違うのである。ソフトウエアを例に考えてみよう。新しいソフトウエアを考案し、それを開発し、動作をテストするには、大きなコストがかかる。しかし、いったんソフトウエアが完成すれば、コストをほとんどかけずに、何百万回でも複製をつくれる。マイクロソフトがウィンドウズの新バージョンを開発する過程で発生するコストの大半は、ソフトウェアのコードを書くエンジニアに支払う報酬が占めている。そうしたコストは固定費だ。つまり、ウィンドウズがどれだけ売れようと売れまいと、その金額は変わらない。一方、変動費（ソフトウェアを記録したCD－ROMや、それを収納する箱の原料費と製作費）は取るに足らない。要するに、最初の一枚のCD－ROMをつくるためには何十億ドルもの金がかかるが、二枚目以降は一枚につき数セントでつくれるのだ。

このようなビジネスをおこなう企業にとって、市場がグローバル化することのメリットは大きい。市場の規模が拡大すれば、コストをほとんど増やすことなく、販売する製品の数を飛躍的に増やせるからだ。同じことは、オンラインサービス、製薬、デジタルメディアなど、商品やサービスの市場投入前の研究開発コストが大きい業種すべてに当てはまる。グーグルは検索エンジンの質を向上させるために、毎月何百万ドルもの金をつぎ込んでいる。この費用は、検索エンジンの利用者が一〇人だろうと、一〇億人だろうとほぼ変わらない。利用者の数によって変わるのは、おおむね利益だけだ。製薬業界の場合も、新薬開発にかかるコストの大半は事前の研究開発費用で、実際の錠剤をつくるのに必要なコストはたかがしれている。

このような企業がグローバル市場でビジネスをおこなえば、新しいアイデアに対する経済的見返りを劇的に増やせる。その点を考えると、グローバル化が進むにともない、イノベーションへの投資が空前のレベルに高まっているのも不思議でない。以上に挙げたようなイノベーション関連産業の特徴は、従来型の製造業とは対照的だ。昔ながらの製造業では、固定費だけでなく、変動費もあなどれない。自動車や洋服の場合、新たに一台、あるいは一着生産するごとに、大きなコストが発生する。そのため、従来型の製造業では、イノベーション産業ほど、市場規模が拡大することのメリットは際立っていない。

アウトソーシングが雇用を増やすこともある

グローバル化の効果は、世界的に中流層が増加しているためにいっそう大きくなっている。中国、ブラジル、インドなどの新興国が豊かになるにつれて、これらの国々の消費者がより高級な製品やサービスを求めるようになった。そうした変化は、イノベーション産業にとくに有利にはたらく。二〇〇〇年から一〇年にかけて、アメリカの中国に対する輸出は六倍近くに増えた。この増加ペースは、ほかの国々全体に対する輸出の一〇倍以上だ。[21] 分野別の内訳では、ソフトウエア、科学機器、医療機器、航空宇宙関連製品などの高度な製品の輸出が多く、州別では、これらの産業が強いカリフォルニア州、ワシントン州、テキサス州の割合が大きい。

こうした事実はあっても、グローバル化に対して不安をいだいている人は多い。数々の調査で繰り返し示されているように、アメリカ人の過半数は、アメリカの抱えている経済的問題の主たる原因がグローバル化だと思っている。この点では、イノベーション産業で働いている人たちも例外でない。エリック・スコットはその典型だ。スコットはベテランのハードウェアエンジニアで、学校を出て以来ほとんどの期間、ハイテク産業で働いてきた。数年前、サンフランシスコのドルビーラボラトリーズという会社に好条件で転職できた。映画館向けのデジタルサウンドシステムや、ＤＶＤ用の音声再生技術などを開発しているハイテク企業である。スコットは妻と三歳の娘がいて、研究所から遠くない場所にローンで新居を買ったばかりだ。ドルビー社は最近、イノベーションのプロセスの一部を、コストの安いアジアに試験的にアウトソーシングしはじめた。これまでのところ、その試みはうまくいっていないが、将来はイノベーション関連の雇用の大半が外国にアウトソーシングされ、自分も職を失うに違いないと、スコットは恐れている。私たちは、そのような未来に向かって進んでいるのだろうか？

序章でも述べたとおり、いずれ大半の新興国は、先進国で設計された製品を量産するだけでは飽き足らなくなるだろう。中国は早くもそういう変化を遂げつつある。年間に取得される特許の件数では、すでにドイツやフランスを上回っている。ほかの特許で引用されている回数で判断するかぎり、特許の質の面ではまだ欧米に劣っているようだが、中国とインドで生み出されるイノベーションが増えていることは間違いない。[*2]

しかしアウトソーシングは、従来型の製造業のほとんどで雇用を消失させるが、イノベーション産業では正反対の結果を生む。最近の研究によると、中国で組み立て工場の雇用が増え、インドでコールセンターの雇用が増えるほど、究極的には、アメリカで研究開発関連の雇用やハイテク企業周辺の専門職（広告専門家、デザイナー、アナリスト、会計士など）の雇用が増えるという。企業向けのハードウェアとソフトウェアの大手企業であるオラクルの例を見てみよう[22]。二〇〇〇年、オラクルはアメリカ国内で二万二〇〇八人、国外で二万九一九人を雇用していた。現在は、アメリカ国内が四万人、国外が六万六〇〇〇人だ。アメリカ国内の雇用が全体に占める割合こそ低下したが、アメリカで雇っている従業員の数自体は増えているのだ。しかも注目すべきことに、研究開発関連などの高給の職は、いまもアメリカ国内に存在する割合が圧倒的に大きく、雇用の数も目覚ましく増えている。ジャーナリストのジェームズ・ファローズの表現を借りれば、年収一〇〇〇ドル相当の中国やインドの労働者は、「週に一〇〇〇ドル以上儲けているアメリカのデザイナーやマーケティング専門家、エンジニア、小売り関係者がさらに所得を増やすのを助け、アメリカに本社を置く企業の株主の利益も増やしている[23]」。

この一〇年間、アメリカの多くのバイオテクノロジー企業と製薬会社は、研究開発機能の一部を国外に移転させてきた。ヴィニタ・シャルマ博士は、インドで新薬の承認をおこなう機関である科学技術省「国家GLP遵守監視院」の長官を務めている。研究者としても行政官としても豊富な経験をもち、情熱的で国際感覚のある女性だ。博士は、インドの研究開発サービスに対する国際的な需要が高まることを期待している。私が話を聞いたときも意気軒昂だった。そのときインドは、医薬品、工業化学薬品、農薬の研究所段階の試験に関して、OECD（経済協力開発機構）から認証を得る寸前だった[24]。認証を得られれば、インドは、アメリカやヨーロッパのライフサイエンス企業から、さまざまな試験を受注できるようになる。「アメリカやドイツや中国の企業がいいアイデアをもっていれば、わが国で質の高い研究開発を引き受けましょう」と、シャルマ博士は言った。「私たちは知識を富に変えたいのです」

こうした動きは、多くのアメリカ人が恐れているものだ。アメリカ人の雇用には、どのような影響が及ぶのか？　実は、好影響が生じる場合と悪影響が生じる場合の両方がありうる。国外に研究開発がアウトソーシングされると、アメリカ企業が国内で雇う人の数は、増えるケースもあれば、減るケースもあるのだ。そのどちらになるかは、アウトソーシング先の労働者がアメリカの労働者の「補完財」か「代替財」かによって決まる。ダートマス大学のマシュー・スローターの研究によると、このようなケースで外国の労働者は概して、アメリカの労働者を代替するのではなく補完する存在なので、アウトソーシングは勝ちか負けかという状況を生み出さない。それどころか、アメリカ企業が一人分の雇用をアウトソーシングするたびに、アメリカで二人分近くの新しい雇用が生まれているという[25]。しかも、新たに生まれる雇用は、主として研究開発、マーケティング、エンジニアリング、デザイン、サイエンスなど、給料が高く、キャリアを向上させる機会も十分にある仕事だ。アメリカ工学アカデミーがまとめた報告書でも、「国外へのアウトソーシングは、さまざまな産業で、アメリカに本社を置く企業の競争力を押し上げているようだ」と指摘している[26]。

イノベーション産業の雇用が増え、賃金も上昇している理由は、グローバル化だけではない。iＰａｄにはじまり新薬にいたるまで、新しいイノベーションを市場に投入することに成功した企業は、たいてい生産コストを大幅に上回る価格でその製品やサービスを売ることができる。経済学の世界では、その差額を「レント」と呼ぶ。レントが大きいという点では、イノベーションにより生み出される商品は、高級ブランドのバッグに似ている。レントの源泉は、ラグジュアリーブランドの場合はブランドの魅力、ハイテク企業の場合は特許だ。イノベーションを成し遂げた企業は、特許を取得することによってその成果を独占的に利用できる。

結局、イノベーションの果実は誰が手にするのか？　消費者は、新しい商品や安い商品が手に入るようになる。企業は、利益が増える。新しい商品の開発に携わる働き手にも恩恵が及ぶ。雇用が増え、場合によっては給料も高くなるのだ。ナタラジャン・バラスブラマニアンとジャガディーシュ・シヴァダサンは、アメリカ国勢調査局の非公開データをもとに、四万八〇〇〇社のアメリカ企業の状況を二〇年間さかのぼって調べてみた[27]。この研究によれば、企業がはじめてイノベーションの成果について特許を取得すると、その翌年に雇用数と労働生産性がともに大幅に上昇する傾向が見られた。しかも、その効果はその後も持続するという。ロンドン・スクール・オブ・エコノミクスのジョン・ファンリーネンは、イギリスのイノベーション産業の六〇〇社について、賃金とイノベーションの関連を調べた[28]。技術的に重要で、商業的にも成功しているイノベーションを洗い出したところ、イノベーションを成し遂げた企業では、平均賃金が大きく上昇していた。その効果は、新商品投入の三年後に最高潮に達するという。

要するに、イノベーションが生み出すレントは、企業のＣＥＯや株主だけでなく、働き手も潤わせるのだ[29]。賃金の上昇効果はきわめて大きい。ファンリーネンの推計によれば、イノベーションが新たに生み出した経済的価値の約二〇〜三〇％は、賃金の上昇という形で働き手に渡っている。イノベーションが雇用創出の牽引役として重要な理由の一つは、この点にある。iPhoneの例で見たように、世界のどこでもつくれるようなありきたりの製品をつくっていては、大きな価値は生み出せないのだ。

イノベーションを起こせるような高い技能と創造性を備えた人材の供給は、世界規模で増えている。大学や大学院まで進む新興国の若者が増えているからだ。しかし、そういう人材に対する需要は、供給をさらに上回るペースで増えている。最近の不況で需要の増加はいったん減速したが、長期的に見れば、グローバル化と技術の進歩にともない、新しいアイデアや商品をつくり出す創造的な働き手の雇用が増え、給料も高くなる傾向にある。この点は、アメリカ社会全体にとっては好ましいことだが、その効果がどの程度及ぶかは、地域によって大きなばらつきがある。全米でまんべんなく新しい雇用が創出されているわけではないのだ。恩恵に浴する都市や地方がある半面、置いてけぼりをくっている都市や地方もある。地理がきわめて重要な要因になりはじめているのだ。次章では、イノベーション経済の勝者と敗者がそれぞれ誰で、そうした新しい状況がアメリカ社会の基本的性格をどのように変貌させつつあるのかを見ていきたい。

＊1 本書では、「貿易可能」かどうかを地域レベルで判断しているが、経済学の世界で「貿易部門」「非貿易部門」と言う場合は、国レベルで考えることが多い。ときには、地域レベルで「貿易可能」でも、国レベルでは「貿易不可能」というケースもありうる。たとえば、アメリカのMSNBC、フォックス・ニュース、NPRといった全国ニュースの報道機関は、都市のレベルで言えばほかの都市へ「貿易可能」だが、国レベルで見れば外国へはおおむね「貿易不可能」だ。また、この分類は完璧ではない。たとえば、レストランの雇用はほとんどの場合、「貿易不可能」とみなせるが、ラスベガスのような観光地のレストランの場合は、「貿易可能」と言える。来店客のほとんどは、地元住民でないからだ。

＊2 このような現象が起きている理由の一端は、中国政府が特許の質に関係なく、特許申請に対してさまざまな金銭的奨励策を実施していることにある。エコノミスト誌によれば、中国では大学教員の終身在職権の審査で特許申請件数を判断材料に加えていたり、多くの特許を承認した特許局職員にボーナスを支給していたりするという。また、特許の申請件数が多い企業は、法人所得税が低く、公共事業を受注できる確率も高い。このような環境を考えれば、世界で最も多くの特許を申請している会社が中国の華為技術（ファーウェイ）だというのも意外ではない。

第3章 給料は学歴より住所で決まる

いまのシアトルは、三〇年前とはまるで別の都市だ。林立する立派なオフィスビルには数々の大企業が入居し、美しく化粧直しされた廃倉庫には多くの新興企業がオフィスを構えている。老朽化してサビついた港湾施設はインターネット企業とソフトウェア企業の拠点に、古い車両基地はバイオ製薬企業、アムジェンの研究所になった。市北端のさびれた住宅地区と商業地区はいまや最先端のエリアになり、毎年のようにスタイリッシュなオフィスや集合住宅が建設されている。

キャピトルヒル地区の一五番街にあるヴィクトローラ・コーヒー&アート・カフェの軒先のテーブルで二、三時間過ごせば、この町の肩の凝らない活気と慎重な楽観主義をはっきり感じ取れるだろう。三〇代の専門職、同性愛者のカップル、ぎりぎりの生活を送る大学生、社会的地位のある豊かな一家……こうした多様な人たちが混ざり合う同地区は、シアトルで好景気に沸いている多くのエリアの一つだ。活気ある通りには、こだわりの書店や、手づくりの品物をそろえた雑貨店が並ぶ。キャピトルヒル地区だけでなく、シアトルのいたるところで、廃墟や駐車場だった場所が高級レストランや文化施設に変わっている。薬物依存症患者のクリニックが多いことで知られていたパイオニアスクエア地区でさえ、見事に再生した。古いレンガづくりの美しい建物に、ソーシャルゲームのジンガ、iPad向けゲーム用周辺機器メーカーのディスカバリー・ベイ・ゲーム［二〇一三年破綻］、ジュエリーのオンライン販売をおこなうブルーナイルといった企業がオフィスを設けはじめた。最近は金融機関も進出している。同地区一番街のリノベーションされた建物には、スターバックスのハワード・シュルツ会長が共同設立者に名を連ねるベンチャーキャピタル会社のマベロンが入居した。

シアトルは、強力なコミュニティ意識に、人から人へと「感染」する起業家的エネルギー、それにほどよいコスモポリタン的活気が混然一体となった町だ。しかしなによりも際立っているのは、未来に対する静かな自信だろう。その自信の土台をなすのは、ある一つの事実だ。それは、オールドエコノミーに依存する斜陽の地方都市から、世界屈指のイノベーション中心地へと完全に変身を遂げたという事実である。そうした変化にともない、アメリカでも有数の創造的な——そして高給取りの——働き手が集まるようになった。

三〇年前にこの町を訪れた人は、いまとはまったく違う印象をいだいただろう。一九七〇年代後半のシアトルは、内向きで、うしろ向きな町だった。人々は将来への不安にさいなまれていて、町には犯罪がはびこり、職に就けない人も大勢いた。町の歴史を変える出来事があったのは、一九七九年一月のある雨の朝のことだった。

シアトルとアルバカーキの「二都物語」

いまでは、マイクロソフトと言えばシアトルというイメージが浸透している。しかし、創業初期はまったく違う場所に本社を置いていた。一九七五年四月に創業した地は、ニューメキシコ州アルバカーキ。商品は一つ、顧客は一社、従業員は三人だけだった。その唯一の顧客とは、アルバカーキのハードウェア企業、MITS。「アルテア8800」という組み立て式の個人向けコンピュータを製造・販売していた会社だ。マイクロソフトはこのコンピュータのためにBASIC言語「アルテアBASIC」を開発し、業績好調だった。見通しは明るく思えたので、創業した年のうちに、共同創業者の一人である二〇歳のビル・ゲイツ――見かけはいかにも学生だが、野心に溢れた若者だった――は、ハーバード大学を休学し、一足先にアルバカーキに来ていた相棒のポール・アレンに合流した。その後、ゲイツがハーバードに戻ることはなかった。もはや大学の学位など必要なかったのだ。売り上げは倍々ゲームで膨れ上がり、一九七八年には早くも一〇〇万ドルの大台に乗った。従業員の数も一三人に増えていた。

しかし、ゲイツとアレンは次第に居心地の悪さを感じはじめ、ついに会社移転を決断する。ビジネス上の判断ではなかった。二人はシアトル出身で、自分たちの生まれ育った場所で暮らしたいという思いが抑え切れなくなったのだ。こうして一九七九年一月一日、マイクロソフトはアルバカーキを去り、シアトル近郊のワシントン州ベルビューに引っ越した。ワシントン湖をはさんでシアトルの対岸にある退屈な町だった。

この当時、ソフトウエア企業にとってシアトルに本社を置くというのは、とうてい常識的な選択ではなかった。むしろ、最悪に近い選択に思えた。それくらいシアトルは苦しい状況に置かれていた。アメリカ北西部の太平洋岸に位置する都市の多くがそうだったように、雇用が年々減少し、高い失業率に悩まされ、未来への明るい展望を見いだせずにいた。シリコンバレーより、いまのデトロイトに近い状況だったのだ。

問題の原因は明白だった。デトロイトと同じく、古いタイプの製造業（と林業）に依存しすぎていたのである。これは魅力的な産業構造とはお世辞にも言えない。シアトルの製造業雇用の半数は輸送機器関連の企業が占めていたが、それらの企業は業績不振に悩まされ、人員削減を進めていた。人口も数千人単位で減り続けていた。シアトルではずっと、航空宇宙関連企業のボーイングとその下請け企業の工場が主たる雇用主だったが、一九七〇年代と八〇年代前半、ボーイングはたびたび深刻な業績悪化を経験した。同じく地元に多くの雇用を生んでいたトラック製造大手のパッカーも苦しんでいた。高級百貨店チェーンのノードストロームやシアトル港の業績は好調だったが、地域経済全体を引き上げるにはいたらなかった。また、ボーイングとワシントン大学で働く人たちを別にすれば、住民の多くは高度な技能をもっていなかった。

市民生活の質も落ち込んでいた。いまでこそ、雨がちな気候以外は住みやすい町というイメージが強いが、マイクロソフトが移転してきた当時は、アルバカーキより格段に犯罪が多かった。人口一人当たりの強盗発生件数はアルバカーキの一・五倍、学校の質はしばしば劣悪で、美術館も老朽化していた。いまと違い、レストランもパッとしなかった。この町発祥のスターバックスも、そのころは三店舗だけの小さなコーヒーチェーンだった。提供していたのはアメリカ式の薄いコーヒー。エスプレッソ革命を起こすのはまだ先の話だ。

一九七一年、エコノミスト誌はシアトルを「絶望の町」と呼んだ。[1] 地域経済のぞっとするような衰退ぶりを伝えた記事にはこう書かれている――「アメリカで中古車や中古テレビ、中古住宅の掘り出し物を見つけたければ、ワシントン州シアトルが一番だ。この町は、町全体が巨大な質店と化している。人々は日々の食費と家賃を得るために、手放せるものは片っ端から売り払う」。空港近くに登場した巨大な看板は、いまも語り草になっている。そこには「シアトルを最後に出ていく人は、明かりを消していってください」と書かれていた。当時は明るい未来を思い描けず、町を去っていく人が後を絶たなかった。そんな衰退する町の雰囲気をよくあらわした看板と言えるだろう。

マイクロソフトの移転は、その時点ではとりたてて重要な出来事には思えなかった。しかし、それがシアトルをアメリカ屈指のイノベーションハブに変えていく大きな後押しをすることになる。注目すべきなのは、この展開が多分に偶然の産物だったことだ。ゲイツとアレンは、たとえばシリコンバレーを移転先に選んでいても不思議ではなかった。シリコンバレーには、すでに多くのテクノロジー企業が集まりはじめていたからだ。あるいは、アルバカーキにとどまってもよかった。カラッとした気候に、肩の凝らない雰囲気、そしてサンディア国立研究所とニューメキシコ大学を擁するアルバカーキは、ハイテク企業の集積地に適した条件を備えていた。もしマイクロソフトが残っていれば、ここにハイテク産業の集積地が実際に生まれていただろう。マイクロソフトにとって、一九七〇年代末の時点でアルバカーキに本社を置き続けることはけっして常軌を逸した選択肢ではなかった。むしろ、本社移転を発表すると、一部の従業員が強い拒絶反応を示した。社員たちはアルバカーキを気に入っていたし、面倒な引っ越しに気が進まなかったのだ。それでも、ゲイツとアレンは自分たちの意志を通した。

イノベーション産業は、ほかのどの産業よりも地域経済を大きく変貌させ、文化や都市の形態、生活の利便性、政治的傾向も様変わりさせることがわかっている。しかし、こうした諸要因の相互作用を明らかにし、原因と結果を選りわけるのは簡単でない。シリコンバレーのように複雑な土地では、それがとりわけ難しい。しかし、シアトルは状況が違う。この町のハイテク産業の歴史は、マイクロソフトの移転という特定の（そして偶然の）一つの出来事にさかのぼることができる。その意味でシアトルの経験は、きわめて興味深い自然の実験と言えるのだ。

マイクロソフトが移転する前、シアトルとアルバカーキの労働市場の状況はよく似ていた。[2]一九七〇年当時、人口に占める大卒者の割合は、シアトルが五％高いだけだった。給料の水準は、シアトルのほうが若干高かった。ボーイングのエンジニアと、ワシントン大学関連の病院や診療所の医療関係者がいたためだ。それでも、差はそれほどなく、二つの町はおおむね同じような経済的運命をたどっているように見えた。しかし、マイクロソフトが本社を移して以降、両都市の歩む道は決定的に分岐していった。シアトルでハイテク産業が飛躍的に成長した結果、大卒者が人口に占める割合の差は、一九九〇年には一四％、二〇〇〇年には三五％、そして現在はなんと四五％に拡大している。この差は、国単位で見るとアメリカとギリシャの差にほぼ等しい。給料の格差も拡大している。その傾向がとくに際立っているのが高技能の労働者だ。一九八〇年、シアトルの大卒者の年間所得はアルバカーキの大卒者より四二〇〇ドル多いだけだったが、いまその差は一万四〇〇〇ドルに開いている。

アルバカーキの経済が苦戦を強いられてきた大きな原因は、働き手の教育レベルが向上せず、イノベーション産業が成長する足枷になってきたことだ。インテルとハネウエルはこの町に大規模な生産施設を設けているし、金融のバンク・オブ・アメリカとウエルズ・ファーゴも間接部門の大規模なオフィスを置いているが、それらはあくまでも例外だ。ほとんどの住民は、低付加価値のサービス業で低賃金の仕事に就くしかない。アルバカーキのイノベーション産業の集積は、真に競争力のあるハイテク産業のエコシステム（生態系）を維持できる規模に達しなかったのだ。対照的に、シアトルには世界有数の規模のソフトウェア産業の集積地が形成されている。北米でソフトウェア分野の労働者に支払われている賃金総額のなんと四分の一以上を、シアトルで働く人たちが受け取っている。アメリカ第四位の携帯通信事業者であるT-モバイルは、シアトルとアルバカーキの両方に進出しているが、両都市での状況には大きな違いがある。シアトルにはアメリカ法人の本社があり、高給の雇用はこの町に集中している。T-モバイルの雇用が生み出す乗数効果も大きい。それに対し、アルバカーキに置かれているのは、顧客サービスのためのコールセンターだ。給料は安く、地元の雇用に対する乗数効果も小さい。

二つの都市の経済的運命が大きく分岐していくにつれて、町の暮らしやすさや文化施設の水準にはじまり、学校の質や食生活のレベルにいたるまで、市民生活のあらゆる側面で明暗が大きくわかれていった。一九七九年の時点ではシアトルよりアルバカーキのほうが安全だったが、いまや凶悪犯罪の発生率はアルバカーキのほうが高い。殺人事件の発生率にいたっては、シアトルの二倍以上だ。

シアトルとアルバカーキがたどった運命は、この三〇年間にアメリカの多くの都市が経験したものだ。経済発展は「発展が発展を招く」性質があるので、最初は同じように見えた都市の間に、気がつくと大きな差ができているケースがある。時間を重ねるうちに、小さな差が雪だるま式に膨れ上がっていくのだ。成功している都市は、イノベーション能力に富んだ企業と人材が集まり続け、いっそう強みを発揮するようになるが、敗者はますます弱体化していく。この現象は、経済学の世界で「多重平衡」と呼ばれている。

こうした状況は、厳密に言うと、どのようなメカニズムで生まれるのか？　この点はきわめて重要だ。マイクロソフトは、シアトル地区で四万三一一人を雇用している。このうち、二万八〇〇〇人が研究開発に携わるエンジニアだ。大きな数字ではあるが、それでも四万三一一人の雇用が人口二〇〇万人近い都市圏の運命をどうやって変えたのか？　マイクロソフトが地域経済に及ぼしている究極的な影響は、同社の直接の雇用だけにとどまらない――それが答えだ。第一に、マイクロソフトがやって来たことにより、ほかのハイテク企業もシアトルに魅力を感じるようになった。ひとことで言えば、マイクロソフトは地元のハイテク企業をつなぎとめる錨でもあり、多くのハイテク企業を引きつける磁石でもあるのだ。

この点では、アマゾン・ドットコムの歴史が興味深い。アマゾンの創業者となるジェフ・ベゾスは一九九四年、ニューヨークに居住し、ウォール街の有力投資銀行の副社長を務めていた。誰もが夢に見ることしかできないような高給を受け取っていたが、自分はもっと大きなことを成し遂げられるという思いがあった。当時は、インターネット時代の黎明期。ベゾスは自分もこの新しい潮流に加わりたいと思うようになり、会社を辞めてオンライン上で書籍の小売店を立ち上げた。そして、その会社を世界最大の河川にちなんで「アマゾン・ドットコム」と名づけ、本社をシアトルに置くことを決めた。

なぜ、シアトルだったのか？　ビル・ゲイツがやって来たときは、新興ハイテク企業の本拠地として魅力的な土地ではなかったが、この町に移りたいという個人的な理由があった。ベゾスの場合は、シアトルで会社を始める個人的理由はなかった。シアトルで生まれたわけでもない（実は、アルバカーキの出身だ）。しかし、マイクロソフトが移転して一五年後、ベゾスがビジネスを始めたとき、シアトルはハイテク企業を引き寄せる磁石のような町になっていた。マイクロソフトの本社があったために、多くのソフトウェアエンジニアやプログラマーが集まっていて、いくつものベンチャーキャピタル会社もオフィスを開設していた。その結果、優れた商業用ウェブサイトのつくり方を知っている人が非常に少なかった時代に、この町では真の優れた人材を見つけられた。資金調達もしやすかった。ベゾスの親族以外ではじめてアマゾンに投資した投資家は、シアトルのベンチャーキャピタリスト、ニック・ハナウアーだった。アマゾンが草創期の危うい時期を乗り切るうえでは、ハナウアーの四万ドルが大きくものを言った。それからほどなく、やはりシアトルの別のベンチャーキャピタリストが一〇万ドルを出資した。その金により、アマゾンはウェブサイトの使い勝手を大幅に改良できた。それが同社の競争力の源になった。[*1]

マイクロソフトがアマゾンの創業を直接助けたわけではないが、シアトルにハイテク産業の集積地が形成されるきっかけになったのは、マイクロソフトがやって来たことにほかならない。ここに、ハイテク産業の特徴がよくあらわれている。それは、成功が成功を呼ぶという性質だ。この点は多くの都市の未来を考えるうえで非常に大きな意味をもつので、本章と次章で中心的なテーマとして取り上げたい。ベゾスがニューヨークを離れてシアトルに向かった瞬間、いくつかの連鎖反応の引き金が引かれ、それがのちにこの町に何千もの雇用を生み出した。ベゾスがシアトルの自宅のガレージで始めた小さなビジネスは、いまや世界規模のブランドに成長し、全世界で五万人を超す従業員を雇うまでになった。その三分の一がシアトルで働いている。

マイクロソフトが地域経済を変容させた第二のメカニズムは、地元に多くの新しい企業を生み出したことだ。莫大な金を手にした従業員たちが会社を辞めて、自分のビジネスを立ち上げているのだ。ある推計によれば、マイクロソフトの「卒業生」がつくった企業は四〇〇〇社にものぼり、その過半数はシアトルを含むピュージェット湾地域に拠点を置いている。[3] 大手オンライン旅行会社のエクスペディアもその一つだ。オンライン・ストリーミングのリアルネットワークスは、一九九四年にマイクロソフト出身のロブ・グレイザーによって設立され、いまでは一五〇〇人を雇い、シアトル有数の民間の雇用主になっている。マイクロソフト関係者だけではない。アマゾンのジェフ・ベゾスも本業のかたわら、ブルーオリジンという有人宇宙飛行をめざす会社を、シアトルから車でわずか二〇分の町に設立した。

しかし、これらのメカニズムは、ロケット科学者やソフトウエアエンジニア、コンピュータ科学者のような人たち以外にも恩恵をもたらすのか？　シアトルの平均的な労働者も影響を受けるのか？　影響はある。マイクロソフトがシアトルの労働市場に及ぼしている最も大きな好影響は、ハイテク産業以外の雇用に関わるものだ。私の推計によれば、マイクロソフトが乗数効果を通じて地元に生み出している雇用は、高度な教育を受けていない人でも就けるサービス業の雇用（清掃員、タクシー運転手、不動産業者の社員、大工、零細企業オーナーなど）が一二万、大学卒・大学院卒の人向けの雇用（教師、看護師、医師、建築家など）が八万にのぼる。[4] マイクロソフトが従業員に支払う給料が増え、地元の企業向けサービスに支払う金も増えた結果、これらの数字も増え続けてきた。

イノベーションは、新しい医薬品、便利なコミュニケーションと情報共有の方法、きれいな地球環境など、社会に大きな恩恵をもたらす。それらの恩恵は非常に多くの人たちに及び、世界中の人がそれを享受できる。しかし、雇用面での恩恵は限られた土地に極端に集中する。もちろん、そうした土地もいいことばかりではなく、不動産価格が高騰し、貧しい人が住めなくなるなどの弊害はある。これらの点についてはあとで詳しく述べるが、その前にアメリカのイノベーション関連の雇用が地理的にどのように分布しているかを見ておこう。未来にどこで雇用が生まれるかを知るためには、いまどこでイノベーションが起きているかを知る必要がある。

イノベーション産業は一握りの都市に集中している

一〇〇年前、ホットな新しいテクノロジーと言えば自動車だった。自動車は世界を変える魔法のマシンだと思われていた。その当時は、全米に何千もの小さな自動車メーカーが散らばっていた。しかし、数十年後に残っていたのは三つの巨大メーカーだけ。自動車の生産活動は、ミシガン州デトロイトとその近隣にほぼ集中するようになっていた。しかしいま、自動車工場は再び地理的に拡散し、ブラジルからインドにいたるまで世界に広がっている。一九七〇年代にパーソナルコンピュータが登場したときも、小さなメーカーがアメリカのあちこちに存在していた（スティーブ・ジョブズとスティーブ・ウォズニアックがカタログ通販で部品を調達し、ジョブズの自宅のガレージで組み立てて最初のアップル・コンピュータをつくったのは、一九七六年のことである）。その後、パーソナルコンピュータの生産は少数のメーカーに集約されていき、ほとんどのメーカーがシリコンバレーに本拠を置くようになった。そして、この産業が成熟期を迎えつつある今日、生産コストの安い土地への工場の拡散が起きはじめた。同様のパターンは、鉄鋳造、製粉、タバコなど、多くの産業で繰り返されてきた。

産業にも人間と同じようにライフサイクルがある。産業の幼児期には、さまざまな土地で多くの小規模な事業者が活動している。やがて成長期になり、イノベーション能力が最高潮に達すると、集積のメリットを活かすために、企業がいくつかの土地に寄り集まるようになる。成熟期に入って年老いてくると、企業が生産コストの安い土地に出ていき、再び地理的に拡散しはじめる。このように考えると、いま成長期にあるイノベーション産業が一握りの都市に集中しているのは意外ではない。

イノベーションの地理的分布を明らかにするために有効な方法の一つは、発明を成し遂げた人の居場所を調べるというものだ。特許を申請するとき、発明者は自分の住所を報告しなくてはならない。その情報は公開されているので、それを調べればいいのだ。もちろん、新しいアイデアがすべて特許取得されるわけではないし、特許されているアイデアがすべて偉大なイノベーションというわけでもない。しかし経済学者は昔から、それぞれの土地が新しい製品やアイデアをどの程度創出しているかを割り出すための便宜的な指標として、特許の取得件数を用いてきた。*2 地図1は、地域ごとのイノベーションの活発さの度合い（人口一人当たりの特許取得件数）を基準に、アメリカの地図を色わけしたものだ。[5]

この地図を見てまず気づくのは、国の中でも地域によって大きな違いがあることだ。イノベーションが活発な土地（地図上の濃い色の場所）があるかと思えば、イノベーションがほとんどおこなわれていない土地（薄い灰色や白の場所）も広大に広がっている。州別で言うと、最もイノベーションを生み出しているのは、カリフォルニア、ニューヨーク、テキサス、ワシントンの各州だ。カリフォルニア州が飛び抜けていて、二位のニューヨーク州に大きく水をあけている。[6] 全米で取得される特許の半分近くを、この上位四州が占めている（この割合は、一九八〇年には三分の一だった）。

人口一〇〇万人以上の都市圏のなかで最もイノベーションが活発なのは、シリコンバレーを擁するサンフランシスコ－サンノゼ圏。二位のテキサス州オースティンを大きく引き離している。[7] サンフランシスコ－サンノゼ圏の住民一人当たりの特許取得件数は、オースティンの二倍以上、最下位のテキサス州マッカレンと比べれば三〇〇倍以上だ。最上位グループと最下位グループのギャップはきわめて大きい。最下位グループには、ニューオーリンズ（ルイジアナ州）、ノーフォーク－バージニアビーチ－ニューポートニューズ圏（バージニア州）、マイアミ（フロリダ州）、ラスベガス（ネバダ州）、ナッシュビル（テネシー州）が名を連ねる。イノベーションの地域間格差は、ベンチャーキャピタルや雇用に関する指標など、特許取得件数以外のデータにもあらわれている。サンフランシスコ－サンノゼ圏のハイテク関連の雇用はオースティンの四倍以上、最下位グループの都市との差は途方もなく大きい。

ドットコム・バブルが崩壊した二〇〇〇～〇三年、アメリカのハイテク産業集積地の未来についての悲観論が渦巻いていた。シリコンバレーが世界に君臨する時代は終わりを迎えるだろうと予測した専門家も多かった。しかし、悲観論はおおむね間違っていた。シリコンバレーは、いまも世界のイノベーションの都であり続け、イノベーションの質と量の両面でアメリカのほかのすべての都市圏を圧倒している。アメリカのベンチャーキャピタル投資全体に占める割合は三分の一以上。この割合は、二〇年前に比べて大きく上昇している。[8]また、毎年、ヨーロッパやイスラエル、そしてアジアの何百人もの聡明で野心的なイノベーターたちがみずからの立ち上げた新興企業の拠点をシリコンバレーに移している。いまもこの地区が世界最大のイノベーションハブであり続けているのは、ここで生まれた人たちがとりわけ頭がいいからではなく、素晴らしいアイデアと人材を引き寄せる力が群を抜いているからなのだ。

シリコンバレーに次いで際立っているのは、オースティンだ。比較的最近になって台頭してきたイノベーションハブだが、この二〇年間の成長ペースには目を見張るものがある。成長の牽引役になってきたのは、コンピュータ産業とエレクトロニクス産業だ。デルやＩＢＭ、３Ｍ、

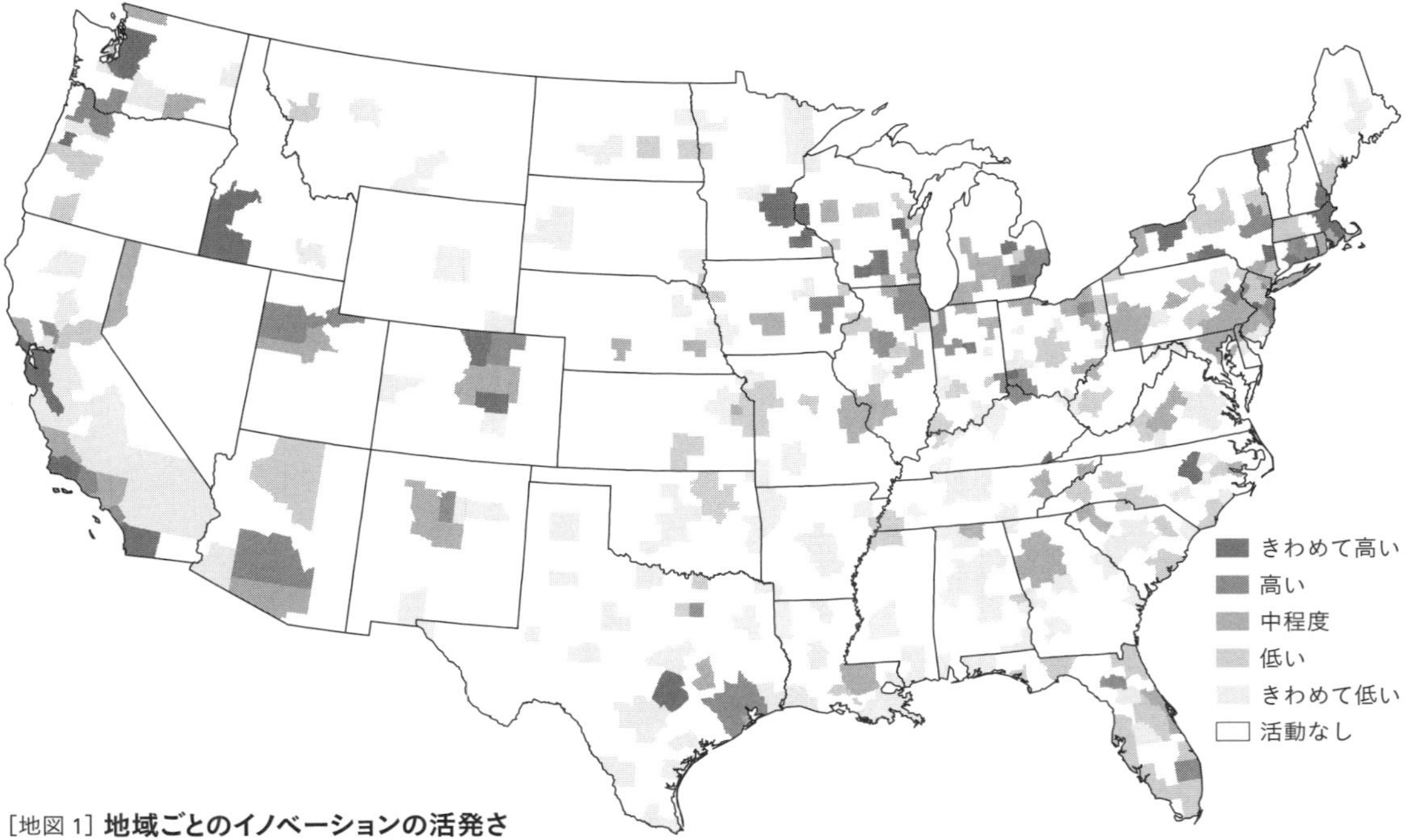

[地図 1] **地域ごとのイノベーションの活発さ**

※人口 1 人当たりの特許取得件数による

出典：アメリカ特許商標局

アプライド・マテリアルズ、アドバンスト・マイクロ・デバイセズ（AMD）、フリースケール・セミコンダクタなどが拠点を置いている。オースティンは、シリコンバレーと競合するというより、補完関係にあるようだ。両地区は、大学卒以上の学歴をもつハイテク関連の専門職たちが双方向に活発に移住することによって結びついてもいる。地理的には遠く離れているが、オースティンの大卒者の移住先として最も人気がある場所は、シリコンバレーを含むサンフランシスコ－サンノゼ圏だ[9]。

このほかにイノベーションが活発な都市圏としては、ノースカロライナ州のローリー－ダーラム圏とマサチューセッツ州のボストン－ケンブリッジ圏が挙げられる。両地区は一流の大学と世界水準の医療機関を擁しており、科学系研究開発サービスとライフサイエンス系の企業が多い。成功の理由は、地元の起業家が地元大学のライフサイエンス研究を営利のベンチャービジネスにうまく転換させていることにある。ローリー－ダーラム圏には、デューク大学とノースカロライナ大学、ボストン－ケンブリッジ圏には、ハーバード大学とマサチューセッツ工科大学（MIT）、タフツ大学がある。ボストン－ケンブリッジ圏は、ライフサイエンスに加えて精密機器の設計にも強みがあり、ソフトウエア産業の集積地にもなっている。二〇〇八年、マイクロソフトが東海岸で初の研究所をケンブリッジに開設したとき、同社はその理由をこう述べた――「（東部の）ニューイングランド地方には、大規模な科学者コミュニティが形成されている。とくに、近隣に多くの一流研究機関があり、その教授陣や学生たちが集まっている」。

カリフォルニア州のサンディエゴも興味深い。この町は三〇年ほどの短い間に、のんびりと老後の生活を送る人たちやサーフィンの愛好家くらいしか住まない小さな町から、世界屈指のバイオテクノロジー産業の集積地にのぼり詰めた。スクリプス研究所、ソーク研究所、カリフォルニア大学サンディエゴ校を中心に変身を遂げ、いまやアミリン・ファーマシューティカルズのようなバイオテクノロジー業界の巨人や、有望な新薬候補を抱える何十社もの中規模のバイオテクノロジー企業が拠点を置いている。また、通信関連のエレクトロニクス製品の分野でも多くの雇用が生まれている。ニュージャージー州のミドルセックス－サマーセット－ハンタードン圏でもライフサイエンス産業で多くの特許が取得されているが、町の雰囲気はサンディエゴとはだいぶ違う。こちらは新興のベンチャー企業よりも業界の老舗が目立ち、ブリストル・マイヤーズ・スクイブやジョンソン・エンド・ジョンソン（J&J）といった既存の製薬大手が集まっている。

特許取得件数から言うと、ニューヨークとワシントンDCは例外的な存在だ。地価が高いニューヨークでは、研究施設のスペースを確保するのが容易でなく、科学的研究開発を大量に生み出すことは難しい。実際、人口一人当たりの特許取得件数では上位グループに入っていない。それでも、三〇万近くの技術系の雇用があり、いまも世界屈指のイノベーションハブの地位を維持しており、その力はますます強まっている。この二〇年間、ニューヨークのハイテク産業は、多くの創造的な起業家と教育レベルの高い働き手を引きつけてきた。ニューヨークは、インターネットのポータルサイトと情報サービス分野の企業に好まれているほか、ロサンゼルスと並んでデジタル・エンターテインメント関連の雇用も多く生み出している。二〇一一年には、グーグルがニューヨークオフィスの大規模拡張をおこない、かつて食肉加工業者が集まっていた「ミートパッキング・ディストリクト」と呼ばれる一角の古い建物を二〇億ドルで取得した。また、金融イノベーションでニューヨークが世界の先頭を走っていることも、議論の余地がないだろう。

ワシントンDCは元々、国防関連企業がかなりの規模で集積しているのを別にすれば、ハイテク産業の雇用を多く生み出している地域ではなかった。しかしこの二〇年間、近郊のダレス国際空港周辺の「ダレス技術回廊」と都心部に、多くのイノベーション関連企業を呼び込むことに成功してきた。特許取得件数の上位一〇都市圏には名を連ねていないが、それは、この地区が強みをもっているIT産業が、あまり特許を取得しない業種だからにすぎない。ハイテク産業の雇用は三〇万近くに達する。これはアメリカの平均的なハイテク集積地の二倍の数字だ。最近は、ライフサイエンス企業も集まりはじめている。国立衛生研究所（NIH）などの有力な公的研究機関に近いことが呼び水になっているのだ。

あまり注目されていないが、テキサス州のダラスもハイテク産業の集積地としてのし上がりつつある。通信産業、テキサス・インスツルメンツ（TI）を中心とする半導体産業、データ処理産業の集積が進んでいるのだ。ほかには、規模はまだ小さいが、ミネソタ州ミネアポリス、コロラド州デンバー、ジョージア州アトランタ、アイダホ州ボイジーでもハイテク産業の集積が始まっている。いくつものハイテク分野に強い都市はごくわずかだが、一つか二つの分野で強みを発揮している集積地はいたるところに生まれている。たとえば、コダックとゼロックスの本社があるニューヨーク州ロチェスターは光技術に、有力病院のメイヨー・クリニックが拠点を置くミネソタ州ロチェスターは医学研究に強い。オハイオ州デイトンは、ＲＦＩＤ（無線通信による自動認識）技術の中心地になった。ユタ州ソルトレークシティー、インディアナ州ブルーミントン、カリフォルニア州オレンジ郡は医療機器、ニューヨーク州オルバニーはナノテクノロジー、オレゴン州ポートランドは半導体とウェハー（半導体を薄く切った円盤。ＩＣの基板として用いる）、バージニア州リッチモンド、ミズーリ州とカンザス州にまたがるカンザスシティー圏、ユタ州プロボは情報技術に特化している。

アメリカには、実にさまざまなタイプのイノベーションハブが形づくられている。一見、これらの都市に共通点などないように見える。実際、サンディエゴのライフスタイルはニューヨークやボストンとはまるで違うし、ソルトレークシティーとサンフランシスコは文化も大きく異なるうえに、政治的価値観はほぼ正反対と言っていいだろう。シアトルとダラスの町の利便性にもかなりの差がある。それでも、もう少し掘り下げて検討すると、すべてに共通する要素が見えてくる。その共通点とは、教育レベルが高く、そのおかげできわめて生産性の高い貿易部門を擁していることだ。以下で述べていくように、こうした条件を備えた都市では、そこで暮らす人すべてにとって雇用が増え、賃金の水準も高くなる。

上位都市の高卒者は下位都市の大卒者よりも年収が高い

ここで質問を一つ。コンピュータ科学者の給料が最も高い都市はどこだろうか？　お察しのとおり、アメリカのハイテクの都であるサンノゼとサンフランシスコで働くコンピュータ科学者がアメリカで（そして世界で）最も高い給料を受け取っている。その額は平均で年一三万ドルだ。ボストンやニューヨークやワシントンＤＣだと、これより二五〜四〇％少なくなる。

では、もう一つ質問。アメリカで最も弁護士の年収が高いのはどの都市か？　白状すると、私は正解できなかった。データを見るまでは、ニューヨークかワシントンＤＣだろうと思っていた。五〇〇〇ドルのオーダーメイドのスーツに身を包んだ辣腕弁護士が、金融と権力の中心地で何十億ドル規模の取引をまとめる――そんな光景を思い浮かべたのだ。しかし、実際は違った。ニューヨークとワシントンＤＣにアメリカで最も大勢の弁護士がいることは事実だが、彼らの年収が最も高いわけではない。アメリカ国勢調査局のデータによれば、アメリカで最も弁護士の年収が高い都市はサンノゼ（平均二〇万ドル以上）だった。サンフランシスコも上位グループに入っていた。[10]一方、最下位グループの都市――オルバニー（ニューヨーク州）、バッファロー（ニューヨーク州）、サクラメント（カリフォルニア州）――の弁護士の平均年収は、サンノゼの半分にも満たない。

ウエーターの場合はどうか？　最も高収入が期待できる町はラスベガスだ。トップクラスの高級レストランで働くウエーターともなると、年収は一〇万ドルの大台に乗る。これは特別なケースだが、普通のレストランのウエーターもかなりの高収入になる。ラスベガスのウエーターは、平均して一時間当たり一八・二〇ドル（チップを含む）を稼ぐ。ほかのどの大都市圏よりも高い金額だ。この点は意外でない。世界を代表する大人のためのエンターテインメントの町では、ギャンブルなどのうしろめたい娯楽を楽しむ人たちがウエーターにたっぷりチップをはずむのだ。本書の議論に関連して注目すべきなのは、二位以下の上位グループの都市の顔ぶれだ。サンフランシスコ、シアトル、ボストン、ワシントンDCが二位～五位を占めており、サンディエゴが七位に入っている。上位一〇都市のうち、純粋な観光地は、ラスベガス、オーランド（フロリダ州）、ウエストパームビーチ（フロリダ州）の三都市だけ。残りの七都市は、強力なハイテク産業を擁する都市だ。

同様のパターンは、貿易部門か非貿易部門かを問わず、ほかの職種にも見て取れる。工場の現場責任者の給料が高い都市の上位には、サンノゼ、オースティン、ポートランド、サンフランシスコ、ローリー＝ダーラム圏、シアトルが名を連ねている。美容師・理容師では、上位五都市にサンフランシスコ、ボストン、ワシントンDCが入っている。これらの都市の美容師・理容師の平均年収は、リバーサイド（カリフォルニア州）やデトロイトの約一・四倍だ。料理人の場合、一位はボストンの三万一七八二ドルで、最低のヒューストンとサンアントニオ（ともにテキサス州）は約二万ドルにとどまっている。建築家は、サンフランシスコがトップだ。パターンが見えてきただろう。

ボストンやサンフランシスコの弁護士、美容師、マネジャーの能力が、ヒューストン、リバーサイド、デトロイトの同業者より優れているだけなのではないかと思うかもしれない。経験豊富で、頭がよく、やる気があるから、高収入を得ているのではないかと。しかし、職務経験、教育レベル、ＩＱ（知能指数）の違いを考慮に入れて比較をおこなっても、年収の格差は同じように存在する。要するに、働き手の資質自体にはあまり大きな違いがない。違うのは、その人が働いている地域の経済のあり方、とくにその地域の高技能の働き手の数なのだ。

四〇年前、アメリカで豊かな地域と言えば、物的資本を豊富にもっている製造業の都だった。クリーブランド（オハイオ州）やフリント（ミシガン州）、デトロイトといった都市の平均所得は、ローリー＝ダーラム圏やオースティンよりはるかに高かった。しかし今日、個人の給料の金額や地域の給料水準に大きな影響を及ぼすのは物的資本より人的資本だ。いまでは、ローリー＝ダーラム圏とオースティンが平均所得でクリーブランド、フリント、デトロイトを大きく上回っている。教育レベルの高い住民が多いと、地域経済のあり方が根本から変わる。住民が就くことのできる仕事の種類が増え、労働者全体の生産性も向上する。その結果、高学歴の働き手だけでなく、学歴の低い人の給料も高くなる。これは本章の議論で最も注目すべき点なので、詳しく見ていこう。

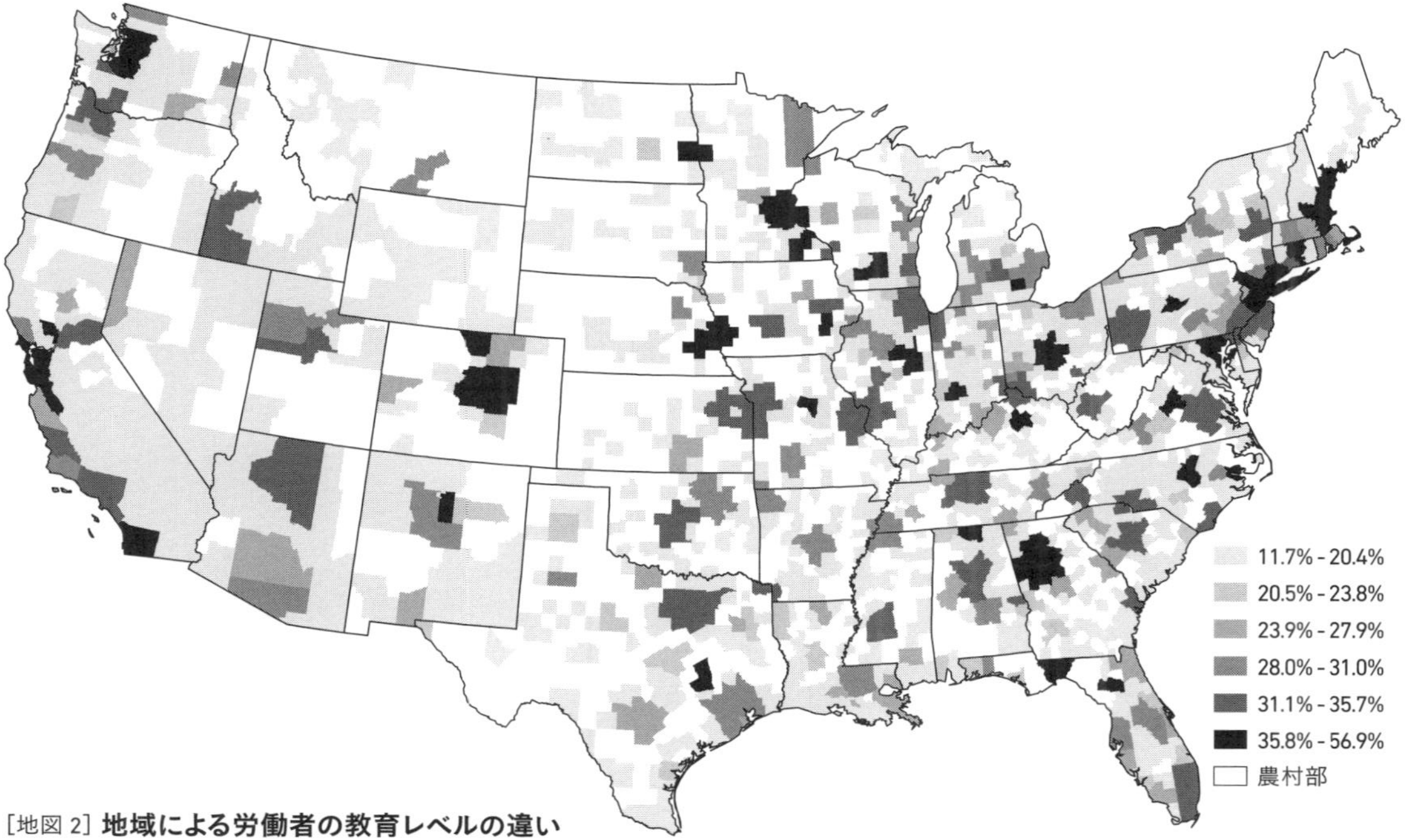

[地図 2] **地域による労働者の教育レベルの違い**

大学卒以上の学歴をもつ働き手の割合

出典：American Community Survey（アメリカ国勢調査局）

前ページの地図2は、都市圏ごとに大学卒以上の学歴をもつ働き手の割合を示したものである。[11] この地図をまとめるにあたっては、アメリカ国勢調査局が毎年実施している「アメリカン・コミュニティ調査（ACS）」をもとに、三〇六の都市圏に住む二五〜六〇歳の一五四〇万人の働き手に関するデータを参照した。ACSでは、行政区画にとらわれず、一つの労働市場（通勤圏）を形成する中心都市と近隣地域を一体として考えている。つまり、ここで言う都市圏とは、人々が居住する場所と働く場所を含む、経済的にひとまとまりになった地域のことと考えていい。たとえばニューヨーク都市圏には、ニューヨーク市と、近郊のニューヨーク州ロングアイランド、ニュージャージー州とコネチカット州の一部、そしてニューヨーク州ウエストチェスター郡が含まれる（本書では、「都市」と「都市圏」という言葉を区別せずに用いている）。

この地図を見れば明らかなように、地域ごとの教育レベルの差はきわめて大きい。たとえば、北東部とカリフォルニア州沿岸部は、南部と中西部に比べて大卒者の割合が多い。もっと興味深いのは、地域内、さらには州内でも都市によって大きな違いがあることだ。南部と中西部のなかでも、アトランタとデンバーには大卒者が大勢集まっているが、それ以外の地域には大卒者がきわめて少ないエリアが広がっている。

働き手に占める大卒者の割合が大きい順に、アメリカの都市のランキングを作成すると、どうなるだろう？　表1は、その上位の二一都市を示したものだ。[12] 言ってみれば、アメリカの「頭脳集積地」のリストである。この表で目立つのは、ワシントンDC、ボストン、サンノゼ、ローリー-ダーラム圏、サンフランシスコ、シアトル、オースティン、ミネアポリスなどの有力なイノベーションハブと、マディソン（ウィスコンシン州）、アナーバー（ミシガン州）、フォートコリンズ-ラブランド圏（コロラド州）、リンカーン（ネブラスカ州）などの小規模な大学都市だ。これらの上位グループの都市は働き手の半分近くが大学卒で、大学院卒業者も多い。ポートランド、ニューヨーク、デンバーも上位リストに名を連ねている。

表2は、下位の二一都市のリストだ。[13] ここには、バインランド-ミルビル-ブリッジトン圏（ニュージャージー州）、ユマ（アリゾナ州）、フリント（ミシガン州）、バイセリア-トゥーレアリ-ポータービル圏（カリフォルニア州）などが入っている。大卒者が占める割合は一〇人に一人。ハイテク産業はほとんど存在しない。

ランキング最上位のスタンフォード（コネチカット州）の大卒者の割合は、最下位のマーセド（カリフォルニア州）の五倍にも達している。ヨーロッパの大半の国よりもはるかに大きな国内格差だ。それは、アメリカと多くの途上国の間の格差（大卒者の割合の格差は対ペルーで三倍、対南アフリカで四倍、対インドで三倍）をも上回る。アメリカの都市間の教育レベルの格差をここまで押し広げているのは、アメリカ生まれの住民だけではない。最上位グループの都市にやって来る移民の過半数は教育レベルの高い人なのに対し、最下位グループの都市への移民の過半数は教育レベルの低い人たちなのだ。

以上のデータは、単なる興味深い豆知識以上の意味をもつ。教育レベルの格差は、給料の格

［表 1］**大卒者の割合が多い都市（圏）**

	順位	大卒者の割合	大卒者の平均年収（ドル）	高卒者の平均年収（ドル）
スタンフォード（コネチカット州）	1	56%	133,479	107,301
ワシントンDC圏（メリーランド州・バージニア州）	2	49%	80,872	67,140
ボストン（マサチューセッツ州・ニューハンプシャー州）	3	47%	75,173	62,423
マディソン（ウィスコンシン州）	4	47%	61,888	52,542
サンノゼ（カリフォルニア州）	5	47%	87,033	68,009
アナーバー（ミシガン州）	6	46%	65,452	55,456
ローリー—ダーラム圏（ノースカロライナ州）	7	44%	63,745	50,853
サンフランシスコ—オークランド圏（カリフォルニア州）	8	44%	77,381	60,546
フォートコリンズ—ラブランド圏（コロラド州）	9	44%	57,391	47,007
シアトル—エバレット圏（ワシントン州）	10	42%	68,025	55,001
トレントン（ニュージャージー州）	11	42%	81,914	64,299
レキシントン—ファーフェット圏（ケンタッキー州）	12	41%	55,238	44,915
オースティン（テキサス州）	13	41%	62,289	48,809
ポートランド（メイン州）	14	40%	57,366	48,080
ミネアポリス—セントポール圏（ミネソタ州）	15	40%	69,955	57,187
デンバー—ボールダー圏（コロラド州）	16	39%	64,488	50,097
ニューヨーク—ニュージャージー州北東部圏（ニューヨーク州・ニュージャージー州）	17	38%	79,757	59,797
リンカーン（ネブラスカ州）	18	38%	50,401	41,837
サンタクルーズ（カリフォルニア州）	19	38%	64,801	48,186
タラハシー（フロリダ州）	20	38%	59,380	46,715
ウスター（マサチューセッツ州）	21	37%	60,723	48,465

出典：American Community Survey, 2008（アメリカ国勢調査局）

[表 2] **大卒者の割合が少ない都市 (圏)**

	順位	大卒者の割合	大卒者の平均年収(ドル)	高卒者の平均年収(ドル)
マンスフィールド (オハイオ州)	286	17%	53,047	35,815
ボーモント―ポートアーサー―オレンジ郡圏 (テキサス州)	287	17%	58,234	38,352
ロッキーマウント (ノースカロライナ州)	288	16%	52,330	34,329
ストックトン (カリフォルニア州)	289	16%	59,651	37,928
フォートスミス圏 (アーカンソー州・オクラホマ州)	290	16%	50,937	33,187
オカラ (フロリダ州)	291	16%	47,361	32,725
ユバシティ (カリフォルニア州)	292	16%	56,403	34,999
モデスト (カリフォルニア州)	293	15%	60,563	36,126
ウォーターベリー (コネチカット州)	294	15%	54,651	37,280
ブラウンズビル―ハーリンジェン―サンベニーニ圏 (テキサス州)	295	15%	43,800	22,450
マッカレン―エディンバーグ―ファー―ミッション圏 (テキサス州)	296	15%	44,605	22,845
アニストン (アラバマ州)	297	15%	48,928	33,031
キマ (ワシントン州)	298	15%	50,160	29,084
ベーカーズフィールド (カリフォルニア州)	299	14%	65,775	34,807
ダンビル (バージニア州)	300	14%	42,665	28,868
ホーマ―ティボドー圏 (ルイジアナ州)	301	14%	56,044	37,395
バインランド―ミルビル―ブリッジトン圏 (ニュージャージー州)	302	13%	57,668	35,375
フリント (ミシガン州)	303	12%	43,866	28,797
バイセリア―トゥーレアリ―ポータービル圏 (カリフォルニア州)	304	12%	55,848	29,335
ユマ (アリゾナ州)	305	11%	52,800	28,049
マーセド (カリフォルニア州)	306	11%	62,411	29,451

出典：American Community Survey, 2008 (アメリカ国勢調査局)

差と直結している。最上位の頭脳集積地の大卒者たちは、年収が七万～八万ドルに達する場合もある。これは、最下位グループの都市で働く大卒者の約一・五倍だ。ランキング五位のサンノゼと最下位のマーセドを比べてみてほしい。両都市ともにカリフォルニア州にあり、距離にして一三〇キロほどしか離れていない。しかし、労働市場の状況はまるで別世界だ。シリコンバレーの中心に位置するサンノゼは、マーセドに比べて大卒者の割合が四倍以上、大卒者の年収が一・四倍、高卒者の年収が二・三倍に達している。

三位のボストンと下から四番目のフリントも比べてみよう。いずれも工業都市としての輝かしい歴史をもっているが、今日の経済状況は対照的だ。ボストンは、大卒者の割合がフリントの四倍で、イノベーションと金融が経済の牽引役になっている。一方のフリントは、アメリカでことのほか人的資本の蓄積が乏しい都市で、いまだに古いタイプの製造業、とくに自動車製造業に依存している。ボストンの大卒者の年収は、平均して七万五一七三ドル。フリントの一・七倍あまりに達している。もちろん、イノベーションと給料の額の間に完全な相関関係があるわけではない。スタンフォードの豊かさの主な要因は金融サービスだし、ローリー－ダーラム圏は世界有数のイノベーションハブであるにもかかわらず、給料の水準が比較的低い。それでも全般的な傾向としては、大卒者の割合が高い都市ではイノベーションが活発で、賃金水準も高い。

この二つの表からわかる最も衝撃的な事実は、最上位グループの都市の高卒者の収入がしばしば、最下位グループの都市の大卒者の収入より高いことだろう。ボストンの高卒労働者の平均年収は六万二四二三ドル。これは、フリントの大卒者の平均の一・四倍だ。サンノゼの高卒者の平均年収は六万八〇〇九ドル。最下位グループの都市の大卒者に比べて一～二万ドル多いケースも珍しくない。都市間の格差があまりに大きく、学歴による格差を飲み込んでいるのである。ここから浮き彫りになるのは、アメリカにおける賃金格差が社会階層よりも地理的要因によって決まっているということだ。

すでに述べたように、アメリカはいま「三つのアメリカ」に分岐しつつある。表1にあるような頭脳集積地では、教育レベルの高い働き手もそうでない働き手も高い給料を得ている。その対極に、表2に載っているような地域がある。働き手の教育レベルが低く、労働市場が地盤沈下を起こしている土地だ。そして、この両者の中間に、まだいずれの方向に歩んでいくかがはっきりしない都市が多数ある。ここで見落としてはならない点がある。頭脳集積地の平均年収が高いのは、大卒者が高い給料を受け取っていることだけが理由ではないという点だ。こうした都市では、教育レベルが低い人たちの平均年収も高い。ある人の教育レベルは、みずからの給料だけでなく、その人が暮らしている町全体に影響を及ぼすのである。

どうして、そんなことが起きるのか？　一つには、サンノゼやローリー＝ダーラム圏、オースティンの生活費がフリントやマーセドより高いからという面もある。そのため、高卒者にもそれなりに高い給料を支払う必要があるのだ（この意味では、せっかく高い給料を受け取っても、一部は高い生活費をまかなうために消えてしまうことになる）。このような面は、確かにある。しかし、これですべて説明がつくわけではない。この分析で説明できるのは、どうしてフリントやマーセドに住み続ける人がいて、すべての人がサンノゼやローリー＝ダーラム圏、オースティンに移住しないのかという点だけだ。どうして企業が――とくに全米規模でビジネスをおこなっている企業が――高い賃金を支払ってまでサンノゼのような都市に拠点を置き続けるのかは、説明がつかない。生活費とそれが生活水準に及ぼす影響については後述するが、その前に、都市の教育レベルと経済的可能性の関係をもう少し掘り下げて検討しておきたい。どうして、この両者の間に強い関連があるのか？　それぞれの都市にとって、それはどのような意味をもつのか？　こうした点を見ていこう。

隣人の教育レベルがあなたの給料を決める

地域の人的資本の充実度とその地域の賃金水準の間には、きわめて強い結びつきがある。これはアメリカのほとんどの都市で言えることだ。図4は、都市ごとに大卒者の割合と高卒者の平均年収の関係を調べ、それを一枚のグラフに示したものである。[14]一目瞭然だ。大卒者の割合が多い都市ほど、高卒者の給料が高い（グラフの右上の丸で表現されているスタンフォードが突出しているが、このグラフは三〇六の都市のデータを基に作成しているので、極端な一都市の存在により全体像が歪む恐れはない）。都市の大卒者人口が増えることの経済的効果はきわめて大きい。大卒者の割合

［図4］**大卒者の割合と高卒者の平均年収**

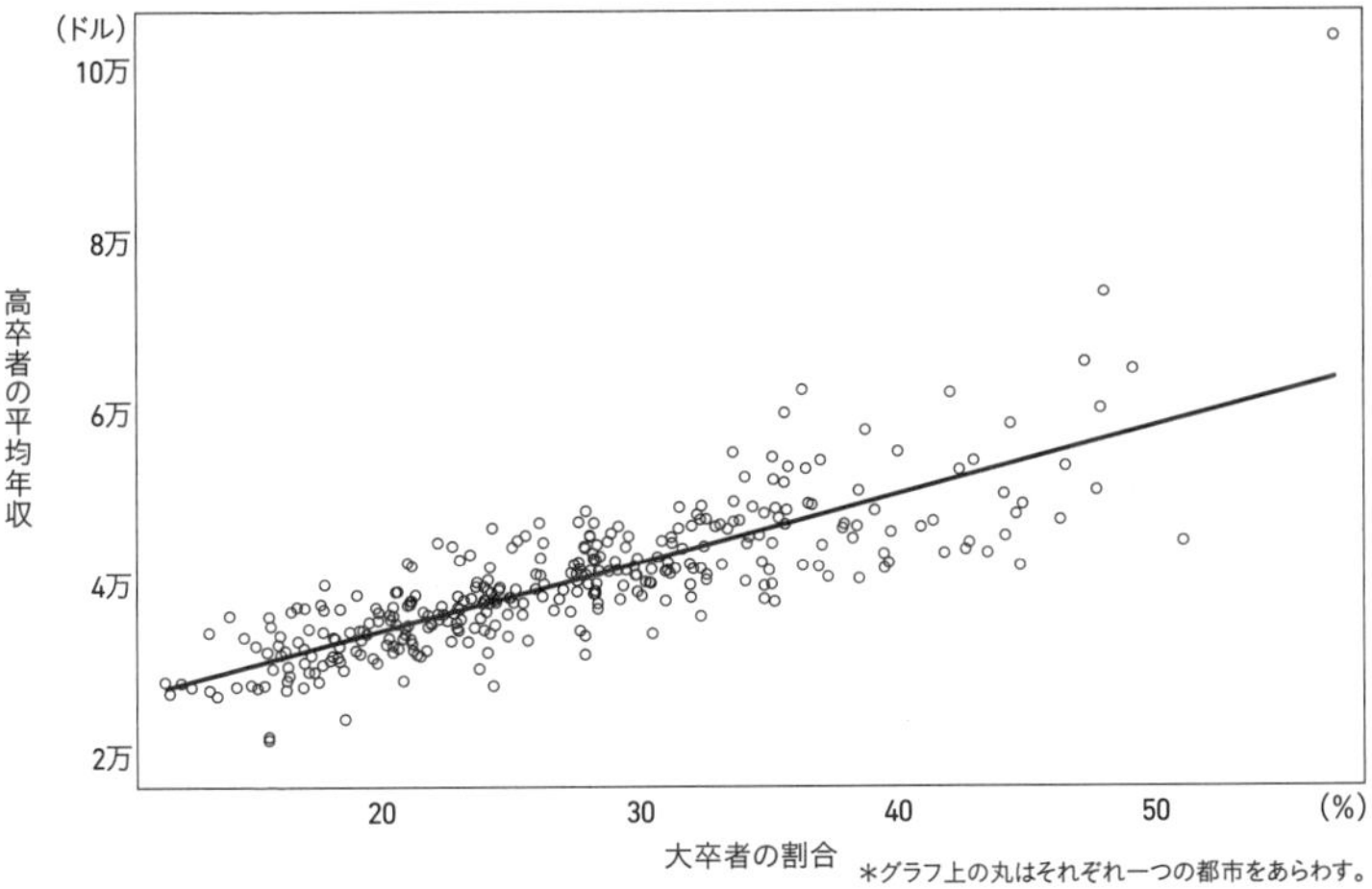

＊グラフ上の丸はそれぞれ一つの都市をあらわす。

出典：American Community Survey（アメリカ国勢調査局）

が一〇%増えると、その都市で働く高卒者の年収は七%増えるのだ。たとえば、マイアミ、サンタバーバラ、ソルトレークシティのように大卒者人口が三〇%程度の都市に住んでいた高卒者が、デンバーやリンカーンのように大卒者人口が四〇%程度の都市に移り住めば、それだけで年収が八二五〇ドル増える計算だ。

　私は完成したグラフを最初に見たとき、比較の仕方を間違えたのではないかという不安が湧いてきた。ボストンのような大卒者の多い都市に住む高卒者と、フリントのような大卒者の少ない都市に住む高卒者の間に、根本的な違いがあるのではないかと思ったのだ。もし、ボストンに集まる高卒者がフリントより聡明だったり、野心的だったりすれば、高い給料を受け取っているのは当然の結果ということになる。そこで私は、「全米青年長期調査（ＮＬＳＹ）」のデータを一四年にわたって調べてみた。ＮＬＳＹでは、一九七九年以降、一万二〇〇〇人の人生を追跡調査している。このデータを用いれば、先に述べた落とし穴を避けることができる。ある人が住む都市の大卒者の割合が変化するのにともない、その人の給料がどう変わったかを明らかにできるからだ。では、そのデータからなにがわかったのか？　大卒者の割合が増えている都市の住民は、その割合が伸び悩んでいる都市の住民に比べて、給料が速いペースで上昇する傾向が見られた。つまり、同じ人物の年収が、その都市にどれだけ高技能の働き手がいるかによって大きく変わってくるとみなせる。こうした関係はあらゆる業種で見られたが、とくにハイテク産業でその傾向が強かった[15]。

実に驚くべき現象だ。アメリカの都市の経済的運命が大きく分岐した一因もこの点にある。都市の高技能労働者の割合と低技能労働者の賃金の間に関連があるのは、以下の三つの理由による。第一は、高技能労働者と低技能労働者が相互補完的な関係にあることだ。高技能の働き手の数が増えると、それ以外の労働者の生産性も高まる。優れた機械を使って働くと労働者の生産性が向上するのと同じように、教育レベルの高い同僚と一緒に働くと、高い技能をもたない人たちの生産性も向上するのだ。第二の理由は、教育レベルの高い働き手がいると、企業が新しい高度なテクノロジーを導入しやすくなることだ。そして第三の理由は、都市の人的資本のレベルが全般的に高まると、経済学者で言う「人的資本の外部性」が生まれることである。

人的資本の外部性は、現代の経済成長論の核をなす考え方だ。経済学者たちが構築してきた高度な数学モデルによれば、公式・非公式の人的交流が盛んになると、知識の伝播が促進される。そうした知識の伝播は、都市や国の経済成長を牽引する重要なエンジンと考えられている。ノーベル経済学賞受賞者のロバート・ルーカスは一九八八年の有名な論文で、知識の伝播はときとしてきわめて大々的なものになり、長い目で見れば、それが豊かな国と貧しい国の格差を生み出す要因になりうると主張した。[16] ルーカスによれば、人と人が交流すると、その人たちはお互いから学び合う。その結果、教育レベルが高い仲間と交流する人ほど生産的で創造的になる。教育レベルの高い人に囲まれているだけで、経済的な恩恵を受けられるのだ。これが人的資本の外部性である。

図4に見られるような現象が生まれるのは、以上の三つの効果、すなわち、相互補完性、テクノロジー導入の促進、人的資本の外部性の作用と言っていい。とくに注目すべきなのは、技能の低い人ほど、大卒者の多い都市で暮らすことによる恩恵が概して大きいことだ。私が二〇〇四年に発表した研究によると、ある都市に住む大卒者の数が増えれば、その都市の大卒者の給料が増えるが、さほど大きな伸びではない。[17] それに対し、高卒者の給料の伸びは大卒者の四倍に達する。高校中退者の場合、この数字は五倍だ。つまり、教育レベルが低い人ほど、ほかの人たちが高度な教育を受けることにより大きな恩恵に浴するのだ。

ある都市に教育レベルの高い人が大勢集まれば、その都市が新しい働き方を生み出す力も強まる傾向がある。この点を調べるためには、都市論で知られるジェイン・ジェイコブズが言うところの「ニューワーク」――以前は存在しなかった新しい仕事――に着目すればいい。経済学者のジェフリー・リンは、アメリカのどの都市が最も創造的かを明らかにするために、一〇年前に存在しなかったニューワークを各都市がどのくらい生み出せているかを調べた[18]。二〇〇〇年時点でのニューワークの雇用には、ウェブ・アドミニストレーター、チャットルーム司会者、情報システムセキュリティー担当者、ITマネジャー、生物医学エンジニア、線量測定士などが含まれている。リンの研究によれば、どの都市でも最低五~八%の人がニューワークに就いているが、大卒者の割合が多く、産業の多様性が高い都市では、この数字が格段に大きい。また、ニューワークに就いた人は、数年後には、古い職種に就いている同等の学歴の人よりずっと高い給料を得ている。

人的資本の外部性により、教育レベルの低い人たちが恩恵を受けるということは、裏を返せば、高度な教育を受けた人たちがみずからの教育の生み出す社会的恩恵に釣り合う対価を得ていないことを意味する。これは、経済学で言う「市場の失敗」の際立った例だ。教育は基本的に、私的利益(教育を受けた人自身が得る恩恵)に加えて、社会的利益(同じ都市に住むすべての人に及ぶ恩恵)を生む。というより、社会的利益のほうが私的利益より大きい。問題は、大卒者がそうした社会的利益にふさわしい対価を受け取れないと、大学で学ぼうとする人の数が社会にとって望ましい数を下回ってしまうことだ。この問題を解決するためには、たとえば大学教育に公的助成をおこなえばいい。大学教育にかかる費用のかなりの割合を州政府や地方自治体が負担している理由は、ここにある。高等教育への税金の拠出が正当化される理由としては、政治的・倫理的根拠も挙げられるが、最も説得力ある根拠はいま指摘した点だろう。他人の教育のために税金が使われることを受け入れるべきなのは、ほかの人たちが教育を受ければ、自分も間接的に恩恵に浴せるからなのだ。

「大分岐」と新しい格差地図

三つのアメリカの社会的・経済的格差に関して最も衝撃的な点は、その格差が縮小することはないと予想できることだ。実際、格差は拡大しており、そのペースは加速している。好調な州や都市はますます好調になり、低迷している州や都市はますます低迷するケースが多い。地図3は、都市圏ごとに、一九八〇年以降、大卒労働者の割合がどのように変動したかを示したものだ。[19] ボストンは一九八〇年の時点ですでに教育水準の高い都市だったが、現在の大卒者のパーセンテージはさらに二三ポイント上昇している。ここでもトップを走るのはコネチカット州のスタンフォードだ。大卒者の割合は二倍に増えた。対照的に、カリフォルニア州のバイセリアとマーセドは、パーセンテージが一ポイントしか増えていない。フリントにいたっては、この三〇年間、大卒者の割合が増えなかった。アメリカのほとんどの地域で教育水準が向上してきたのに、バイセリアとマーセド、そしてフリントは足踏みを続け、地盤沈下すら起こしているのだ。

こうした大分岐は、近年のアメリカ経済の歴史でとりわけ際立った現象の一つだ。地域間の格差が広がるのにともない、人々が社会階層ごとに別れて住む傾向も目立ってきた。大卒者は大卒者が多く住む町で暮らし、高卒者は高卒者が多い町で暮らすというパターンが年々強まっているのである。図5は、この三〇年間でいかに格差が拡大してきたかを浮き彫りにしている。このグラフは、各年ごとに大卒者の割合が上位一〇都市と下位一〇都市の平均値をそれぞれ算出し、その値が時系列的にどのように推移してきたかをまとめたものだ。[20] これを見ればわかるように、過去三〇年間、教育水準の高い都市はさらに大きく数字を伸ばしたが、教育水準の低い都市の数字はあまり上昇していない。

データによれば、いまアメリカの都市では、過去一〇〇年で最も人種が混ざり合って暮らしている。その傾向は、最近二〇年間でとくに加速してきた。[21] 二〇一〇年の時点で白人だけしか住まない地区はほとんどなく、住民の大多数がアフリカ系という地区も大幅に減っている。このように人種による住みわけの傾向が弱まってきた一方で、教育水準による住みわけの傾向が強まっているのは、なんとも皮肉な話だ。この新しい傾向は、経済だけでなく、社会や政治の面でも大きな意味をもつ。地域間の違いが極端に大きい国は、文化的・政治的に引き裂かれていくことが避けられない。教育レベルの低い人が特定の土地に集中すれば、さまざまな社会的・経済的格差もことごとく増幅する。

教育の格差が拡大するのにともない、賃金の格差も際立ってきている。ボストンとサンノゼ

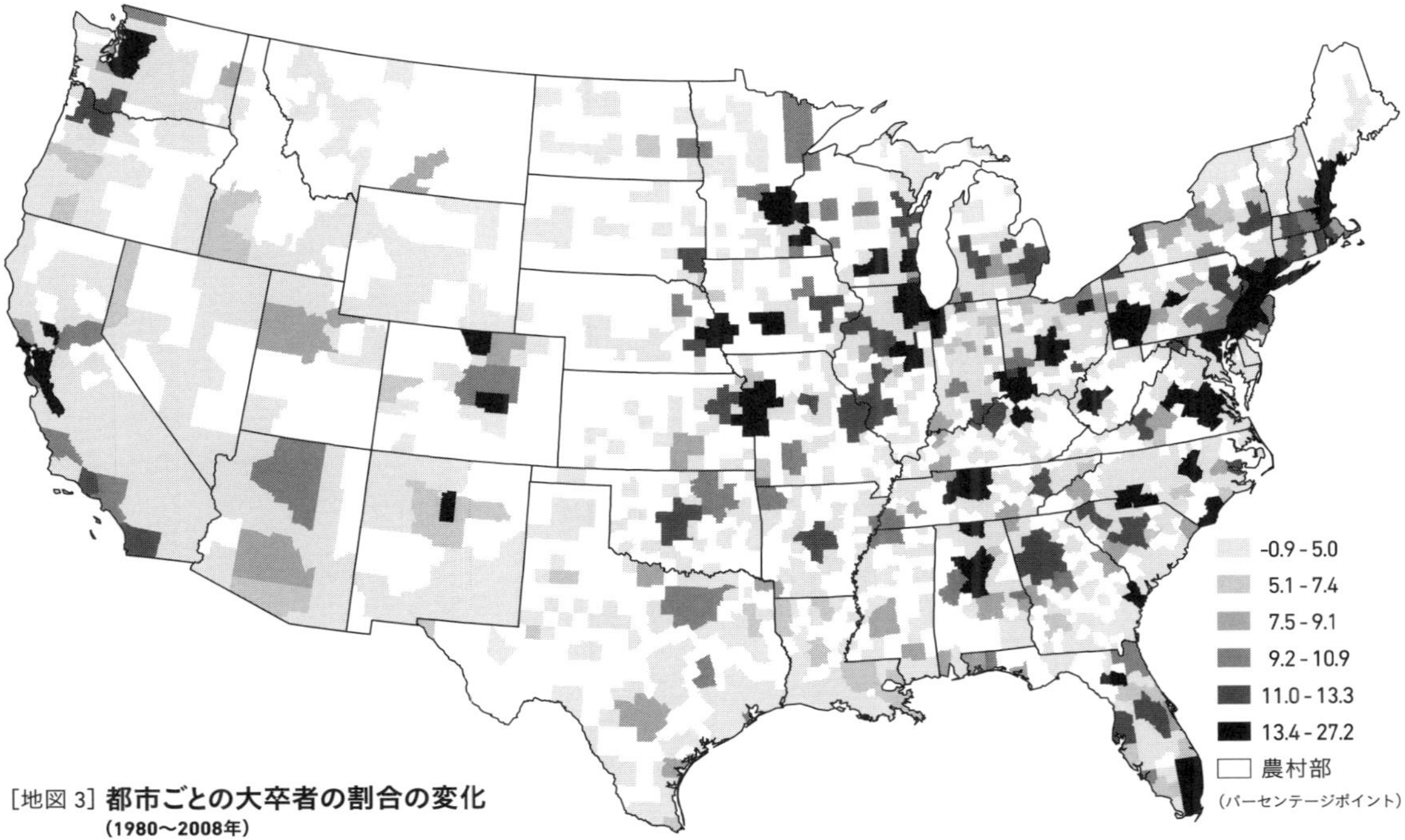

［地図 3］**都市ごとの大卒者の割合の変化**
（1980〜2008年）

働き手に占める大卒者の割合の増減

出典：Census of Population, Housing および American Community Survey（ともにアメリカ国勢調査局）

の大卒者の年収は、一九八〇年から二〇一〇年の間に三万ドル以上増えたが、フリントの大卒者の年収は、同じ三〇年間に一万一六四五ドル減った。フリントは極端な例かもしれないが、こうした傾向は全米規模で見られる。図6は、一九八〇年以降の各年ごとに大卒者の年収が上位一〇都市と下位一〇都市の平均値をそれぞれ算出し、その値が時系列的にどのように推移してきたかをまとめたものだ。[22] 格差が拡大し続けていることがよくわかる。

大分岐を突き動かしている中核的要因は、アメリカ経済の構造的変化だ。かつてヨーロッパからの移住者がはじめて上陸して以来、この国の経済地図はたえず変わり続けてきた。国境と地形はほとんど変わっていないが、アメリカの各都市は栄枯盛衰を繰り返してきたのである。それは今後も変わらないだろう。一九〇〇年以降、アメリカの総人口は四倍に増えたが、この同じ期間にアメリカのすべての郡の四分の一以上が人口を減らし、四分の一が全国平均を上回るペースで人口を増やした。人口増加率で上位二〇の郡は、一九〇〇年に比べて人口が一〇〇倍以上に増えている（ラスベガスを含むネバダ州クラーク郡は一四〇〇倍の増加だ）。

歴史を振り返ると、地域の経済的運命は地元産業の成長と衰退に大きく影響されてきた。一八八〇年代から一九二〇年代にかけては、農業の衰退にともない、労働力と富の地理的移動が大々的に起きた。農業の機械化が進み、農場で必要とされる人手が少なくなると、農村部の郡では雇用と人口が減りはじめ、それと時を同じくして、大規模な製造業都市が台頭した。過去四〇年間は、知識集約型産業への移行に主に突き動かされて、労働力と富の地理的移動が進ん

[図 5] **大卒者の割合の増加幅**（対1980年）

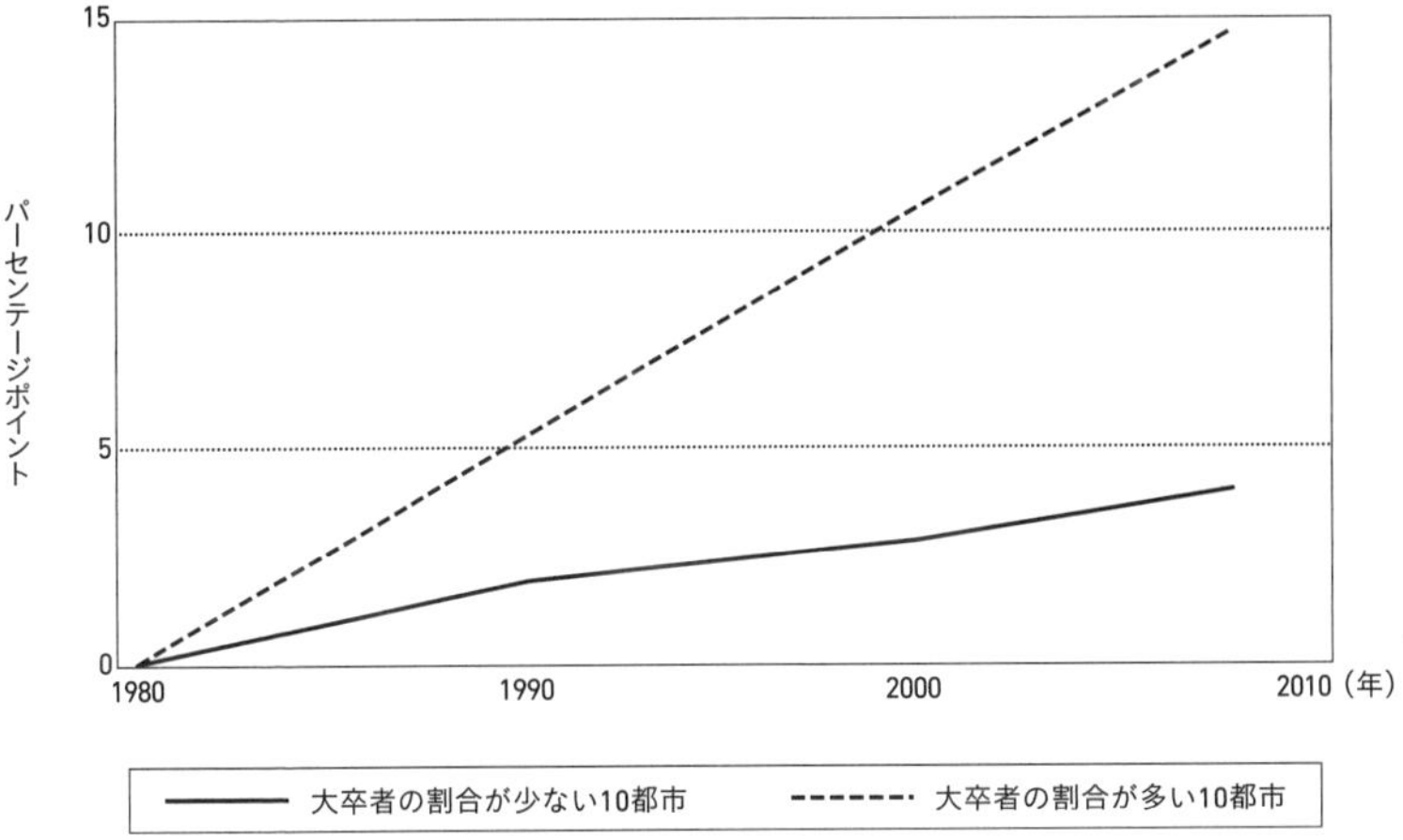

出典：Census of Population, Housing および American Community Survey（ともにアメリカ国勢調査局）

[図 6] **大卒者の年収の増加幅**（対1980年）

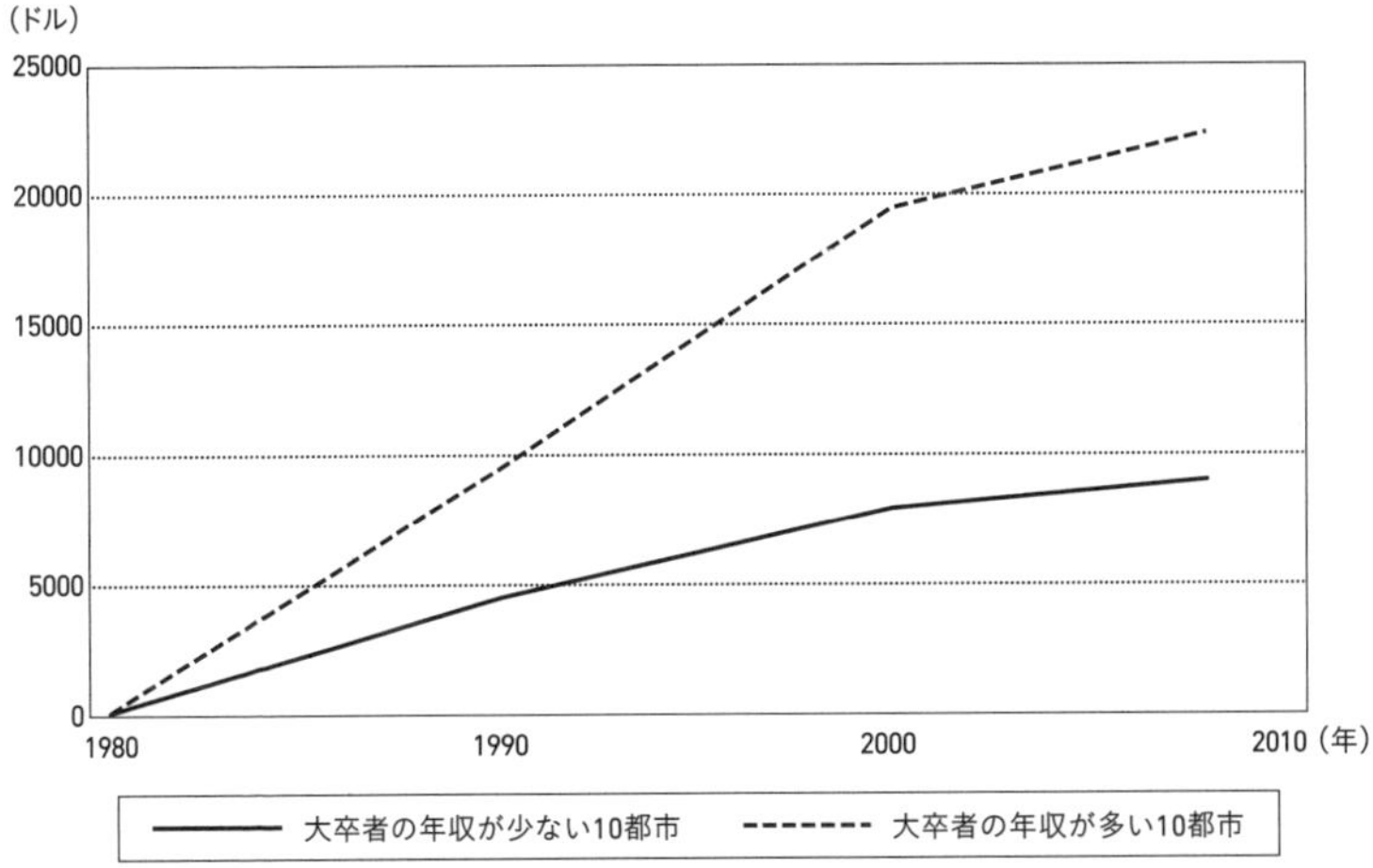

出典：Census of Population, Housing および American Community Survey（ともにアメリカ国勢調査局）

できた。知識集約型産業が台頭した背景には、世界規模でテクノロジーをめぐる状況が根本から変わり、しかも、アメリカがこの産業に比較優位をもっているという事情がある。そうした背景を考えると、大きな方向性が変わることは当分なさそうだ。アメリカは一九八〇年代以降、この大きな流れのなかで、二つに引き裂かれてきたように見える。人的資本が乏しく、古いタイプの製造業に依存している都市は、外国との厳しい競争にさらされ、経済的に苦戦を強いられはじめた。それを尻目に、人的資本が充実していて、新しい知識集約型産業に強い都市は、市場のグローバル化の恩恵に存分に浴し、経済的に潤っている。

現在のアメリカ国内の格差論議は概して、恵まれた層（高度な教育を受けていて、安定した専門職に就いている人たち）と、恵まれない層（教育レベルが低く、雇用の安定を享受しておらず、日々生きていくのがやっとの薄給の人たち）の階級格差に着目している。この視点は、テクノロジーの進化とグローバル化が追い風になる層と、逆風になる層があるという一般のイメージにも沿っている。しかし、ここには見落とされている側面がある。二つの層がテクノロジーの進化とグローバル化からどのような影響を受けるかは、地域によって異なるという点だ。この二つの要因は、イノベーションハブに住む低技能労働者の雇用を増やすが、空洞化の進む製造業都市に住む同様の労働者の雇用は減らす。いまアメリカでは、社会的・経済的格差だけでなく、地理による格差も生まれているのだ。

健康と寿命の地域格差

アメリカの大分岐は経済的要因によって生まれているが、影響は経済の領域だけにとどまらない。三つのアメリカの労働市場の格差が拡大するにつれて、人々の私生活と職業生活の両面にもきわめて大きな影響が及びはじめている。以下では、次の四つの点を見ていきたい。それは、健康と寿命、家庭生活の安定、政治参加、慈善活動への寄付である。

平均寿命は、人々の健康状態、さらには幸福度全般を映し出す最も優れた指標の一つだ。人が何歳まで生きるかは、遺伝的要因だけでなく、ライフスタイルや経済環境など、さまざまな要因に左右される。地図4は、アメリカの男性平均寿命を地域別に示したものだ。[23] 概して、東海岸と西海岸の海沿いの地域、それに大平原の北部は平均寿命が長いのに対し、南部とアパラチア山脈地域は平均寿命が短い。ただし、それぞれの地域内でも土地による格差が大きい。

このような地域格差があること自体は、別に驚くようなことではない。国内のすべての地域の平均寿命がまったく同じ国など、世界中探してもどこにもないだろう。アメリカの驚くべき点はその格差の大きさだ。バージニア州フェアファックス、カリフォルニア州マリンとサンタクララ（この両郡がシリコンバレーの大半を構成している）、メリーランド州モンゴメリーに住む男性は、たいてい八一歳までは生きる。それに対し、男性の平均寿命が最低水準の郡では、男性は平均して六六歳で世を去る。フェアファックスの男性は、距離にして九〇キロほどしか離れていないメリーランド州ボルチモアの男性より、平均一五年長生きする。これは、男性だけの現象ではない。女性の場合も、平均寿命の地域格差はきわめて大きい。しかもこの格差は、カナダ、イギリス、日本と比べて格段に大きい。おそらくアメリカでは、地域の経済格差がこれらの国より大きいからなのだろう。[24]

信じ難いかもしれないが、ボルチモアの平均寿命は、パラグアイやイランなどの途上国よりも短い。アメリカの平均寿命の下位一〇%の郡全体が一つの独立した国だと仮定すると、その「国」の男性の平均寿命は六九・六歳。世界の国別ランキングでは、かなりの下位に位置する。その順位は、ニカラグアとフィリピンの間、中国やメキシコよりだいぶ下だ。一方、アメリカの平均寿命の上位一〇%の郡を一つの国と仮定すると、国別ランキングでも日本やオーストラリアの少し下で、トップクラスに入る（アメリカの国全体の順位は世界で三六位。アメリカ人は、ほかの先進国の住民の二倍の金を医療に費やしているにもかかわらず、平均寿命はほかの豊かな国々より際立って短いのだ）。

アメリカの平均寿命の地域格差が今後縮小することはないだろう。むしろ、格差は年々拡大していく可能性が高い。平均寿命の格差の背景には、社会的・経済的格差が存在するからだ（そのうえ、平均寿命の格差がさらに社会的・経済的格差に拍車をかける）。たとえば一九六九年、カリフォルニア州のメンローパークとバイセリアの平均寿命はほとんど変わらなかった。しかし今日、メンローパークを含むサンマテオ郡の平均寿命は、バイセリアを含むトゥーレアリ郡より

［地図 4］**地域ごとの男性平均寿命**

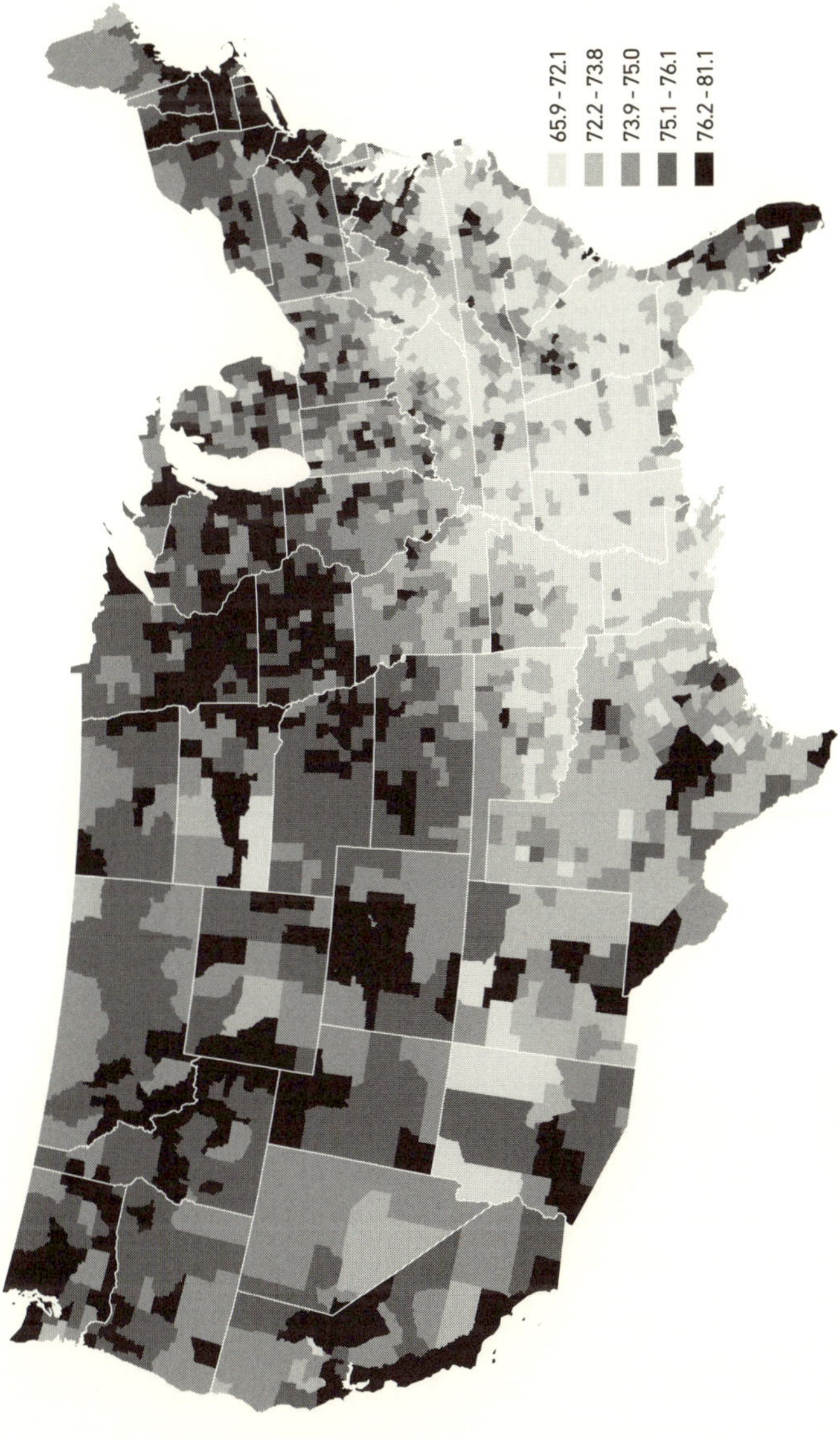

出典：Institute for Health Metrics and Evaluation（ワシントン大学）

六年近く長い。四〇年あまりの間に、ここまで差が広がってしまったのだ。

図7を見れば、アメリカの平均寿命の地域格差が拡大してきたことがはっきり理解できるだろう。この図は、一九八七年以降の各年ごとに男性の平均寿命が上位の一〇郡と下位の一〇郡のそれぞれの平均値を算出し、その値が時系列的にどのように推移してきたかをまとめたものだ。[25] 一九八七年から二〇〇七年までの間に、上位一〇郡の男性の平均寿命は五・八年延びたが、下位一〇郡は一・八年しか延びていない。その結果、現在、上位一〇郡と下位一〇郡の男性の平均寿命の差は過去何十年もの間で最大になっている。*3

どうして、ここまで格差が広がってしまったのか？ 若い層の医療の機会に地域によって大きな違いがあることは事実だが、六五歳以上の人は誰でもメディケア（高齢者医療保険制度）を利用できるので、高齢者の医療機会の差はあまり関係なさそうだ。それよりも、地域間の社会的・経済的格差の影響のほうが大きい。人の寿命を左右する最も重要な要素は教育と所得だ。この二つの要素は、食生活や運動習慣にはじまり、喫煙や飲酒にいたるまでライフスタイルのあらゆる面に影響を及ぼす。つまり、教育と所得の地域格差の拡大が、平均寿命の地域格差の拡大を生んだ主たる要因である可能性が高い。もっとも、平均寿命の地域格差が、単に高教育・高所得の人と低教育・低所得の人が別々の地域に住んでいる結果なのであれば、それほど重要な指摘ではない。「教育と所得の水準が高いほど長生きできる」という既知の事実を言い換えているにすぎないからだ。しかし、話はもっと複雑だ。そこにこの問題の本当の深刻さが

［図 7］**男性平均寿命の上昇幅**（対1987年）

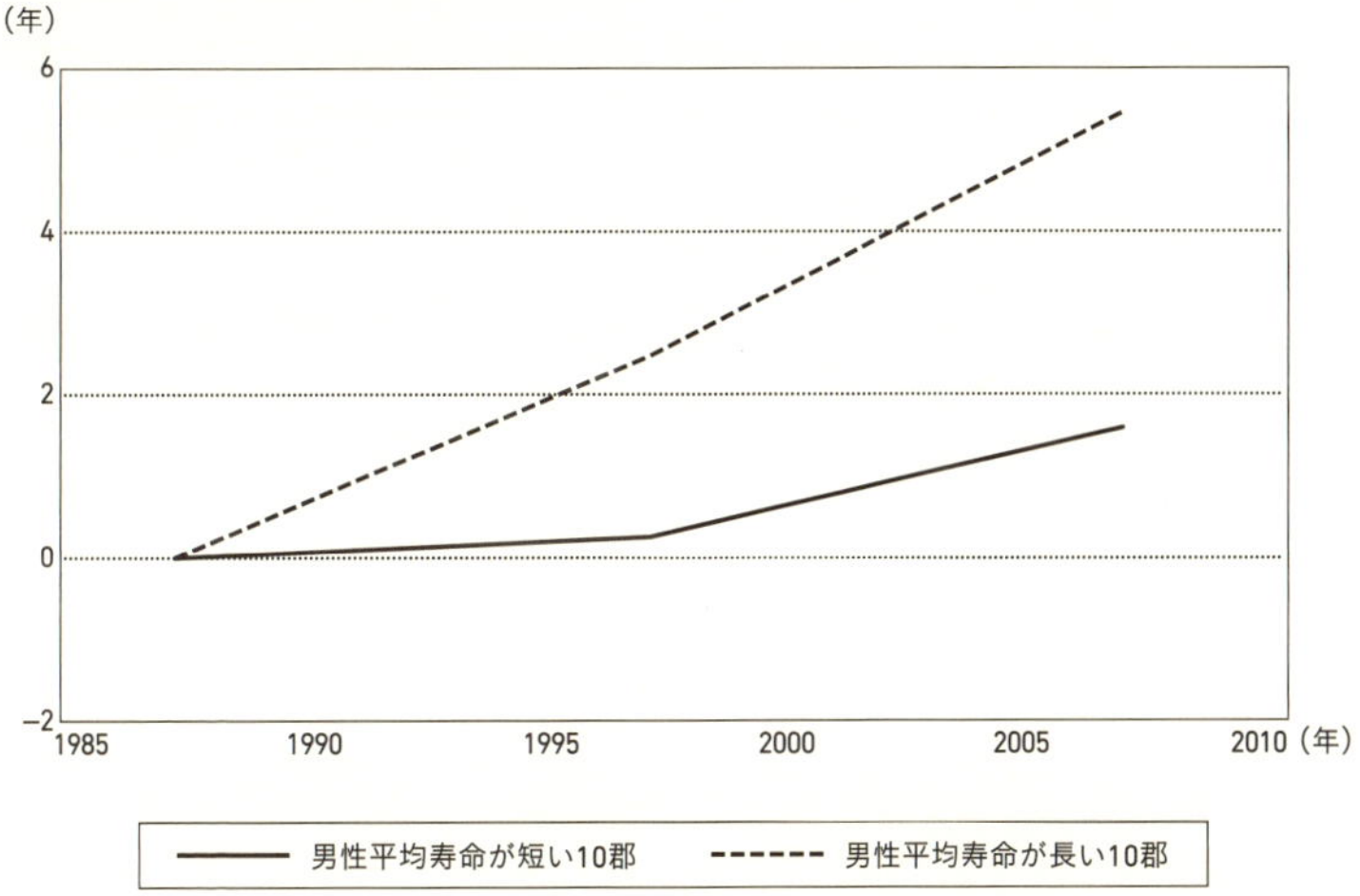

出典：Institute for Health Metrics and Evaluation（ワシントン大学）

ある。

教育・所得レベルごとに居住地が分離していることにより、教育と所得が寿命に及ぼす影響が増幅しているのである。教育レベルの低い人が自分と同じように教育レベルの低い人たちに囲まれて生活していると、周囲に教育レベルの高い人たちがいる場合に比べて、不健康な生活習慣に陥りやすいことがわかっている。この現象は「社会的乗数効果」と呼ばれている。

たとえば、ある人が喫煙するかどうか、健康のために運動をする習慣があるかどうかは、その人自身の性質だけでなく、周囲の人たちの喫煙・運動習慣にも影響を受ける。元アメリカ空軍の軍人でもある経済学者のスコット・キャレルらは、空軍士官学校の学生たちを使って実験をおこない、社会的乗数効果の影響力の強さを明らかにしようとした[26]。まず、学生たちを三〇人ほどのグループに無作為にわけ、半分以上の時間をグループの仲間と過ごさせた。無作為にグループわけをしたことで、ほかの要因の影響を排除して、まわりの仲間の影響と学生たちの行動の因果関係を明らかにできる。では、この実験でなにがわかったのか？ キャレルらによれば、不健康なメンバーの多いグループに入った学生は、時間がたつにつれて、みずからも不健康になっていく傾向がはっきり見て取れた。不健康さが伝染病のようにグループ内で広がっていったのだ。とくに強力な悪影響を仲間に及ぼすのは、とりわけ不健康な学生だったという。

イェール大学のジェーソン・フレッチャーは、喫煙に関して同様の現象を見いだしている[27]。社交範囲内にいる喫煙者の数が一〇％増えると、本人の喫煙率も三％上昇するというのだ。この点は、元喫煙者である私にも納得がいく。一服したいという欲求は、喫煙者の少ないカリフォルニアより、路上で吸う人が多い東海岸にいるときのほうが強く感じたものだ。また、栄養面で好ましい食生活を実践しやすいかどうかも、地域の社会的・経済的状況によって大きく違ってくる。低所得者の多い地域にはファストフード店が多く、さまざまな所得層の人が住んでいる地域に比べて、新鮮な食材が手に入りにくい。

社会的乗数効果を問題にすべきなのは、教育・所得レベルが同程度の人でも、どのような教育・所得水準の地域に住むかによって健康に大きな差が生じるからだ。居住地の教育・所得水準は、本人の教育・所得レベルという直接的な要因とともに、その人の健康と寿命に間接的な影響を及ぼす。ここから一つのショッキングな結論を導き出せる。そう、あなたが何歳まで生きられるかは、どの町に住んでいるかと無関係ではないのである。

アメリカ史上有数の大がかりな社会実験である「ムービング・トゥ・オポチュニティー（MTO）」の結果は、この観点からきわめて興味深い[28]。一九九四〜九八年、アメリカ連邦政府は、ボルチモア、シカゴ、ボストン、ニューヨーク、ロサンゼルスの公営住宅に居住する多くの人たちに家賃クーポンを支給し、貧しい地区の公営住宅を出て、同じ市内の比較的貧困度の軽い地区の民間賃貸住宅に引っ越すよう促した。キャレルらの空軍士官学校の実験と同じく、無作為に選んだ一七八八世帯に家賃クーポンを支給する一方、比較のための対照集団として一八九八世帯を無作為に選んだ。一〇年後、研究チームが両グループの家庭を訪問調査したところ、健康状態に際立った違いが見られた。実験前、両グループの健康状態はほぼ同等だったのに、一〇年後の健康状態は、所得の比較的高い地区に移った人たちのほうがずっと良好だったのだ。この人たちは引っ越したあと、食生活を改善し、よく運動をするようになり、肥満、糖尿病、抑鬱に悩まされている人の割合も格段に小さかった。概して、移住した人たちのほうが健康で幸福感が強く、若い女性はとくに、両グループの違いが際立っていた。理由はいろいろ考えられるだろうが、どこに住み、どういう人に囲まれて生きるかによって健康状態が大きく左右されるという仮説には説得力がある。

離婚と政治参加の地域格差

教育と所得は、健康と寿命だけでなく、家族関係にも影響を及ぼす。離婚について見てみよう。夫婦が離婚にいたる過程には、多くの要因が複雑に絡み合っているものだが、経済状態の悪さが離婚の大きな引き金になりうることはよく知られている。夫婦がうまくいっていないとき、経済的な問題を抱えていると、状況がいっそう悪化しかねない。次に私がなにを言うかは、もうお気づきだろう。そう、アメリカでは、都市によって離婚率に大きな開きがあるのだ。

アメリカで最も離婚率が高い都市は、どこだろう？　ラスベガス？　いや違う。結婚経験のある八〇〇万人の成人のデータを調べたところ、離婚率が最も高いのはミシガン州フリントだった。[29]二〇〇九年の時点で、少なくとも二八％の人が一回以上の離婚経験をもっていた。自動車工場の閉鎖により地域経済が大きな打撃を受け、賃金が下落し、中流層が減っているフリントは、ラストベルト地帯のほかの都市と同様、長期にわたる経済の落ち込みに苦しんできた。この町の最大の雇用主であるゼネラル・モーターズ（GM）の雇用は、最盛期は八万人に達していたが、いまでは八〇〇〇人まで減っている。やはり、かつて製造業が栄えたオハイオ州トレドも、離婚率が高い都市の一つだ。逆に、離婚率が低いのは、ユタ州プロボ（モルモン教徒の多い土地で、宗教上の理由により離婚が少ない）、ペンシルベニア州ステートカレッジ（ペンシルベニア州立大学のキャンパスがある大学都市）、テキサス州マッカレン（カトリック教徒の割合が多い）、コネチカット州スタンフォード（全米で最も教育水準が高く、豊かな都市）など。カリフォルニア州のサンノゼも離婚率の低いグループに入っている。

地域間の離婚率の差は非常に大きい。離婚経験者の割合は、フリントがプロボのおよそ三倍に達している。しかも、この差は拡大傾向にある。図8は、一九八〇年以降の各年ごとに離婚経験者の割合が上位一〇都市と下位一〇都市のそれぞれの平均値を算出し、その値が時系列的にどのように推移してきたかをまとめたものだ。[30] ある地域の離婚率にはさまざまな文化的・宗教的要因も大きく作用しているが、それらの要因は時間がたってもあまり変わらない。たとえば、プロボは昔もいまもモルモン教の町だ。したがって、都市間の離婚率の差が拡大しているのは、経済格差の拡大が原因である可能性が高い。

社会・経済階層ごとに居住地が分離する傾向が強まっていることは、政治にも複雑で深刻な影響をもたらしている。今日のアメリカでは、有権者の分断が進んだ結果、国の未来に関わる重要な問題に関してコンセンサスに到達できなくなっている。政治が膠着状態に陥っている原因は、いくつか挙げることができる。選挙で二大政党の候補者を決めるための党内の予備選で過激な候補者が選ばれやすくなったこと、ケーブルテレビの政治報道の党派色が強まっていること、議員に対する党指導部の締めつけが強まっていることなども原因と言えるだろう。しかし、地理的要因の影響も次第に大きくなってきている。人々が社会・経済階層ごとに別々の町に住むようになるにつれて、自分と似たような人だけに囲まれて育つ人が増えている。そうい

［図8］**離婚率の増加幅**（対1980年）

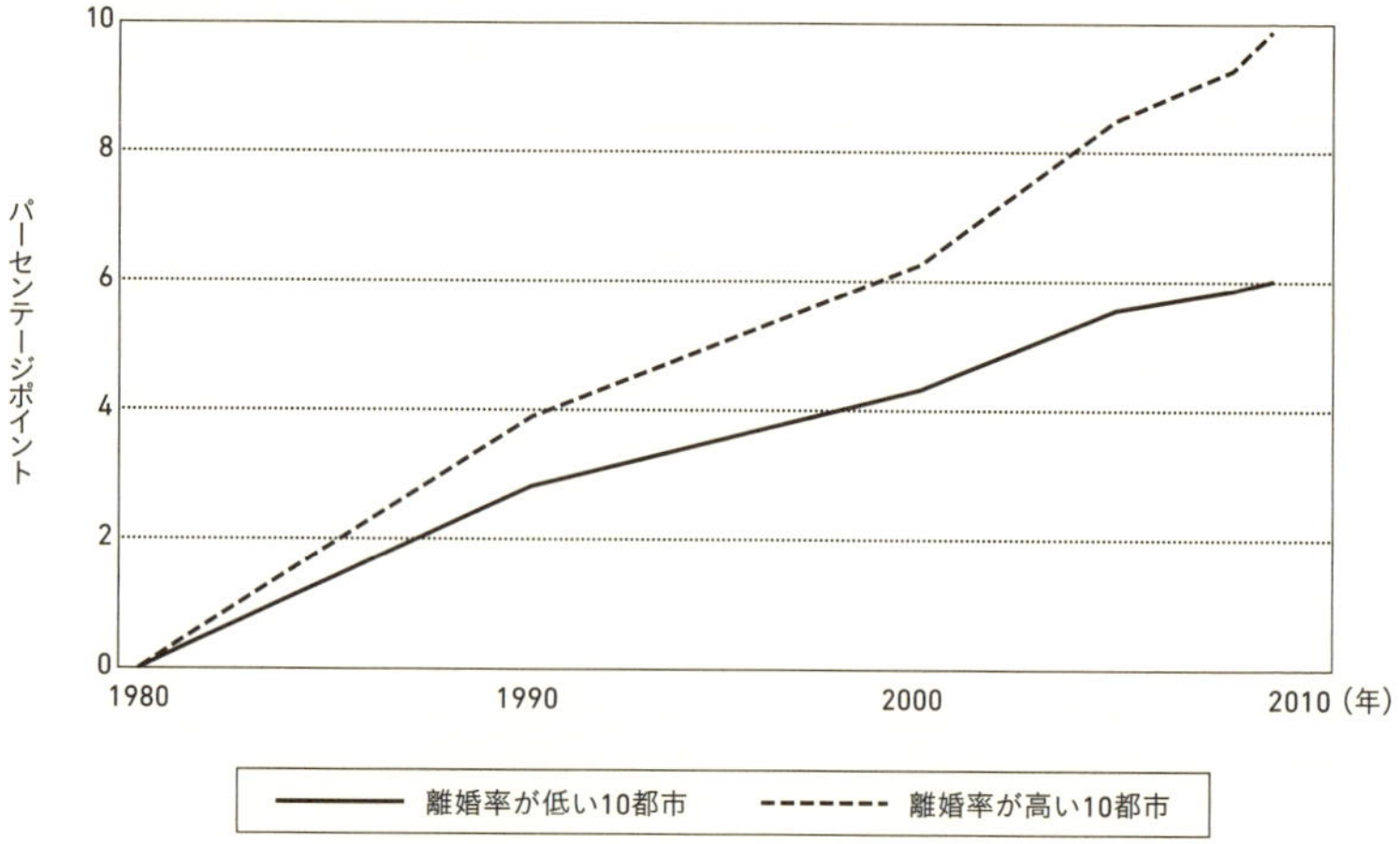

出典：Census of Population, Housing および American Community Survey（ともにアメリカ国勢調査局）

う人は自分と異なる考え方に触れる機会が乏しく、極端な考え方をいだきやすい。ジャーナリストのビル・ビショップの二〇〇八年の著書『ビッグ・ソート』によれば、過去三〇年のアメリカ大統領選挙のデータを調べたところ、大統領選挙で一方の候補者が圧勝を収める地域——つまり、その土地に住む人たちの政治的指向がきわめて均質な地域——が爆発的なペースで増えているという。

アメリカ社会のモザイク化が地域の政治に及ぼす影響は、国政とは正反対だ。社会的に均質な地域コミュニティほど、地域政治に関してコンセンサスに達しやすい。教育・所得レベルが近い人たちが集まっている地域は、人々のニーズや嗜好が近いので、さまざまな教育・所得レベルの人たちが混ざり合っている地域に比べて、地方税、学校、公園、警察などのテーマで有権者の意見が一致する可能性が高い。

大分岐は、有権者の投票行動にも影を落としている。選挙の投票率が地域コミュニティによって大きく異なるのだ。二〇〇八年のアメリカ大統領選挙では、投票率が全米上位一〇の郡の数字が下位一〇の郡の四倍に達していた。[31] 投票率の違いは、政治に対する影響力の違いを意味する。投票率が最上位グループの郡は地域コミュニティ全体として、最下位グループの郡の四倍の票を与えられているのと同じことだ。

人々の政治参加の度合いを左右する要因はいろいろあるが、とくに大きな要因の一つは教育だ。私と二人の共同研究者は二〇〇四年に発表した論文で、三〇〇〇万人のアメリカ人を対象にした二件の調査結果を分析した。それによると、教育レベルが高い人ほど、国政選挙で有権者登録をおこない、実際に投票する確率が高かった。[32] 私たちの研究によれば、教育レベルの高い人は、選挙での投票に限らず、政治参加全般に熱心なこともわかっている。これはアメリカだけでなく、イギリスにも見られる傾向だ。教育レベルの高い人は、政治に関するニュースをチェックし、政治上の重要テーマについて勉強したり、周囲の人と議論したりし、政治的活動や地域の活動に関わったりするケースが多い。この点は、リベラル派だけでなく、保守派も公教育の拡充を主張している主たる理由の一つだ。保守派の経済学者ミルトン・フリードマンは、一九六二年に次のように述べている。「安定した民主的社会を維持するためには、社会の識字率がある程度の水準に達していて、市民が最低限の知識をもっていなくてはならず、また、なんらかの共通の価値観が広く浸透している必要がある。教育はこの両方の面で役に立つ。そうした恩恵の大きさを考えれば、おそらく大半の人は、政府が教育に予算をつけることが妥当だと判断するだろう[33]」

教育レベルが政治参加の度合いに大きく影響するのであれば、地域間の教育レベルの格差が拡大すると、政治参加の格差も大きく広がることになる。図9は、一九九二年以降の大統領選挙ごとに投票率が上位の一〇郡と下位の一〇郡のそれぞれの平均値を算出し、その値が時系列的にどのように推移してきたかをまとめたものだ[34]。選挙ごとの投票率の数値自体は、アメリカ全体の投票率に連動して上下している。ジョージ・W・ブッシュとアル・ゴアが大接戦を繰り広げた二〇〇〇年は、それぞれビル・クリントンとブッシュが大勝した一九九六年と二〇〇四年に比べて全般的に投票率が高い。また、バラク・オバマが当選した二〇〇八年の投票率はきわだって高かった。おそらく、史上初のアフリカ系アメリカ人大統領が誕生しようとしていた選挙だったからだろう。

しかし、投票率そのものより注目すべきなのは、最上位グループの郡と最下位グループの郡の投票率の差だ。見てのとおり、その差は大統領選挙の回を追うごとに拡大している。同様の長期的トレンドは、候補者や政党に対する献金額にもあらわれている。選挙資金の献金は、政治への参加と政治への影響力を映し出す重要な指標とみなせる。しかも献金は、議会でつくられる法律の内容に影響を及ぼす可能性が高い。大統領や州知事も、地域間で利害の対立する問

[図 9] **アメリカ大統領選挙の投票率の変動**（1992年以降）

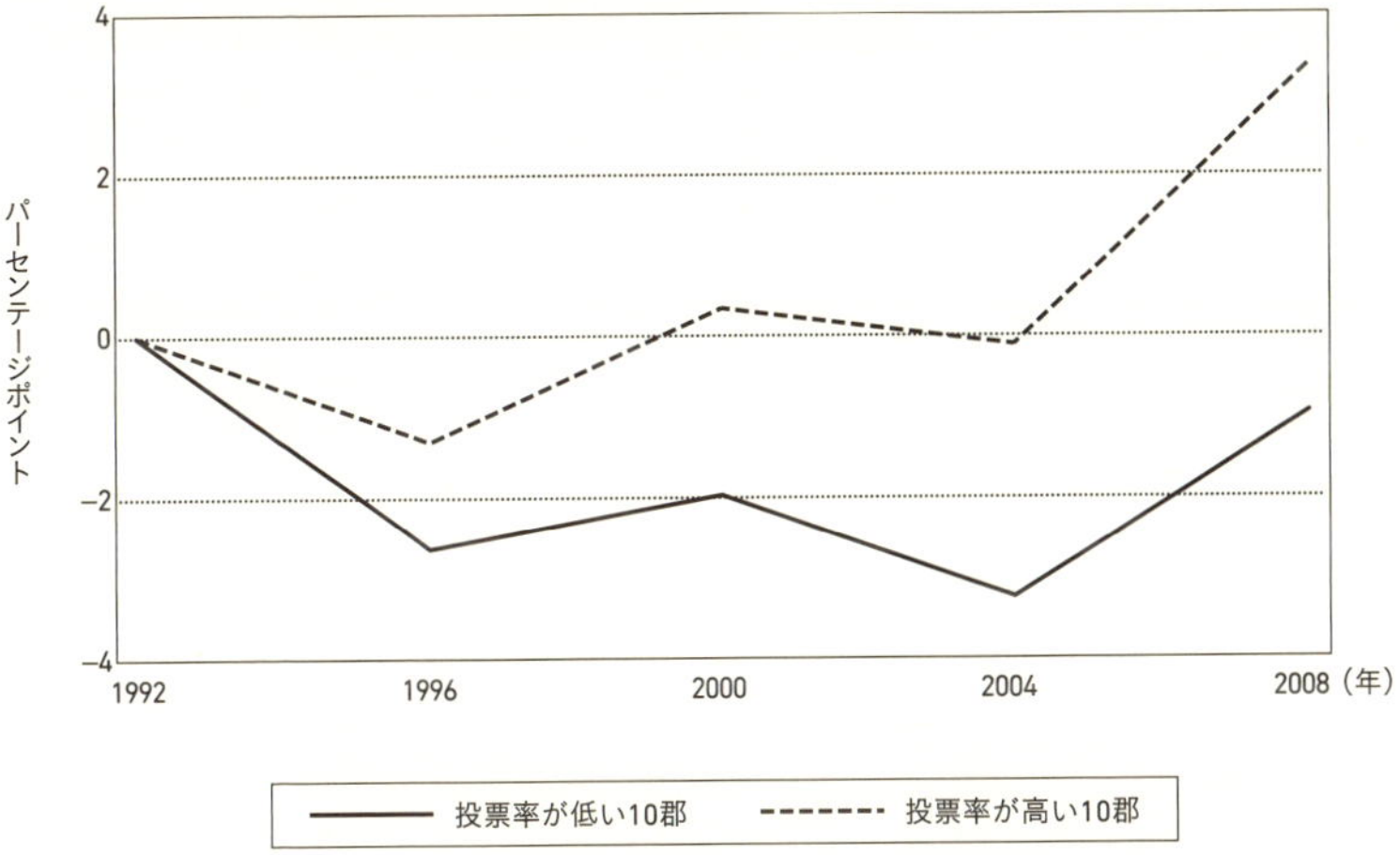

出典：Dave Leip's Atlas of U. S. Presidential Elections および CNN のデータ

題を扱うときは、政治的に活発で、よく組織化された地域コミュニティのニーズを優先させようとするだろう。

非営利事業の地域格差

今日のアメリカでは、文化や教育、医療で非営利団体の果たしている役割が大きい。すべての医療機関の半分以上、大学の三分の一、文化団体の大半が非営利団体からの助成金に依存している。非営利団体は、貧しい人たちを助け、豊かな人たちにも文化に触れる機会を提供するなど、都市の社会的資本を充実させるうえで非常に重要な存在なのだ。その一方で、非営利団体の活動は営利の世界の資金への依存を強めている。そうした営利の世界による非営利事業への支援は、その性格上どうしても地元指向が強い。そのメカニズムを説明しよう。
デヴィッド・カード、ケヴィン・ハロックと私の共同研究によると、ある都市に企業の本社が一つ置かれるごとに、地元の非営利団体への寄付金が年間約一〇〇〇万ドル増える。[35] といっても、寄付金を大盤振る舞いするのは、その企業自体ではない。そこで働く高給取りの幹部たちの寄付が大きいのだ。都市に企業の本社が一つ移転してくれば、高給取りの住民が大幅に増える。その人たちの給料はたいてい、会社の業績と連動しており、業績がよければ、非営利団体に対する幹部たちの寄付も多くなる。私たちの研究によれば、ある都市に本社を置く企業の株式時価総額が一〇〇〇ドル上昇するごとに、その町の非営利団体に寄付される金が約一ドル増える。

企業自体が地元の非営利団体に直接寄付する金額がそう多くないことは、理にかなっている。大きな企業ともなれば全米に顧客がいるし、従業員も本社以外の各地に散らばっている場合が多いので、本社の地元の非営利事業に貢献しようという意欲をいだきにくいのだ。その点、そこで働く個人は違う。マイクロソフトがシアトルに移転したとき、様変わりしたのはこの町の労働市場だけではなかった。非営利部門も大きく変貌した。マイクロソフトの共同創業者であるポール・アレンは、これまでに一〇億ドルを超す寄付をしており、その六〇％は地元のために費やされた。具体的には、航空機博物館のフライング・ヘリテージ・コレクションとロックミュージック博物館のＥＭＰ、それにワシントン大学の新図書館の建設、地元の歴史ある名物映画館「シネラマ」の改修、ワシントン大学医学校の拡張などを支援してきた。*4

ところで、アメリカの都市で住民一人当たりの寄付金額が最も大きい都市はどこだろう？ トップに立っているのは、スタンフォード、ボストン、ローリー＝ダーラム圏、ワシントンDC、ニューヨークという五つの頭脳集積地だ。シアトルもかなり上位につけている。非営利部門が成長している都市と成長していない都市の差は、人口一人当たりの非営利団体の数で見ても、人口一人当たりの寄付金額で見ても広がり続けてきた。[36] アメリカ社会の大分岐は、慈善資金の地域格差も拡大させているのだ。多くの企業本社があり、地域経済が繁栄している都市では、地元の非営利団体に多くの寄付が集まるのに対し、企業の本社が少なく、経済が不振に陥っている都市には寄付が集まりにくい（そういう都市こそ、慈善事業が必要なのだが）。その結果として、「勝者」と「敗者」のギャップはますます広がりつつある。

平均寿命、離婚率、政治参加、非営利事業への寄付に関する格差の拡大は、アメリカの都市間の格差が広がっている実例の一部にすぎない。社会のさまざまな側面で同じようなことが起きている。犯罪の発生率でも都市間の格差が拡大している。ニューヨークやボストンなどではこの二〇年間で犯罪が大幅に減ったが、フリントやデトロイトでは状況がほとんど改善していない。煎じ詰めれば、こうした社会的格差の根底にはことごとく、経済的格差がある。もちろん、アメリカの都市間の格差は最近になって生まれたわけではなく、昔から、豊かな都市もあったし、貧しい都市もあった。しかし、最も豊かなグループと最も貧しいグループの間の格差は昔に比べて広がっており、それが人々の生活のあらゆる側面に影を落としているのだ。

大分岐の弊害を是正するためには、まず、その根底にある経済的要因を理解しなくてはならない。どうして一部の都市に高給の雇用と高技能の働き手が引き寄せられる一方で、ほかの都市にはそういうことが起きないのか？　頭脳集積地には、どういう特殊な点があるのか？　どうしてそういう都市とそれ以外の土地の間の差が年々拡大しているのか？　大分岐は偶然の産物ではない。大きな経済的要因が生み出した必然の結果だ。次章ではその点を検討する。

＊1　シアトルは、税制優遇措置も用意していた。オンライン小売業者は、州外の顧客から間接税を徴収することを免除されたのだ。この措置のおかげで、シアトルの業者は、大市場であるカリフォルニア州に近いという地理的強みを存分に生かせる。しかし、それがシアトルの繁栄を決定づけたとは考えづらい。ラスベガス、フェニックス、ボイジー、ポートランド、ユージンなど、もっとカリフォルニアに近い都市も同様の優遇措置を設けていたが、シアトルのようにはインターネット関連産業を成長させられなかった。

＊2　特許が指標として不完全な理由は二つある。第一に、イノベーションのなかには、そもそも特許が取得されないものも少なくない。とくにサイエンスとエンジニアリング以外の分野では、そういう傾向が目立つ。第二に、特許のなかには、商業的に価値のあるイノベーションに結びつかないものがしばしばある。この第二の問題を念頭に置いて、特許の影響力の大きさを考慮に入れている経済学者もいる。具体的には、特許の引用数も参照するのだ。もし、ある特許がほかの特許で引用されていれば、誰にも引用されていない

特許より重要なイノベーションである可能性が高いとみなせる。このアプローチを用いても本章で記した結論はあまり変わらないが、国際比較では結果が大きく変わってくる。この点は、中国の特許についてすでに述べたとおりだ。

＊3 アメリカのほとんどの郡は、平均寿命に関してほかの豊かな国々と比べて順位を落としている。二〇〇〇年以降、アメリカの圧倒的大多数の郡は、世界的に死亡率の低い一〇カ国の平均値との比較で順位を下げた。順位を上げた郡は、全体の二〇％にとどまっている。

＊4 マイクロソフト関係者の慈善事業としては、ビル・アンド・メリンダ・ゲイツ財団も有名だ。しかしこの財団は、主に途上国の活動に力を入れているので、地元の活動に対する支援で果たしている役割は比較的小さい（ただし、アメリカ国内の教育改革も助成している）。

第4章

「引き寄せ」のパワー

アメリカのイノベーションハブが形成されている場所は、一見するとなんの必然性もないように見える。従来型の産業では、個々の産業がどの土地に栄えるかは、たいてい天然資源と密接に結びついていた。アメリカの石油産業は、テキサス州、アラスカ州、ルイジアナ州に密集している。これらの地域に、石油が豊富に埋蔵されているからだ。ワイン産業が主にカリフォルニア州に集中しているのは、ブドウ栽培に適した天候と土壌に恵まれているためだし、ロブスター産業がメーン州で盛んなのも同様の理由による。これらのケースでは、産業の集積地が形成されている場所に意外性はない。それと異なり、なかなか説明がつきにくいのが、イノベーション産業の集積地の分布状況だ。イノベーション産業が集積している土地に、天然資源や自然環境の面での利点があるようには見えない。別に、シリコンバレーで半導体原料のシリコンが採れるわけではないのだ。それでも、輸送コストが高かった時代には、消費地の近くに製造拠点を置くことにメリットがあった。産業革命期のイギリスでは、消費者のほとんどがロンドンにいたので、ロンドンのメーカーは輸送コストの面で有利だった。しかし、今日は輸送コストが小さくなっている。ハイテク産業ではとくに、その傾向が強く、ＩＴ産業にいたっては、商品の輸送コストはほぼゼロだ。ソフトウェアのコードは、瞬時に、そしてきわめて安価に「出荷」できる。カリフォルニア州マウンテンビューにあるグーグルの本社が同州内のバイセリアに、もっと極端な話をすればチベットに移転したところで、ユーザーは気づかないだろう。

ハイテク産業の地理的分布をさらに詳しく見ると、ますます謎が深まる。最悪の場所に拠点が置かれているようにすら見えるのだ。ボストンやサンフランシスコ、ニューヨークのようにコストの高い都市ばかりが選ばれている。これらの都市は賃金水準も高く、オフィス賃料も高い。ビジネスをおこなううえでは、アメリカで有数の金がかかる土地と言っていい。企業にとって、とりわけ地元市場だけでなく世界規模にビジネスを展開している企業にとって、魅力的な場所とはとうてい思えない。

イノベーション産業の企業は、どうしてコストが高い都市に寄り集まっているのか？　サンノゼのような都市に、どういう特別な点があるのか？　実際にサンノゼに足を運んでも、とりたてて変わった点は目につかないだろう。この町で働く人が高い給料を受け取っている理由をうかがわせる材料は見当たらない。アメリカの多くの都市がそうであるように、サンノゼの中心部に目立つのは、駐車場と企業の広大なオフィス施設、それに殺風景なガラス張りの高層ビル。そして都心部を離れると、核家族向けの住宅がぎっしり立ち並んでいる。ほかの都市と違うところは、とくにない。広い市内を大通りが縦横に走り、人々は主に自動車で移動している。市当局は都心部を再開発し、歩行者にやさしい町を築くことをめざしているが、道のりは平坦でない。どこにでもあるアメリカの都市の光景だが、この町にはシリコンバレーを代表する企業の多くがオフィスを設けている。国道101号線から見えるのは、アドビシステムズの本社であるアドビ・タワー。そこから南東へ五キロほどしか離れていない場所には、イーベイの広大なオフィス施設がある。さらに少し行くと、インテル、シスコシステムズ、ヤフーなどのオフィスもある。そのほかにも、これらの企業ほど有名ではない、プロジェント、ザイリンクス、サンミナといった頭痛薬のような名前の企業がいくつもオフィスを構えている。

イーベイやアドビは、サンノゼで大学卒の人材を雇うために、一人あたり平均で年に八万七〇三三ドルを支払っている。もしカリフォルニア州マーセドに本社を置いていれば、これが六万二四一一ドルで済む。この金額は、サンノゼで高校卒の人材に支払っているより安い金額だ（サンノゼの高卒者が受け取る給料の総額は、平均で年に六万八〇〇九ドル）。どうして、イーベイやアドビのような企業は、コストの安い都市に出ていかないのか？

ある程度の地理的な集積は、多くの産業で起きている。エンターテインメント産業ではロサンゼルス周辺に拠点を置く企業が多いし、カーペット産業では昔からジョージア州ダルトンに有力メーカーが集まっていた。しかし、イノベーション産業はことのほか集積の度合いが大きい。コンピュータ製造業の場合、雇用数で上位一〇の郡に、業界の全雇用の七〇％が集中している。この割合は、科学系研究開発で四五％、ソフトウェアで三二％、インターネットで二五％に達している。また、世界のナノテクノロジー研究の半分以上は、八つの都市圏でおこなわれている。日本、フランス、韓国などは、イノベーション産業の地理的集積がアメリカの比ではない。それぞれ東京、パリ、ソウルに、イノベーション活動と人材が極端に集中している。中国も同様だ。北京と上海への集中が際立っている。

ウォルマートがサンフランシスコを愛する理由

この現象を理解するためには、ウォルマートの例が参考になる。このスーパーマーケットチェーンは、ロープライス（＝低価格）の代名詞のような企業だ。半世紀前にサム・ウォルトンによって創業されて以来、倹約志向の企業文化をもつ同社がアーカンソー州ベントンビルに本社を置き続けてきたことは意外ではない。ベントンビルは小さな町で、ビジネスを運営するコストがきわめて安いからだ。オフィス賃料の相場は全米有数の安さだし、生活コストも賃金水準も低い。この町に、CEOを筆頭に、幹部や本社スタッフの全員が住んでいる。ベントンビルは、コスト削減を徹底する同社の精神に打ってつけの町だ。

しかし、十数年前、オンラインショッピング部門の「ウォルマート・ドット・コム」を設立したとき、本部はベントンビルに置かなかった。コストをさらに安く抑えられるインドのバンガロールにもっていったわけでもない。ウォルマートが選んだ場所は、カリフォルニア州のブリズベーン。サンフランシスコの都心部から、わずか一一キロほどしか離れていない場所だ。賃金水準の高さでは、世界でも有数の土地である（ちなみに、この地域はウォルマートに対する反発が強く、同社は出店することに苦労している）。あらゆる部門で徹底したコスト抑制に励んでいるのに、どうしてこのような土地を選んだのか？　ウォルマートの決断は自社のビジネスモデルに矛盾するように見える。[*1]

しかし、そうではない。ウォルマートの選択は、いたって合理的なものだった。イノベーションの世界では、人件費やオフィス賃料以上に、生産性と創造性が重要な意味をもつからだ。ウォルマートは、サンフランシスコに拠点を置くことにより、三つの大きな恩恵に浴せると考えた。その恩恵とは、厚みのある労働市場（高度な技能をもった働き手が大勢いる）、多くの専門のサービス業者の存在、そしてなにより知識の伝播である。この三つを合わせて、経済学者は「集積効果」と呼んでいる。イノベーション能力に富んだ人材と企業がどこに集まるかを左右し、地域の経済的運命を決するのは、この三つの要素だ。集積効果は、過去三〇年にわたりアメリカの二極化を加速させてきた要因であり、苦境にある都市が経済を向上させるためのカギを握るメカニズムでもある。以下で見ていくように、イーベイとアドビがサンノゼに本社を置いて利益をあげていて、製薬大手のファイザーにはじまりＩＢＭにいたるまで、多くの企業が一見すると非合理な場所に拠点を置いている理由も、これによって説明がつく。集積効果の威力はますます強まっており、今後はあらゆる働き手がその影響から逃れられなくなるだろう。

魅力的な都市の条件その1——厚みのある労働市場

ミッケル・スヴェーンは二〇〇七年、二人の仲間とともに、ゼンデスクというハイテク企業をデンマークのコペンハーゲンに設立した。しかし、コペンハーゲンがハイテク産業の中心から離れすぎていると気づくまでに、時間はかからなかった。二年後、スヴェーンは会社の本拠をアメリカに移した。「(資金と)有能なスタッフを求めて」の決断だったという。[1] 最初はボストンに拠点を置いたが、最終的にサンフランシスコに落ち着いた。「とても刺激的な町だ。サンフランシスコに来て、この土地の人々と一緒に仕事をし、多くの人から助言を得ることで、思考のスケールが大きくなり、これまでよりも野心的にものを考えられるようになった。おかげで、さらなる高みを追求できるようになった」と、スヴェーンは当時記者会見で語っている。

二四歳のプログラマー、キール・オルソンは、二〇一〇年、ネブラスカ州リンカーンからサンフランシスコにやって来た。ハイテク関連の職に就くためだ。「iPhoneアプリの開発をしたいと思っていた。サンフランシスコには、そのための人材を求めている企業がたくさんある」と、オルソンは言う。[2]

この二人のケースは、典型的なパターンだ。サンフランシスコに拠点を置いている企業の経営者たちに、もっとコストが安い都市がたくさんあるなかでどうしてサンフランシスコを選んだのかと尋ねれば、ここに優秀な人材が集まっているからだと答えるだろう。ソフトウェアエンジニアたちに、どうしてサンフランシスコにやって来たのかと尋ねれば、ここに働き口がふんだんにあるからだと答えるだろう。当たり前の話だと思うかもしれないが、話はそう単純でない。確かに、ソフトウェアエンジニアにとって、サンフランシスコはリンカーンより求人が多い。しかし、競い合わなくてはならないライバルの数も多い。同じことは、企業側にも言える。サンフランシスコはコペンハーゲンに比べて、就職先を探しているソフトウェアエンジニアの数が多い半面、そういう人材を雇おうとする企業の数も多い。ソフトウェアエンジニアがサンフランシスコを働き手の売り手市場だと思い、企業側が雇用主の買い手市場だと思っているというのは、奇妙な話だ。両方の認識が正しいということは、理屈の上でありえない。

実は、ほとんどの都市では、個々の職種の働き手に対する需要と供給はおおむねバランスが取れている。もし、特定の時点の特定の都市でソフトウェアエンジニアの供給が不足していれば、すぐに全米からソフトウェアエンジニアがその都市に押しかけ、労働市場の需給が均衡する。ソフトウェアエンジニアはたいてい、若く、教育レベルが高く、外国生まれの場合も多い。若年層、高学歴層、外国出身者という三つの層は、いずれも居住地を移すことへの抵抗感が少ない層だ。一九九〇年代後半のドットコム・バブルの時期、シリコンバレーに何百もの資金力豊富な新興企業が出現し、活発に人材採用をおこなうと、全米から何十万人ものハイテク労働者がこの町にやって来た。やがてバブルが弾けて労働力需要が大幅に減ると、何十万人もの人が町を去っていった。サンフランシスコでもリンカーンでもコペンハーゲンでも労働市場の需給バランスが取れているとすれば——つまり、サンフランシスコが特段に売り手市場だったり買い手市場だったりしないのであれば——どうしてミッケル・スヴェーンやキール・オルソンはわざわざサンフランシスコをめざしたのか？　その理由は、この町のソフトウェアエンジニアの労働市場に厚みがあるという点にある。労働市場の厚みは、都市の経済的運命を大きく左右する要素なのだ。

こと労働市場に関しては、「大きいことはいいこと」だ。経済学でよく言われるように、売り手と買い手の数が多い市場では、売り手と買い手の双方が相手を見つけやすい。この点を理解するために、いったん労働市場を離れて、恋愛について考えてみよう。いまあなたが独身で、交際相手を探しているとしよう。地元のバーで相手を見つけようとしたが思うようにいかず、あなたはオンライン上の交際相手探しサイトを利用しようと考える。地元の独身者向けのサイトは二つある。両者のサービス内容はまったく同じだが、会員数だけが違う。一方は、男性一〇〇人と女性一〇〇人が登録している。もう一方は、男性一〇人と女性一〇人が登録している。あなたは、どちらのサイトを選ぶだろう？　どちらも男女の比率は同じだ。ということはどっちも同じ？　もちろん、そんなことはない。交際相手を探している女性が望みどおりの男性に出会える確率は、登録人数の多いサイトのほうが高い。より多くの男性のなかから、外見や趣味、思想信条などで自分の理想に近い人を探せるからだ。同じことは、男性側にも言える。

労働市場は、交際相手探しサイトと似ている。規模が大きいほど、双方が相手を見つけやすく、理想に近い相手と巡り合える確率が高い。たとえばあなたが特定の遺伝子組み換え技術を専門とする分子生物学者で、そのテクノロジーを必要としているバイオテクノロジー企業を探しているとする。多くのバイオテクノロジー企業が集まっているボストンやサンディエゴのような都市に行けば、あなたの専門技術を必要とし、それに金を払おうという企業が見つかる確率がほかの都市より高いだろう。ポートランドやシカゴのようにバイオテクノロジー企業が少ない都市では、自分の専門技能にぴったりとは言えない就職先でよしとせざるをえず、結果としてボストンやサンディエゴより安い給料で妥協する羽目になるかもしれない。どの都市で就職するかという選択によって、キャリアの道筋が大きく変わってくるのだ。

理想的な相手を見つけやすいことは、雇用主である企業にとっても大きな利点だ。新興バイオテクノロジー企業は、ボストンやサンディエゴに拠点を置けば、自社のニーズにぴったり合った分子生物学者を雇える確率が高まるので、生産性が向上し、特許の取得件数も多くなる。その結果、利益も増え、ＩＰＯ（新規株式公開）が成功する可能性も大きくなる。事実、ＳＮＳ（ソーシャル・ネットワーキング・サービス）のアカウントの本人性を判定するテクノロジーを開発している新興企業トゥルリオのスティーブン・アフォードＣＥＯは、本社をカナダのバンクーバーからシリコンバレーに移したところ、生産性が飛躍的に向上したことに気づいた。「大きかったのは、（シリコンバレーの）ものごとのスピードが速いこと」だと、アフォードは述べている。[3] バンクーバー時代だったら何年も要したことをわずか三カ月で達成できたという。労働市場に厚みがあることは、働き手と企業の双方にメリットがあるのだ。

厚みのある労働市場に身を置くことが働き手の収入に及ぼす好影響は、専門職の場合とくに大きく、その効果は過去三〇年間を通して拡大してきた。今日のアメリカでは、働き手の数が一〇〇万人以上の土地で働いている人の平均賃金は、二五万人未満の土地の約一・三倍以上だ（この点は、働き手の就業年数、職種、その土地の人口構成の影響を取り除いても変わらない）。この格差は、一九七〇年代に比べて五〇％も拡大している。労働市場の大きさがとくに重要な意味をもつのは、ハイテク関連のエンジニア、科学者、数学者、デザイナー、医師など、高度な専門技能が必要とされる職種だ。たとえば、小さな都市より大きな都市で働く医師のほうが、狭い専門分野に特化して仕事をしているケースが多い。[4] 一方、高い技能をもたない労働者は、労働市場の規模の影響をあまり受けない。肉体労働者や大工は、大都市でも小都市でもだいたい同じような仕事をしている。

ここで、フェイスブックの歴史を見てみよう。[5] 映画『ソーシャル・ネットワーク』を見た人は知っているように、マーク・ザッカーバーグはハーバード大学の学生寮でフェイスブックを立ち上げた。ハーバード大学のあるマサチューセッツ州ケンブリッジは、一流大学が集中していることでは世界随一の町だ。教育水準もアメリカ屈指と言っていい。活発にイノベーションをおこなっている企業も多数あり、人材は十分にいたはずだ。しかしザッカーバーグはほどなく、必要な人材を確保したければシリコンバレーに移転すべきだと気づいた。実際、シリコンバレーのエンジニアの労働市場は非常に厚みがあり、単に教育レベルが高い人物や、単にエンジニアとしての技能が高い人物ではなく、教育レベルと専門技能がともに高くて、フェイスブックで必要としているスキルを備えた人材を見つけられた。こうした点を考えると、ザッカーバーグがシリコンバレーを選んだこと、そしてハイテク企業全般がほかのハイテク企業の多い都市に拠点を置こうとすることは、合理的な判断と言える。これらの企業は、ほかのハイテク企業が周囲にほとんどない環境で孤立していれば、好業績をあげるのが難しいかもしれないが、互いに寄り集まることによって創造性と生産性を高めているのだ。

労働市場の規模は、人がどれくらい頻繁に転職するかにも影響を及ぼす。[6] 一万二〇〇〇人を二〇年にわたって追跡調査した研究によると、まだ働きはじめたばかりで、自分に最適な仕事を模索している若い時期には、規模が大きく、多様な職種がある町の住人のほうが、規模が小さく、職種の選択肢が少ない町の住人より頻繁に転職する。しかし年齢を重ねると、安定を重んじる人が増えてくる。そういう段階になると、大きな町に住む人はむしろ転職の頻度が少なくなる。小さな町に住む人に比べて、満足できる職場を見つけられているケースが多いからだ。

労働市場の規模が大きいことは、失業した場合の「保険」になる面もある。景気全般の悪化が原因ではなく、個別企業の問題が原因で解雇された場合、労働市場の規模が大きい町にいる人は、失業状態が長引かずにすむ確率が高い。新たな就職先候補がたくさんあるからだ。また、そういう町では、企業もすぐに空きポストを埋めることができる。

労働市場の規模は、都市の未来にきわめて大きな影響を及ぼす。厚みのある労働市場がもたらすメリットこそ、イノベーション産業の企業が世界のごく少数の都市に集中している最大の要因だからだ。そうしたイノベーションハブには、ますます多くのハイテク企業とハイテク労働者が集まってくるが、いまイノベーションハブを形成できていない都市は、今後もそうした集積地を生み出すのが難しい。その結果、頭脳集積地とそれ以外の土地の格差がますます広がっていく。

ある都市が厚みのある労働市場を擁していると、いくつかの思いがけない効果がある。たとえば、集積地に加わる企業や個人は、みずからが生産性向上による恩恵に浴するだけでなく、その集積地を構成しているほかの企業や個人すべてにも好影響を及ぼす。新しい企業や個人が加わることにより、既存のすべての企業や個人の生産性も高まるからだ。しかし、こうした「外部性」は、市場の失敗を生みかねない。そこで政府が介入して、集積地全体に恩恵をもたらす企業や個人を助成することで、外部性の問題を緩和できれば、集積地全体の生産性を高められるだろう。

労働市場の規模は、働き手の生産性だけでなく、恋愛の相手を見つける機会にも影響を及ぼす。ベビーブーム世代は小さな都市に魅力を感じる人が多いが、若い世代はそういう町をあまり魅力的とは思わない。X世代（一九六五～七九年ごろの生まれ）やY世代（一九八〇年～九五年ごろの生まれ）には、大都市に住む人が増えている。文化的規範の変化や、厚みのある労働市場に身を置くことの経済的メリットもその一因だが、そこには結婚相手探しに関する思惑もはたらいている。アメリカの結婚市場は、教育レベルごとに分断される傾向が次第に強まっている。教育レベルの高い専門職は、自分と同じように教育レベルの高い専門職と結婚するケースが多くなっているのだ。このように自分と社会的・経済的属性が似た相手と結婚することを、経済学者は「同類婚」と呼んでいる。同類婚は、最近の新しい現象ではない。一九八〇年代の時点ですでに、高学歴の女性は、学歴の低い男性より学歴の高い男性と結婚するケースが多かった。しかし、ここ三〇年でその傾向に拍車がかかってきた。修士号取得者同士の男性と女性が結婚し、学士号取得者同士の男性と女性が結婚するという具合に、学歴が同等の男女が結婚する割合が際立って上昇しているのだ。同類婚の増加は、教育レベルの側面に限ったことではない。職種や所得など、ほかのさまざまな側面でも、自分と似た人と結婚する人が増えている。同類婚を望む人が増えれば、それだけ規模の大きな結婚市場が必要になる。結婚相手に望む属性が細かく絞り込まれている人は、ある程度多くの候補者がいる環境でないと、望みどおりの相手を見つけづらいからだ。

厚みのある労働市場を擁する都市に住むことのメリットは、既婚カップルにとっても高まっている。夫婦の両方が専門職のカップルにとってはとりわけ、そういう都市に身を置くことの利点が大きい。その種のいわゆる「パワーカップル」はまだ少数派だが、数は増えつつある。

カリフォルニア大学ロサンゼルス校（ＵＣＬＡ）のドラ・コスタとマシュー・カーンの最近の研究によると、一九四〇年当時、夫婦ともに大学卒のカップルのうちで妻が職に就いている割合は、一八％にとどまっていた。[7] 一九七〇年にはこの割合が三九％まで上昇したが、仕事をもっていた女性の大半は大学で教育や看護を専攻し、教師や看護師など伝統的に「女性の仕事」とされてきた職に就いていた。この時代の女性たちは、あくまでも「家庭が主で仕事は従」。たいてい、第一子を出産すると仕事を辞めていた。一九九〇年代に入ると、大卒男性と結婚している大卒女性たちはキャリアの選択で男性同様の行動を取り、「仕事が主で、家庭が従」、もしくは「仕事と家庭の両立」を望みはじめた。そして二〇一〇年には、既婚の大卒女性の七四％が職に就くようになった。女性たちが就く仕事は、ほぼあらゆる職種に及んでいる。

夫婦がともにキャリアを追求するようになると、居住地の問題に直面するカップルが増えはじめた。夫の転職や転勤のために自分のキャリアを断念することを、妻たちが嫌がるようになったからだ。いまや約半数の企業は、従業員が転勤を拒否する最大の理由として配偶者の雇用問題を挙げている。その点、都市の労働市場の規模が大きければ、夫婦双方が希望どおりの職を見つけられる確率が高く、いくらかは転勤に応じやすくなるだろう。

このことは、都市の未来にとって重要な意味をもつ。コスタとカーンの研究によれば、教育レベルの高い専門職のなかに大都市に住む人が増えており、その半分以上は、居住地問題を解決するために都会暮らしを選んだパワーカップルだ。小さな都市にとっては、気がかりな傾向と言わざるをえない。都市としての競争力を失いつつあることを意味するからだ。教育レベルの高い専門職のカップルからそっぽを向かれることのダメージは大きい。長い目で見ると、教育レベルの高い専門職が移住してこなくなり、イノベーション産業を成長させられなくなって、次第に経済が衰退していく運命が待っている。

魅力的な都市の条件その2——ビジネスのエコシステム

ゴンサロ・ミランダは、チリのベンチャーキャピタリストだ。ミランダの会社、アウストラル・キャピタルは、ラテンアメリカの有望な新興ハイテク企業を見いだし、アメリカのカリフォルニア州やワシントン州へ拠点を移させている。私がこの人物に興味をいだいたのは、その行動が一見すると常識はずれだからだ。なにしろ、コストの安い土地からコストの高い土地にわざわざ企業を移転させているのだ。そうやってミランダがアメリカに移転させた企業は、新しい本拠地で質の高い雇用を生み出している。アメリカに移ってくるときは創業直後で規模が小さいが、初年度にエンジニアと補助スタッフを中心に約二〇の雇用をつくり出すことができると、ミランダは計算している。もしアメリカで成功すれば、雇用数は数百や数千に増える。

投資先であるチリやアルゼンチン、ブラジルの起業家たちは聡明なイノベーターで、世界水準の新しいテクノロジーをもっている、とミランダは私に説明した。非常に優れた商品を打ち出しているので、おそらくは祖国にとどまったままでも成功できただろう。しかし、会社を大きく成長させようと思えば、アメリカにやって来ることが不可欠だった。アメリカのイノベーションハブの大きな強みの一つは、資金調達をしやすいことだ。ラテンアメリカ諸国では、新興企業に投資される資金の総量が少ないうえに、古い考え方の投資家が多く、出資先の新興企業の創造性を奪ってしまうケースが珍しくない。アメリカのもう一つの強みは法制度だ。ラテンアメリカ諸国のなかではビジネスに好意的なブラジルとチリでさえ、役所の官僚体質と複雑な法規制が原因で、新しい事業を立ち上げることが困難だったり、新規参入のコストが予測できなかったりするケースがある。その点、シリコンバレーやシアトルに来れば、ハイテク関連の新興企業にとって活動しやすいエコシステム（生態系）が整っている。「シリコンバレーのエコシステムはきわめて充実しており、高いコストを負担してもまだお釣りがくる」と、ミランダは私に言った。

そうしたエコシステムのなかには、広告、法務、技術コンサルティング、経営コンサルティング、配送、修理、エンジニアリング関連の支援といった専門的なサービスを提供する業者も含まれる。このようなサービスを利用できるおかげで、ハイテク企業は副次的な業務に煩わされることなく、自分たちが本当に得意なこと、すなわちイノベーションに集中できる。これは、実質的に会社の規模が大きくなったのと同じ意味がある。イノベーションハブに移転するだけで、一夜にしてそれが実現するのだ。このようにしてハイテク企業は生産性を高め、成功を収めている。シアトルの小さなソフトウェア開発企業は、社内弁護士を雇う必要はない。シアトルには、知的財産権、ライセンス契約、新興企業の法人化などを専門とする地元の法律事務所がたくさんあるからだ。ダーラムのバイオテクノロジー企業の研究所は、地元業者の専門サービスを利用できるし、ハードウェア企業は、地元の専門配送業者を利用できる。シリコンバレーのある若い起業家は、会社を法人化するために何千ドルもの手数料を法律事務所に払う余裕はなかったと振り返る。もし、ほかの都市に拠点を置いていれば、会社設立を断念していたかもしれない。しかしシリコンバレーには、手数料の代わりに、報酬として新会社の株式を受け取る形で業務を引き受ける法律事務所があった。そのおかげで、この人物は会社設立にこぎつけることができた。この法律事務所のビジネスモデルは、何百社もの法人化を手がければ、そのなかの一社くらいはグーグルのように目を見張る成長を遂げ、その株式を売却することで莫大な利益を手にできるだろう、というものだ。このようなビジネスモデルは、多数のハイテク企業が密集する都市でしか成り立たない。

専門サービスを提供する業者の側から言うと、顧客企業と地理的に近い場所にいることにはきわめて大きな意味がある。顧客のニーズを把握し、自社の商品の価値を相手に理解させやすいのだ。この点は、その業者の商品が成熟したものであればさほど重要でないが、まったく新しい商品の場合はビジネスの成否を左右しかねない。シリコンバレーのケイデンス・デザイン・システムズという会社は、企業向けの電子システム設計用のソフトウェアをつくっている企業だ。顧客には、ＩＢＭ、シーメンス、ＮＶＩＤＩＡ、シリコン・ラボラトリーズ、シスコシステムズといった有力企業が名を連ねる。大半はシリコンバレーに拠点をもっている会社だ。徐季平《スー・チーピン》研究開発担当上級副社長に、どうして研究開発要員の大半をシリコンバレーに置いているのかと尋ねると、こんな答えが返ってきた――「どういうソフトウェアをつくればいいかを知るためには、試作品をつくっては一日おきに顧客のオフィスを訪ねるしかない」。

この点は、ビジネスのエコシステムが地理的に狭いエリア内に形成される大きな理由の一つだ。ケイデンスがシリコンバレーに拠点を置いているのは、顧客であるハイテク企業がそこに集まっているからであり、そういうハイテク企業がシリコンバレーに集まっているのは、ケイデンスのようなサービス業者や下請け業者が多数あるからだ。どこかで聞いたような話と感じたかもしれない。そう、企業と働き手の関係で見た、厚みのある市場のメリットと同じ構図だ。

このメカニズムは、二つの面で地域経済に重要な影響を及ぼす。一つは、ハイテク企業の進出が地元にさらに多くの雇用を生み出すことだ。ある都市にＩＢＭのオフィスができると、ＩＢＭの雇用が生まれるだけでなく、ケイデンスのようなサービス業者の雇用も増える。ハイテク産業でひときわ大きな乗数効果が発揮される理由の一つは、ここにある。もう一つの影響は、イノベーション関連企業の少ない都市が魅力を失うのに対し、大規模なイノベーション産業を擁する都市の魅力がますます高まっていくことだ。後者のタイプの都市には、ＩＢＭのような企業がやって来る確率がいっそう高くなる。

スウェーデンの携帯電話端末大手エリクソンの例を見てみよう。この会社の法律上の本社所在地はストックホルムだが、ウォール・ストリート・ジャーナル紙によれば、同社の最高技術責任者（CTO）であるハカン・エリクソンはストックホルムにオフィスをもっておらず、サンノゼで仕事をしている。「サンノゼでは、同社の一二〇〇人以上の研究開発スタッフが働いている」[8]のである。以前、同社はフィンランドの携帯電話端末大手ノキアと地理的に近いスウェーデンに拠点を設けることの恩恵に浴していた。しかしいまは、iPhoneやiPadをつくっているアップルや、携帯端末用OS「アンドロイド」を開発したグーグルの近くに拠点を置くほうが重要だと感じている。「携帯端末業界の中心は、フィンランドからシリコンバレーに移った」と、エリクソンCTOは述べている。この点には、ノキアも異論はなさそうだ。同社もシリコンバレーに研究センターをもっており、博士号取得者八〇人を含む三八〇人がそこで働いている。この研究センターの所長を務めるジョン・シエンは、ウォール・ストリート・ジャーナル紙にこう語っている。「世界規模の競争力をもちたければ、ここシリコンバレーで存在感をもたなくてはならない」

もしかすると、ハイテク産業のエコシステムで最も重要な要素はベンチャーキャピタルかもしれない。サブプライムローン危機と、それに続く大不況をきっかけに、金融イノベーションにはすっかり悪いイメージがしみついてしまったが、強力な金融システムは、雇用を創出するために不可欠だ。一般の認識とは異なり、金融システムは、すでに金をもっている富裕層より、これから豊かになろうとする人たちの役に立つ。とくにベンチャーキャピタルは、古くからある問題の解決策になっている。新しい創造的なアイデアをもっているのはたいてい若者だが、そういう人たちはアイデアを形に変えるための資金を十分にもっていない場合が多い。その点、ベンチャーキャピタリストは、無数のアイデアのなかから有望そうなものを選んで投資する。これはきわめて民主的な仕組みであり、ベンチャーキャピタルはアメリカンドリームの重要な一翼を担っていると言える。

私の祖国イタリアでは、革新的なベンチャー事業が資金を調達することが非常に難しい。ルネサンスの時代、フィレンツェをはじめとするイタリアの都市の金融業者はヨーロッパで屈指の存在だった。しかし次第に、イタリアの金融業界は発展から取り残されていった。今日では、新しい優れたアイデアをもった若いイタリア人がハイテク分野で事業を立ち上げることは一般にきわめて困難だ。この状況は、二つの面で重大な弊害を生んでいる。

第一は、イノベーションが非常に少なくなりがちなことだ。事実、イタリアでは、エンジニアリング教育は超一級なのに、ハイテク産業は十分に成長していない。第二は、ベンチャーキャピタルを通じた資金調達の道が乏しいために、きわめて不平等な状況が生まれていることだ。経済的に恵まれない人たちが非常に不利な状況に立たされている。もし、あなたが資産家一族の一員で、優れた起業のアイデアをもっていれば、おそらく事業資金を調達できるだろう。親や親戚に貸してもらったり、一族が担保を提供して金融機関から融資を受けたりできるだろう。しかし、同じアイデアをもっていても、金融機関に差し出す担保がない一家の一員は、おそらく事業資金を獲得できず、起業を断念せざるをえない。あまりにもったいない話だ。

二〇一〇年、私は勤務先のカリフォルニア大学バークレー校から一年間の研究休暇を取得し、スタンフォード大学（カリフォルニア州）で客員教授を務めた。毎朝、出勤するとき、メンローパークのサンドヒル・ロードを自動車で通っていた。この一帯は、世界で最もベンチャーキャピタルが密集している地区だ。主だったベンチャーキャピタルは、ことごとくここに拠点をもっている。グーグル、アップル、アマゾン、オラクル、ヤフー、ユーチューブ、ペイパル、ネットスケープ、シスコシステムズなど、ハイテク産業の歴史上有数の有力企業を早い段階で支援したセコイア・キャピタルやクライナー・パーキンス・コーフィールド・アンド・バイヤーズ（KPCB）もここにある。大学のキャンパスに向けて車のハンドルを握りながら、私はたびたび、道路沿いの低層ビルに入っていく若者たちの姿を見かけた。おそらく、大きな夢をいだいた起業家で、自分のアイデアをベンチャーキャピタルに売り込もうとしていたのだろう。そうした建物の中で、ベンチャーキャピタリストがイノベーションの未来を決めているのだ。

私がとくに注目すべきだと思うのは、ベンチャーキャピタル業界のローカル指向の強さだ。この業界ではかつて、「二〇分ルール」ということがよく言われていた。オフィスから車で二〇分以内に所在していない企業は、投資対象として考慮されない、というわけだ。いまではグローバル化がだいぶ進んだが、それでも地元企業を好む傾向は消えていない。ある研究によると、ベンチャーキャピタルと新興企業の地理的な距離が広がれば広がるほど、投資される確率が急激に落ち込んでいくという。[9]

この点は、リレーライズ社の創業者シェルビー・クラークにとっては意外でないだろう。リレーライズは、自動車オーナーが愛車をほかのユーザーに貸し出すのを助けるサービスをおこなっている会社だ。クラークは二〇一一年、本社をボストンからサンフランシスコに移した。「出資者であるオーガスト・キャピタルと、グーグルのベンチャー部門であるグーグル・ベンチャーズの近くに拠点を置くため」だったという。[10] スペインの新興企業、3スケール・ネットワークスは、バルセロナだけでなくカリフォルニアにも本拠を置いている。同社の事業開発責任者を務めるホセ・ルイス・アヘルは、「外国企業が資金を得るのは難しいから」と説明している。[11] シリコンバレーが成功を収めている理由の一つは、ベンチャーキャピタルの大規模なネットワークが存在していることだと、昔から言われてきた。しかし、ベンチャーキャピタルは、どうして近隣の企業を好んで出資したがるのか？　迅速なコミュニケーション手段が発達し、航空料金も昔に比べれば安くなった時代に、地理的な近さを重んじる必要などあるのか？

シリコンバレーで四〇年働いてきたベテラン・ベンチャーキャピタリストのビル・ドレーパーによれば、資金は、ベンチャーキャピタリストが起業家に提供するものの一部にすぎない。「新興企業が成功するためには、多くの支援とチームづくりと組織構築、そして起業家とベンチャーキャピタリストの連携が欠かせない」と、ドレーパーはあるインタビューで述べている。[12] 今日のベンチャーキャピタリストは、小切手を切っておしまい、ということはない。監督したり、育成したり、助言したりすることも仕事の重要な一部になっている。

当然、育成や助言は、出資先企業が近くにあるほうがやりやすい。シリコンバレーのベンチャーキャピタリストにしてみれば、ビジネスのアイデアがどんなに素晴らしくても、イタリアの貧しい若者の事業を監督するのは非常に困難だ。ベンチャーキャピタルによる指導の重要性を浮き彫りにしている例としては、グーグルがよく知られている。初期にグーグルに投資したベンチャーキャピタリストに、ＫＰＣＢのジョン・ドーアがいた。ドーアの資金は、グーグルが草創期を乗り切るうえで大きな役割を果たした。しかしそれ以上に重要だったのは、ドーアがグーグルの若き創業者であるサーゲイ・ブリンとラリー・ペイジ——聡明なエンジニアだったが、ビジネスマンとしてはなにも知らないも同然だった——に対して、ビジネス界のベテランをＣＥＯに雇うべきだと強く主張したことだ。ブリンとペイジはこの助言を受け入れて、エリック・シュミットをＣＥＯに迎えた。これは、グーグルが初期におこなったビジネス上の決断のなかで、最も重要なものと言っても過言でないかもしれない。ＣＥＯ探しには一年近くの時間を要した。選考作業が行き詰まることも多かった。ブリンとペイジはＣＥＯを迎えることに気が進まず、たびたびドーアが背中を押さなくてはならなかったからだ。そのような指導が可能だったのは、ＫＰＣＢとグーグルのオフィスが一五キロほどしか離れていなかったからなのかもしれない。

サンフランシスコに本社を置くｉ／ｏベンチャーズは、創業初期の新興ハイテク企業への投資を専門とするベンチャーキャピタルだ。出資先企業の指導・育成に多くの時間とエネルギーを割いており、レストランなどに関する口コミ情報サイト「イエルプ」のラッセル・サイモンズをはじめ、地元のハイテクビジネス界で伝説的存在になっている人たちによる助言サービスを提供している。同社が新興企業に突きつける出資条件の一つ、それはサンフランシスコに移ってくることだ。ベンチャーキャピタリストが起業家を導き、アイデアをビジネスに転換する手引きをするためには、直接顔を合わせて指導することが不可欠、というのが理由だ。

このように、ベンチャーキャピタリストたちはいまだに地理的な近さを重んじている。インターネット電話のスカイプや携帯電話が普及しても、この点は変わっていないのだ。ハイテク業界の地理的密集は、今後も続くのだろう。

魅力的な都市の条件その3――知識の伝播

電気自動車向けの充電技術を開発しているエコタリティ社〔二〇一三年に破綻〕は、二〇一〇年に本社をアリゾナ州内からサンフランシスコのベイエリア地区に移した。この会社だけではない。ドイツのQセルズ〔二〇一二年に韓国のハンファグループが買収〕、中国のトリナ・ソーラー（天合光能）、サンテックパワー（尚徳太陽能電力）、インリーグリーンエナジー（英利緑色能源）、スペインのFRVも、最近ベイエリアに拠点を設けた。この地区に本社や研究施設を移すクリーンエネルギー関連企業が増えている。エコタリティのCEOのインタビューを紹介したNPR

（アメリカ公共ラジオ）の番組では、同社のベイエリア移転の動機は「活動の中心の近くに行く」ことだったようだと分析している。[13] こうした発想は、ある面では直感的に納得がいく。誰だって、活動の中心から遠ざかりたくはないだろう。しかし、「活動の中心の近く」にいるとは、どういうことなのか？ どうして、これらの企業はこぞってライバルの近くに拠点を置きたがるのか？ どういう恩恵を期待しているのか？

この問いの答えは、新しいアイデアがまったくの真空地帯で生まれることはめったにないというシンプルな事実と関係がある。さまざまな研究によると、創造性の持ち主が交わり合うと、互いに学び合う機会が生まれてイノベーションが活性化し、生産性が向上する。そうした知識の伝播・拡散も、イノベーションハブに身を置く働き手と企業が享受できる大きな恩恵だ。

すでに述べたように、都市間で賃金水準に大きな開きがある最大の理由は、教育水準の違いにある。頭脳集積地で働く人たちが高い給料を受け取っているのは、高い技能をもった人たちと一緒に働くことにより、みずからの労働生産性も高まっているからなのだ。ある人が教育レベルの高い人に囲まれて暮らしているか、教育レベルの低い人に囲まれて暮らしているかによって、どれだけの収入を得られるかが大きく変わってくる可能性もある。どうして、そのような現象が生まれるのか？ イノベーション関連の企業が拠点を置きたがる都市とそうでない都市がある理由を知るためには、一つの都市を舞台に、友人や同僚、同業者の間で、どのように、そしてなぜ、知識が伝播するのかを正確に把握する必要がある。ニューヨーク・タイムズ紙のコラムニストとして知られるようになる前、この分野で先駆的研究をおこなった経済学者のポール・クルーグマンはこう述べている。「知識の流れは目に見えない。紙に記録が残るわけではないので、そのプロセスを追跡したり、測定したりすることができない。研究者は、自分の好きなようにどんな理論でも主張できてしまう」[14]

この手厳しい指摘をきっかけに、多くの研究者がアイデアの伝播に関する定量的研究にいっそう力を入れはじめた。一九九三年、アダム・ジャフィー、マヌエル・トランステンバーグ、レベッカ・ヘンダーソンの三人は、それを調べるために役立つ資料があることに気づいた。特許における先行技術の引用状況を調べればいいと考えたのだ。[15] 特許を申請する際、申請者はどのような発明を土台にみずからの発明をおこなったかを記すことになっている。それに着目すれば、発明家の間でどのように知識が伝播していったかをたどることができる、というわけだ。ジャフィーらが見いだした結果は、驚くべきものだった。発明家たちは特許申請の際、遠く離れた場所の発明家ではなく、近くの発明家の業績を引用する傾向があったのである。取得された特許の内容は誰でも閲覧できるので、引用状況が地理の影響を受ける必然性はない。たとえば、ノースカロライナ州ダーラムの発明家がダーラムで生まれた特許について知る確率は、ほかの土地で生まれた特許の場合と変わらないはずだ。ところが実際には、ダーラムの発明家は特許申請するとき、ほかの都市の発明家の先行特許より、ダーラムのほかの発明家の特許を引用する確率がはるかに高いのである。

こうした地元指向はきわめて強い。特許申請者が自分と同じ市内で生まれた特許を引用する確率は、自社内の特許を引用するケースを除外してもなお、ほかの都市の特許の二倍に達する。[16]科学者や発明家は、自分と地理的に近い場所で活動している人たちの生み出した知識に触れる機会が多いとみなせそうだ。おそらく、私的な会話や接触を通じてアイデアや情報を交換しているのだろう。アイデアの交換は、仕事の場だけでなく、地元のカフェや社交イベントなど、肩の凝らない場でもおこなわれる。シリコンバレーのインド系エンジニアのコミュニティでは、週末のクリケットの試合が人脈づくりと情報交換の場になっている。「クリケットがビジネスに波及する」と、あるエンジニアはニューヨーク・タイムズ紙に述べている。[17]知識の伝播は、距離の影響を強く受ける。距離が離れると、知識はたちまち命を失う。ある特許が別の特許で引用される確率は、発明者同士の距離が四〇キロ未満だときわめて高い。[18]距離が四〇キロを超すとその確率が目に見えて落ち込み、距離が一六〇キロを超すと地元効果は完全に消える。

同じ会社の中でも、人と人の物理的な距離が遠くなるとアイデアの伝播が阻害されるらしい。[19]この点だけをもってしても、企業はイノベーション関連の業務を低コストの国にアウトソーシングすることを思いとどまるべきだと言えるだろう。前出のソフトウェア企業、ケイデンス社を見てみよう。この会社は、サンノゼで約二〇〇〇人、インドで約一〇〇〇人、世界のそのほかの土地で約一〇〇〇人を雇用している。インドでソフトウェアエンジニアに支払う給料は、サンノゼで同レベルの人材を雇う場合の三分の一程度ですむ。人件費を大幅に節約できるのに、どうして研究開発業務をインドにもっと移さないのか？　私が上級執行副社長のニミシュ・モディにこの点を尋ねると、エンジニアに創造性を発揮させるためには、地理的な近さと直接の接触が重要だからだという答えが返ってきた。「わが社には最新鋭のテレビ会議システムがあり、いつもそれを使ってインド側と会議をしていますが、直接顔を合わせて話すのと同じようにはいきません。一カ所に集まってホワイトボードの前で議論を戦わせる経験は、何物にも代えがたい」

研究者をしている私には、モディの言いたいことがよくわかった。遠くの研究仲間とは電話や電子メールで連絡を取り合っているが、本当に優れたアイデアは、たいてい予想もしていないときに思いつく。同僚とランチを食べているときだったり、給湯室で立ち話をしているときだったり。理由は単純だ。電話や電子メールは情報を伝達するのに適しており、研究の核となるアイデアを見いだせたあとに研究プロジェクトを進めるうえではきわめて有効な手段だが、新しい創造的なアイデアを生み出す手段としては最適ではないのだ。新しいアイデアは、議題のない自由な会話から、思いがけずミステリアスに生まれてくる。いつ遠方の同僚と電話するかをあらかじめ決めておいて、そのときに新しいアイデアを思いつこうと計画するのは、ばかげた発想だ。大半の研究者は同意してくれると思う。アカデミズムの人間が大学に誰を採用するかを決めるために多くの時間を割くのは、どういう同僚と一緒に過ごすかによってみずからの生産性が左右されるからでもあるのだ。

聡明な人に囲まれている人は、みずからもいっそう聡明で創造的になり、生産性が高まることが多い。この効果は、まわりにいる人たちが聡明であればあるほど大きくなる。ピエール・アズレー、ジョシュア・グラフ・ジヴィン、ジアラン・ワンの三人の研究者は、この点を定量的研究によって明らかにした[20]。学界のスーパースター級の研究者と共同研究をおこなうと、医学研究者たちの研究の質にどういう影響があるかを調べたのだ。この点に関して因果関係を割り出すのは簡単でない。いわゆる自己選択のバイアスが作用する可能性があるからだ。スーパースター研究者は能力の高い研究者と一緒に研究したがるので、もし共同研究者たちの研究の生産性が高いとしても、スーパースターから知識が伝播したからというより、その人たちがもともと優れているからにすぎないのかもしれない。こうしたバイアスの影響を排除するために、アズレーらは賢明な方法を思いついた。スーパースターが急死した場合（そういうケースを一二件見つけた）に、その前後で共同研究者たちの研究の生産性がどのように変化するかを調べたのだ。すると、共同研究者たち自身の環境は変わっていないにもかかわらず、「質を考慮に入れた場合の論文発表率は、長期にわたって五〜八％の落ち込みが見られた」という。

研究者同士が地理的に近くにいると、発表する論文の数だけでなく、質にも好ましい影響が及ぶようだ。ハーバード大学医学大学院の研究チームによれば、同医学大学院の研究者たちが発表した医学論文をすべて洗い出し、共同執筆者たちの研究室の間の距離を調べたところ、それが一キロ未満だと、質の高い論文（ほかの論文での引用回数を基準に判断した）が書かれる傾向があるとわかった[21]。共同執筆者が同じ建物内に研究室をもっていたり、同じエレベーターを使っていたりすると、この効果はさらに大きいという。

イノベーションをめざす企業がほかのイノベーション企業の近くに拠点を設けたがるのは、以上のような事情があるからだ。優れた隣人やライバルがいると、企業や個人の生産性が高まるのである。さらに、頭脳集積地に住む人たちは生産性が高いので、給料も高い。魔法のような話に思えるかもしれないが、イノベーションに取り組む人たちは互いに寄り集まることで創造性を刺激し合い、いっそう大きな成功を手にしているのだ。しかも、このような集積効果の重要性は増すばかりだ。電子メール、携帯電話、インターネットの普及により、創造のプロセスにおいて、物理的に近い場所にいることの意味が小さくなったと考える人は多いが、実際には正反対の現象が起きている。これまで以上に「場所」が重要になっているのだ。その理由の一端は、知識伝播の重要性がかつてなく高まっていることにある。この点は、アメリカ社会の大分岐が加速している主たる理由でもある。

知識伝播の重要性が増したことは、企業の所在地や人々の居住地だけでなく、オフィス空間の物理的設計にも影響を及ぼしている。その昔、ホワイトカラーのオフィスと言えば、ドアのついた個室がいくつも並んだ空間と決まっていた。やがて、オープンスペース型のオフィスが流行し、大部屋に個人用の間仕切りスペースを設ける形態が広まった（漫画の『ディルバート』の世界だ）。しかし最近、「コワーキング」と呼ばれるカリフォルニア発祥の考え方が急速に広がりつつある。コワーキング・スペースでは、たいてい数十人、ときには数百人の起業家やイノベーター、アーティストがデスクやオフィスを借り、同じ空間で隣り合って働く。アメリカのイノベーションハブでは、組織に属さずに働くことを望む創造的な専門職の間でこのようなオフィススペースを利用する人が増えている。一人ひとりが自分の活動に取り組む一方、ほかの人たちとアイデアを交換したり、人脈を築いたり、創造性をはぐくんだりする機会を得られることが魅力だ。こうした場では、孤立したイノベーターたちが現実世界のコミュニティの一員になれる。彼らは創造を促進するエコシステムを築くことによって、知識の伝播を活性化しようとしているのである。

サンフランシスコ・クロニクル・ビルディングは、そうしたコワーキング・スペースの一つだ。ここには、ハイテク業界の起業支援会社《インキュベーター》、デジタル映像制作の学校、ギャラリー、発明家、デジタル技術を駆使して小規模なものづくりに取り組む人たちや、コンピュータ技術のエキスパート、機械改造マニア向けの工房、さらには何百人ものエンジニア、科学者、アーティスト、社会起業家などが入居している。ほかの人たちと互いに学び合えると期待して集まってきたのだ。コワーキング・スペースに足を踏み入れると、オフィスというより、大学院の研究室にいるような感覚にとらわれる。メンバーが交わり合い、技術上の問題の解決策についてヒントを伝え合い、お互いのビジネスプランにコメントし合っている。こうした施設がめざすのは、人々が自宅の仕事場やガレージで孤立して仕事するのではなく、「大胆なコラボレーション」

を実現することだ[22]。

クロニクル・ビルディングでは、ファッションデザイナーが来シーズンに発表する帽子のデザインをしている隣で、機械エンジニアがレーザーカッターで作業していて、その隣ではカリフォルニア大学バークレー校のMBA課程で学ぶ学生が、アフリカのダルフール地方の難民・避難民を支援するための非営利団体設立に向けた助成金の申請書類を書いていたりする。ここには、創造的エネルギーが満ち溢れている。講演会や最新テクノロジーの説明会が開かれたり、オフィスで夕方に軽くお酒を飲む機会や、ランチタイムに各自が昼食を持って集まり、エンジェル投資家も交えて一緒に食事をする機会が設けられたりもする。こうした活動を通じて、人脈づくりとアイデアの交換を促そうとしているのだ。コワーキングは最近の現象なので、創造性の向上とビジネスの成功に対する効果についてはまだ研究が始まったばかりだが、実例を見るかぎり、好ましい影響を生むように見える。早い時期にクロニクル・ビルディングで成功を収めた企業の一つに、スクエアという会社がある。スマートフォンでクレジットカード決済をおこなうためのサービスを提供している会社だ。ツイッターの共同創業者であるジャック・ドーシーが始めたこの会社は、わずか一年で従業員を五人から一〇〇人に増やした。

頭脳流出が朗報である理由

以上で紹介してきた集積効果の三要素は、目を見張るほど大きな影響力を発揮する。ばらばらの個人や企業の集まりを有機的に結びついた集団に変え、いわば創造のための共有地をつくり出すのだ。その結果として、個の総和以上のものが生み出される。

経済学者は、この現象を「地域単位の規模の経済」と呼ぶ。「規模の経済」という言葉は通常、企業の規模が大きくなると効率が高まることを言う。たとえば、大きな自動車メーカーは中小のメーカーより効率がいい。同様の現象は、個々の企業だけでなく、特定の地域に集まっている企業群全体にも起きる。規模の大きな産業集積地ほど、効率がいいのだ。すでに述べたように、労働市場に厚みがあること、専門的なビジネスサービスが充実していること、知識の伝播が起きやすいことが強みになるからだ。ここから驚くべき結論を導き出せる。アメリカが高い生産性を誇り、豊かな国でいられるのは、イノベーション産業が全米のさまざまな都市に散らばっておらず、一握りのイノベーションハブに集中しているからなのだ。この点は、知識経済が抱えるパラドックスの一つだ。集積効果と乗数効果が地域間の格差を広げているのは事実だが、アメリカの経済的活力と繁栄のかなりの部分はそれによって生み出されている。

集積効果の威力は、既存の大企業に勤めるエンジニアや科学者、イノベーターがしばしば独立起業することでいっそう増幅されている。このような事業創造のプロセスはどの産業でも見られるが、ハイテク産業ではそれがとくに活発だ。この業界で働く人たちは、冴えないオタクに見えるかもしれないが、実は飛び抜けて創造的で、旺盛な起業家精神をもっている。勤務先の会社が好調なほど、会社を飛び出したくなるような人たちなのだ。歴史の浅い企業は概して堅苦しさがなく、硬直的な組織階層が確立されていないが、会社が成長すると、官僚的になり、働いていて胸躍らなくなる。そこで、とりわけ起業家指向の強い人たちの一部が会社を出ていき、自分の事業を立ち上げる。こうした独立起業を後押ししているのがストックオプション（自社株購入権）制度だ。この権利を行使することで、新会社設立の元手を手にできるのである。

このように優秀な人材が独立していく現象は、「頭脳流出」と呼ばれる。企業は有能な社員を失うことのリスクを重々承知しているので、それを阻止しようと手を尽くす場合が多い。インテルは、一定期間勤めた社員に長期のリフレッシュ休暇を与えている。グーグルは、全社員に勤務時間の二〇％を自由に使うことを認めているほか、重要な社員が独立したいと言えば、社内で新事業を始めてはどうかと提案する。このような制度は、ハイテク以外の業界ではめったに見られない。この点に、ハイテク業界で働き手の創造性がいかに大きな役割を担っていて、優秀な人材を逃がさないことが企業にとっていかに重要かがよくあらわれている。

しかし、頭脳流出は企業にとっては大きな打撃でも、地域コミュニティ全体には大きな恩恵をもたらす。地域の雇用を増やすからだ。集積効果が磁石のような役割を果たすので、独立して事業を始めた人たちも古巣から遠くに離れないケースが多い。また、研究によれば、独立起業のプロセスは、ほとんどの場合、ゼロサムゲームにはならない。新しい企業が古い企業から売り上げを奪って成長するわけではなく、たいていは、その地域全体の雇用が増える。しかも、そうやって独立した企業から、やがてまた新しい企業が生まれる。つまり、都市にハイテク関連の雇用を誘致できれば、将来さらに多くの雇用が創出されることが期待できるのだ。

イノベーションの拠点は簡単に海外移転できない

以上のような「引き寄せ」のパワーを前提にすると、いくつか指摘できることがある。最も重要な点は、都市の経済格差がますます拡大していくだろうということだ。すでに見たように、アメリカの経済地図はまだら模様になっている。技能と生産性が高く、賃金も高い人たちが集まる頭脳集積地が形成されている一方で、技能と生産性が低く、賃金も低い人たちが集まる地域も出現している。この両者の格差は、年々広がってきた。こうした大分岐は、集積効果の三要素によって生み出されたのだ。

集積効果は、地域コミュニティの「勝者」と「敗者」の差を押し広げる性格がある。好ましい産業と好ましい技能の持ち主が集まっている都市はますます好調になり、過去の足枷にとらわれている都市はますます低迷するようになるのだ。このプロセスは、一定レベルまで進行して転換点《テイッピングポイント》を越えると、そこから一挙に加速する。ある都市にイノベーション能力に富んだ働き手と企業が集まりはじめると、その都市の経済のあり方が変わり、ほかのイノベーション能力旺盛な働き手と企業もその都市に魅力を感じるようになる。高い技能をもつ働き手はイノベーションに熱心な企業で働こうとし、イノベーションに熱心な企業は高い技能をもつ働き手を雇おうとする結果、好循環が生まれる場合が多い。ボストンの労働者がフリントの労働者の二倍の年収を得ているのはこのためだ。集積効果により経済の地図が塗り替えられるにつれて、地域による経済的運命の分岐はいっそう強まっていく。

もう一つ言えることは、いったん集積地が確立されると、ほかの土地に移動させるのが難しいということだ。都市の未来は、過去によって決まる。「経路依存性」と呼ばれる現象だ。航空宇宙産業は、昔からロサンゼルス周辺の南カリフォルニアに集中している。一九九三年、都市経済学者のアン・マークセンが主要な航空宇宙関連企業の幹部たちに聞き取り調査をおこない、なぜ南カリフォルニアに拠点を置いているのかと尋ねた。[23] 幹部たちの回答は示唆に富むものだった。ノースロップ・グラマンのある幹部はこう述べた。「いま最初の工場をつくるのであれば、ロサンゼルスは選ばない。ロサンゼルスは、候補の上位一〇都市にも入らないだろう。けれど、いまさら移転するのはコストがかかりすぎる」。TRWの幹部は、次のように言い切った。「生活費は高いし、交通事情も最悪だ。それでも、ここを出ていくことはないだろう」。集積効果により、航空宇宙産業がいまさら別の都市に移ることはきわめて難しいのだ。最初にロサンゼルスを魅力的な立地にしていた要素がとっくの昔に消えてしまっているのに、である。

こうした事情を考えると、いまイノベーション産業をはぐくめていない都市が将来それをはぐくむことは容易でない。ニワトリが先か、卵が先かという状況が生まれている。高度な技能をもつ働き手は、ハイテク産業の集積地が形成されていない都市には行きたがらない。自分の技能を必要とし、それにふさわしい給料を支払ってくれる企業を見つけるのが難しいからだ。

ところが、ハイテク企業もそういう都市には移ろうとしない。自社に必要な技能をもった働き手が見つかりにくいとわかっているからだ。いま苦境に陥っていて、再生への道をなかなか見いだせずにいる都市にとって、乗り越えなくてはならない壁はあまりに高い。

その半面、アメリカ全体の見通しはけっして暗くない。アメリカのイノベーション産業は、国際競争にさらされても簡単には凋落しないと予想できる。集積効果の三つの要素が作用する結果、イノベーションの拠点が外国に出ていくことは、製造の拠点が外国に出ていくより難しいからだ。オモチャ工場や繊維工場は、その土地の社会とあまり関係なく、工場だけが比較的独立して活動しているので、世界のどこへでも移せる。だから、原材料や製品の輸送がしやすく、労働コストが安い土地に工場を移したほうが効率がいい。しかし、バイオテクノロジー産業やイノベーション系のハイテク産業の開発拠点は違う。一つの会社だけでなく、それを取り巻くエコシステムを丸ごと移転させないかぎりうまくいかない。もし、いまゼロから産業を築くのであれば、今日のアメリカがイノベーションハブとして最も適した土地だと言い切る自信はない。しかし重要なのは、ゼロからやり直すわけではないという点だ。アメリカはすでにイノベーション産業の集積地を擁しているという点で、ヨーロッパや中国やインドに対して有利な立場に立っているのである。

ただし、自己満足に陥ってはならない。集積効果は、アメリカにイノベーション産業の先頭走者の座を永遠に保証してくれるわけではないからだ。航空宇宙産業における「ロックイン効果（つなぎとめ効果）」はしばらく持続したが、マークセンの研究が発表されて二〇年後の今日、その効果はだいぶ弱まっている。ロサンゼルス周辺の航空宇宙関連の雇用はかなり減ってしまった。以下で述べるように、アメリカの優位性とは、ほかの国より早くスタートできるという点にあると考えるべきだ。

変化に適応するか、さもなくば死か

市場経済は、つねに変化し続けることが一つの特徴だ。いま最新の商品も、いずれはありふれたものになり、簡単につくれるようになる。技術の最先端を走っている企業は、やがて平凡な存在になり、ついには前時代の遺物になっていく。いま好ましい職種も、将来はその座を失うことが避けられない。こうした現象を最初に指摘したのは、カール・マルクスだった。これは資本主義システムが不安定性から逃れられない証拠だと、マルクスは主張した。しかしそれから八〇年後、オーストリアの経済学者ヨーゼフ・シュンペーターは、まったく別の見方を示した。このような創造的破壊のプロセスは資本主義の欠陥ではなく最大の強みであり、成長のエンジンなのだと指摘したのである。

イノベーション産業は、その性格上、創造的破壊の重要性がひときわ大きい。プリンストン大学のアラン・ブラインダーが最近指摘したように、一九五〇年代には、テレビをつくっていたメーカーがアメリカのハイテク産業の主役で、高給の雇用をたくさん生み出していた。[24] やがてテレビは簡単につくれるようになり、もはやアメリカでテレビが製造されることはほとんどなくなった。テレビ製造にとって代わったのは、コンピュータ製造業だった。この産業は四〇万人もの高給の雇用を生んでいた時期もあったが、すでに見たように、そうした雇用も大半がアメリカの外に出ていってしまった。しかし、これをアメリカ経済の失敗の証拠とみるべきではない。むしろ、成功の証拠と言うべきだ。社会が繁栄し続けるためには、イノベーションの梯子をのぼり続けなくてはならない。シュンペーターが主張したように、私たちはそうした変化を重ねることで、産業革命以降、繁栄を維持してきたのである。

アメリカの未来にとって重要なのは、自国のイノベーション産業の集積地が状況の変化に適応して変革を遂げ、最先端の存在であり続けられるかどうかだ。ダイヤモンドと違って、産業集積地は永遠に輝き続けるわけではない。集積地の繁栄を支えていた産業はいずれ成熟して成長が止まり、富をもたらさなくなる。そしてついには、重荷になりはじめる。かつて栄華を誇った産業集積地が派手に崩壊した例は数知れない。最盛期のデトロイトの自動車産業は、アメリカで指折りのイノベーションの中心地だった。いまで言うシリコンバレーのような存在だったと言えるだろう。実際、今日のシリコンバレーと同様、当時のデトロイトには、世界中がうらやむような優れた技術をもつ企業がいくつも存在していた。経済学者のスティーブン・クレッパーの研究によれば、人口、雇用、新会社の設立、イノベーションの創出の面で、シリコンバレーの台頭のプロセスは、デトロイトが台頭したときと酷似しているという[25]。その点を考えると、デトロイトがたどった運命は、アメリカの現在のイノベーションハブの未来を考えるうえで重要な教訓になるだろう。

いまのシリコンバレーがそうであるように、かつてのデトロイトはみずからの地位を揺るぎないものと思っていた。一九四〇年代と五〇年代のデトロイトは自動車産業で絶対的な存在だったので、誰もがその恩恵にあずかろうとした。労働組合は次第に強硬になり、賃金の引き上げ、付加給付の拡充、固定的な勤務ルールの導入などを強く求めはじめた。経営陣は自己満足に陥り、効率の改善をないがしろにするようになった。地元政治家も油断して、労働組合の力を弱める法制度を導入した南部の州がライバルになりつつあることへの警戒をおこたった。しかし、デトロイトの衰退を決定づけた要因は、変化に適応する能力を欠いていたことだった。都市は、衰退しはじめた産業にいつまでも固執してはならない。衰退の歯止めがきかなくなる前に、その都市の強みを生かして変身を遂げるべきだ。負の連鎖にはまり込まないうちに、新しい一歩を踏み出す必要がある。もしそれに失敗すれば、その都市は瞬く間に転落し、激しい痛みを味わいかねない。すべて順調だったときに急成長の原動力になった集積効果が、今度は衰退を加速させるのだ。

デトロイトの犯した過ちは、自動車産業の雇用が減るのを阻止できなかったことではない。労使関係や経営手法、政治的判断次第では、衰退を遅らせることはできたかもしれないが、自動車製造業という成長のエンジンが停止するのは時間の問題だっただろう。デトロイトの本当新たなものに転換しなかったことなのだ。

の失敗、それは、エコシステムがまだ機能しているうちに、そのエコシステムで支える産業を新たなものに転換しなかったことなのだ。

ここに、デトロイトとサンフランシスコ－シリコンバレー圏の決定的な違いがある。サンフランシスコ－シリコンバレー圏は、たえず新しいものを試すことで、変化し続けるテクノロジー環境への適応を繰り返してきた。サンフランシスコはかつて、大きな港を強みとする工業都市だった。しかしこの地域のエコシステムは、一九七〇年代には専門サービスと金融に、さらにその後はハイテクに舵を切った。自己変容のプロセスは今日も続いている。一九九〇年の時点でこの一帯のハイテク産業の雇用の過半数はハードウエア関連が占めていたが、現在、雇用の七〇％以上はもっと新しいテクノロジーに関わる企業が担っている。インターネット、ソーシャルメディア、クリーンテクノロジー、デジタル・エンターテインメント（ピクサー、パンドラ、ネットフリックス、ドルビー、エレクトロニック・アーツのような大手に始まり、デジタル・チョコレートやブーヤーといった謎めいた社名の小規模なゲーム会社にいたるまで）などの分野である。

変化し続ける世界で成功を収める秘訣は、たえず適応を重ねることだ。なにが最先端のテクノロジーかが変わるのにともない、サンフランシスコのベイエリア地区も変身してきた。特定の商品や特定のビジネスに固執するのではなく、みずからを変化させ続けている。集積効果のおかげで、この地域には高い技能をもった働き手と専門的なサービスがつねに存在し続けてきたが、具体的にどのような技能やサービスが集積されるかは、テクノロジーのフロンティアの様相が変化するなかで変貌してきた。そういう土地では、ある時点での「よい職」が輝きを失っても、それに代わる新しい雇用がふんだんに生み出される。こうした創造的破壊が起きていることこそ、成功を収めている産業集積地の目印なのかもしれない。

「あらゆる政治はローカルなものだ」と、アメリカ下院議長を務めたティップ・オニールは言った。イノベーションの世界は、一見すると派手に見えるかもしれないが、実は政治以上にローカルな性格をもっている。個々の地域コミュニティによって、はぐくんできた価値観や専門性が違い、どのような新しいアイデアを生み出せるかも違う。その結果、それぞれのコミュニティがほかではまねのできない独特のものをつくるようになる。

イノベーションのプロセスのかなりの部分は、コミュニティ内の異なる要素が思いがけない形で結びつき、異なるアイデアの「受粉」が起きることで実現する。この点で、シリコンバレーで産業分野の多角化が進んできたことはきわめて大きな意味をもつ。この結果として、エコシステム内の異なる要素がいっそう相互に補完し合うようになり、アイデアや人材の交換が促進されるからだ。たとえば、ライフサイエンスとゲームという、一見するとなんの関係もなさそうな二つの産業が交わり合うことで、画期的な「シリアスゲーム（社会的問題を解決するためのゲーム）」が生まれた。最先端のゲーム技術を活用して、病気の治療に活用できるゲームが開発されたのだ。ポジット・サイエンスという地元企業は、記憶力と集中力を高める効果があり、もしかすると自閉症や統合失調症などの治療にも役立つかもしれないゲームを開発している。

一方、赤外線ミサイル警報システムと、宇宙飛行士を火星に送り込むためのカプセルの開発を専門にしているステラー・ソリューションズという企業は、天空の世界に関する卓越した専門性を生かして、地球上でも役に立つテクノロジーを開発しようとしている。電磁波を手がかりにした地震予知をめざしているのだ。「テレビをつけると、ハリケーン予報だけでなく、地震予報も表示される時代が来るだろう」[26]と、同社のCEOは述べている。

しかし、アメリカのすべてのイノベーションハブがうまく適応を遂げてきたわけではない。アメリカの地図を見ると、昔はイノベーションの強力なエンジンを擁していたのに、適応に失敗した都市がいくつも見つかる。一九八〇年代、ニューヨーク州ロチェスターは、光技術・画像技術分野の有力なイノベーションハブだった。一九〇六年に設立されたゼロックスは、いまもこの町に本社を置き続けている。コダックもここに本社を置いており、一九八〇年代までは六万二〇〇〇人を雇用していた。当時、コダックはいまのグーグルやアップルのような存在で、ロチェスターは都市別の特許取得件数ランキングで最上位に位置していた（すでに述べたように、一九九〇年代半ばまで企業別の特許取得件数ランキングの上位を占めていたのは、写真・フィルム関連企業だった）。賃金の水準もニューヨーク州の平均や全米の平均を大きく上回っていた。しかし、デジタルカメラの時代が訪れると、コダックのフィルムは売れなくなった。同社は環境の変化に適応できず、いまでは従業員数も七〇〇〇人に減っている。

地元産業の凋落は深刻な打撃だったが、それが致命傷になることは避けられたはずだ。ある都市に拠点を置く企業が衰退しても、その都市が繁栄し続けることは不可能ではない。ロチェスターの重大な問題は、地元のハイテク産業集積地が新しいテクノロジーにうまく乗り換えられなかったことだった。デトロイトと同様、起業家たちはほかのハイテク分野への進出に本腰を入れず、コミュニティ全体としても新しい分野で生産性を高めることができなかった。いまでもロチェスター大学は力強く研究成果を生み出しているし、新しいハイテク企業も存在し、特許も取得されている。しかし、ロチェスターが最も活気に満ちていた時代は過去のものとなった。賃金水準はニューヨーク州の平均を大幅に下回り、人口も減っている。ウォール・ストリート・ジャーナル紙によれば、いくつかの地区には店舗が退店したままの空き店舗が延々と並んでいて、その光景の痛々しさをやわらげるために市職員が「壁画」を描いているという[27]。コダックの本社付近は、かつてのにぎわいが嘘のようにゴーストタウンの様相を呈している。

集積効果に関する本章の議論は、アメリカの未来について、二つの問いを投げかける。第一は、アメリカがイノベーションハブを維持・育成し、強化していくためにどうすべきか、という問いだ。現在のイノベーションハブがデトロイトやロチェスターのような運命をたどらず、サンフランシスコ–シリコンバレー圏のような未来を迎えるために、アメリカ全体としてなにができるのか？　第二は、イノベーションハブ以外の地域、すなわち良質な雇用と高技能の働き手が集積しておらず、経済的に後れを取っている地域を助けるために、なにができるのか、という問いである。

しかし、これらの問いを検討する前に、大きな都市間格差がどうして長期間続くのかをもっと掘り下げて理解する必要がある。イノベーションに取り組む企業にとっては、ビジネスをおこなうためのコストが格段に高いとしても、生産性の高い働き手が集まっている土地に拠点を置き続けるのが合理的だろう。しかし、一人ひとりの働き手にとってはどうなのか？　給料の額と生活環境にここまで大きな差があるのに、どうして人々はもっと大挙して、好条件の都市に移り住まないのか？　どうして、シアトルやオースティンに住もうとしない人がいるのか？

次章では、こうした人間の地理的流動性の問題と、それが個々のコミュニティにとってもつ意味を見ていく。

＊1　ある現役社員によると、ウォルマートは最初、オンラインショッピング部門の拠点をベントンビルに置こうとしていた。しかし、試作版のウェブサイトのデザインがあまりにひどく、方針転換を余儀なくされた。地元には優秀なウェブデザイナーがいないと考え、ただちに移転を決めたのだという。最初の試作版の出来の悪さは、いまだに社内で冗談の種になるほどだったと、匿名で話を聞かせてくれた社員は語った。

第5章 移住と生活コスト

アメリカ人は、住む町をよく変える国民だ。経済環境の好ましい土地があれば、すぐにそこへ移り住もうとする傾向がある。しかし、誰もが移住に積極的なわけではない。以下で述べるように、移住に対する積極性の違いがアメリカ社会の格差と大きく関係している。

私の祖国であるイタリアでは、ほとんどの人が自分の生まれた町——それはたいてい、両親が生まれた町でもある——で生涯を終える。最近の若い世代は、とくにその傾向が強い。私が二〇〇六年に発表した研究で明らかにしたように、イタリアの若者はなかなか親元を離れようとせず、一八〜三〇歳のイタリア人男性の八二%が実家で暮らしている。[1] 親元を離れたとしても、遠くに移り住むことはまれで、多くの場合は、実家の近くにアパートを見つける。両親と同じ建物の中に住むケースも多い。イタリアは極端な例だとしても、ヨーロッパ人は概して、アメリカ人よりも特定の土地に深く根を張って生きる。ほかの先進国の国民と比べて、アメリカ人は特異な存在なのだ。最近は大不況の影響で移住のペースが減速しているが、景気が回復すればアメリカ人はまた活発に移住するようになるだろう。

人々が移住に積極的なことは、アメリカに繁栄をもたらしてきた大きな要因だ。一九世紀、フランスの政治思想家アレクシス・ド・トクヴィルは、アメリカについてこう記している。「何百万人もの男たちが地平線の彼方の同じ方向をめざして、いっせいに移動している。彼らは、言語や宗教、生活様式こそ違っても、行動の目的は同じだ。西のどこかに富が待っているという約束を信じて、それを手にするために旅立ったのだ」[2]。一九世紀後半から二〇世紀前半には、地方から都会へ多くの人が移住した結果、都市に労働力が供給されて工場の増加に拍車がかかった。経済史学者のジョー・フェリーは次のように指摘している。「(移住が進んだ結果として)最初に入植がおこなわれた東海岸の狭い土地から遠く離れた場所でも、天然資源を活用できるようになった。一八世紀後半にはオハイオ川渓谷に、一九世紀半ばには大平原地方に農民たちが移り住んだ。また、西部や北西部に人々が移住することにより、鉱物資源や森林資源の開発も進んだ。(一八六〇年代に)南北戦争が始まるころには、北部では、東の州と西の州の賃金格差はほとんどなくなっていた」[3]

アメリカ人は昔から、ほかのどの先進国の国民よりも活発に、経済的なチャンスを求めて移住してきた。フェリーが過去の国勢調査の詳細なデータを調べたところ、一九世紀のアメリカ人は、同時期のイギリス人や日本人の二倍も活発に移住していた。

今日でもアメリカの半分の世帯は、五年に一度の頻度で引っ越している。ヨーロッパでは考えられないことだ。しかもアメリカでは、同じ都市の中で引っ越すだけでなく、ほかの都市に移り住む人も多い。生まれた州と異なる州で暮らしている人は、アメリカ人全体の約三三％にのぼり、この割合は一九〇〇年の二〇％から大きく上昇している。[4] このように移住が活発なことは、アメリカの社会に好ましい影響と悪い影響の両方をもたらしている。マイナス面としては、移住には社会的コストと私的コストがついて回る。親やきょうだいと遠く離れて住めば、育児を手伝ってもらうことが難しい。地域コミュニティとの結びつきも弱く、近所の人たちのこともよく知らない。しかし、移住に積極的なことには好ましい側面もある。いま住んでいる土地の経済状況が悪化すれば、ほかの土地に目を向けることができる。対照的に、イタリア人などのヨーロッパ人はあまり移住せず、親や友達のそばで暮らすことを優先させる結果、キャリアを発展させる機会や高給の職に就くチャンスを捨てているケースが多い。こうした個人レベルの代償は、社会全体には失業率の悪化、雇用と所得の停滞という代償をもたらしている。イタリアの一部の地域（主に北部）には、高給の職がふんだんにあり、失業者はほとんどいないが、ほかの一部の地域（主に南部）では働き口が少なく、賃金水準が低くて失業率も高い。それにもかかわらず、南部のシチリアやナポリの若者が雇用のある北部にあまり移住しないので、地元の失業率が悪化し、国全体の繁栄と成長が阻害されている。

学歴の低い層ほど地元にとどまる

アメリカ人はヨーロッパ人に比べれば全般的によく移住するが、すべての層が同じように積極的に住む町を変えるわけではない。一九二〇年代に、二〇〇万人を超すアフリカ系アメリカ人が南部を脱出し、ほかの地域の工業都市に移り住んだ「大移動」の時期には、教育レベルの低い人のほうが活発に移住した。しかし、いまは正反対のことが起きている。教育レベルの高い人ほど移住する確率が高いのだ。最も活発に移住するのは大学卒業者で、そのあとにコミュニティカレッジ（二年制大学）卒業者、高校卒業者、高校中退者と続く。

移住への積極性に関して、アメリカの高校中退者は、アメリカの大学卒業者よりイタリアの若者に似ている。彼らが移住に消極的なのは、移住する余地がないからではない。アメリカは大きくて多様な国だ。いま住んでいる土地より経済状況の良好な都市や州はかならず見つかる。ときには、地域によって景気にきわめて大きな落差が生じる。大不況のどん底だった二〇〇九年、デトロイトでは失業率が二〇％に達していたが、わずか八〇〇キロほどしか離れていないアイオワシティの失業率は四％にとどまっていた。この両都市で職を失った人が置かれていた状況は、天と地ほども違った。失業率四％というのは、経済学者が実質的に「失業ゼロ」に等しいとみなすくらい低い数字だ。二〇〇九年にアイオワシティで職を失った人は比較的すぐに次の就職先を見つけられた可能性が高いが、デトロイトで失業した人は何年も職が見つからなかったかもしれない。都市間にきわめて大きな格差が存在するのは、景気の悪い時期だけではない。普通の時期でも、デトロイトの失業率は急成長中の都市の二倍に達する場合がある。ところが、デトロイトで職を失った人のすべてが町を出ていき、仕事のある町に移り住むわけではない。大卒者は大挙してデトロイトを離れるが、高卒者の流出ペースはゆるやかだ。高校中退者にいたっては、ごく一部しか町を去らない。

アメリカ全体で見ると、大卒者の半分近くは三〇歳までに生まれた州を出る。この割合は、高卒者は二七％、高校中退者は一七％でしかない。大卒者の移住率が高いのは、大学進学の際に州外の大学を選ぶケースが多いからという面もあるが、それより大きな要因は、就労機会を求めて移住する傾向が強いことだ。経済学者のアビゲイル・ウォズニアックは、二〇代後半の何百万もの人たちの国勢調査データを基に、この点を分析した。[5] 一八歳のとき（つまり、労働市場に入っていこうとしていた時期）、幸運にも地元の州が好景気だった若者もいれば、不運にも不景気だった若者もいたが、その運命にどう対処したかは、教育レベルによって大きく違った。地元の州が不景気のときに労働市場に入った若者のうち、大卒者のかなりの割合が景気のいい州に移り住んだのに対し、高卒者と高校中退者の過半数は地元にとどまったのだ。

この調査結果からうかがえるのは、専門職の労働市場が全国規模で形成されているのと異なり、肉体労働や非専門職の労働市場が概して地域単位で完結しているということだ。そういう事情があるので、肉体労働や非専門職に就こうとする人たちは、ほかの都市に好ましい就労機会があってもそれに目を向けない。これは、豊かな国ではほぼどこでも見られる現象だ。イギリスでも、移住に積極的な高学歴層の失業率には地域による違いがほとんどないが、教育レベルの低い層の失業率には地域によって大きな開きがある。[6] また、ヨーロッパ諸国でおこなわれた調査で「あなたは出身の町や村に強い結びつきを感じていますか?」という問いに、「まったく感じていない」「あまり感じていない」と答えた人の割合は、国民の平均的な教育レベルが高いフィンランド、デンマーク、オランダで高く、平均的な教育レベルが低いスペインやポルトガルで低かった。[7]

「移住クーポン」で失業を解決できるか

教育レベルの低い人たちは、あまり移住しないために大きな経済的代償を払わされている。都市間の経済格差が広がっている状況下で、教育レベルによって移住率に大きな差が生じている結果、教育レベルによる所得格差の拡大にさらに拍車がかかっている。教育レベルの低い人たちに、雇用状況のいい都市へ移住する意思と能力がもっとあれば、大卒者と高卒者の所得格差はこれほど広がっていなかっただろう。

教育レベルの低い人は、給料が低いだけでなく、あまり移住しないせいで失業状態に陥る確率も高い。図10は、過去二〇年間の教育レベルごとの失業率の推移を示したものだ。[8] アメリカ全体の景気の変動により失業率が上下していることは、どの教育レベルの層でも変わらない。

失業率は、すべての層で一九九〇年代前半に高く、ドットコム・バブル最盛期の二〇〇〇年に最も低くなり、二〇〇八～一〇年の大不況時に再び大きくはね上がっている。

しかし、このグラフの最も興味深い点は、景気のいいときも悪いときも、大卒者（＝移住率が最も高い層）の失業率が最も低く、高卒未満（＝移住率が最も低い層）の失業率が最も高いという点だ。高卒者と二年制大学卒業者は、両者の中間に位置している。教育レベルによる失業率の違いを生む要因はいくつもあるが、移住への積極性は四つの層の間の際立った違いの一つだ。教育レベルの低い層は、職を失いやすいだけでなく、移住しないために、失業状態が長引きやすい。しかも、長期間失業していると、技能が低下するケースが多いことも知られている。

教育レベルの低い人は、どうしてあまり移住しないのか？　ほかの土地に仕事があるという情報を十分に得られなかったり、人生の大転換を成し遂げるのに必要な技能をもっていなかったりする場合もあれば、移住のための資金が足りない場合もあるだろう。移住は投資に似た面がある。いい職に就くためには、事前に出費をしなくてはならない。引っ越し費用もかかるし、新しい職が見つかるまで食いつなぐ生活費も必要だ。ところが、教育レベルが低く、職に就けていない人たちは、その金がない。貯金がほとんどなく、融資も受けられないケースが多いからだ。こういう場合、移住しないのは、本人の自発的な選択ではない。外的な要因により、移動の可能性が制約されている。一方、文化的な理由で移住したがらない人もいる。イタリア人のように、いい職に就くことより、家族や友人のそばで生きることを大切にする人もいるのだ。

[図 10] **教育レベルごとの失業率の推移**

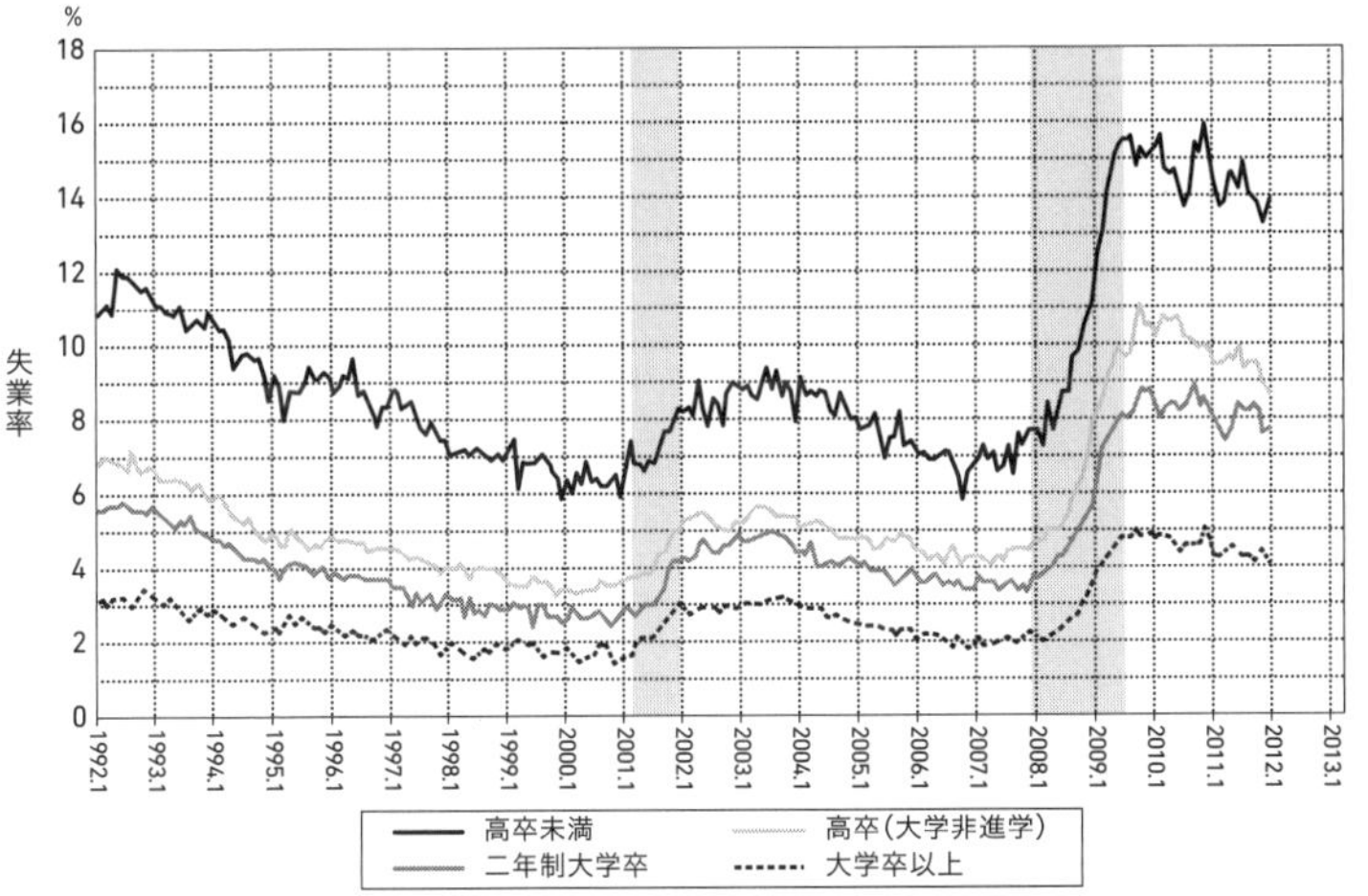

出典：Bill McBride, CalculatedRiskBlog.com

この場合もその人は経済的代償を払わされるが、それは本人の意思による筋の通った選択と言えるだろう。

移住しない理由が二パターンあることがわかれば、移住したいのにできない人たちを救済するための具体的な政策も考えられるようになる。アメリカの失業保険制度は、失業者に以前の給料の一部を支給する仕組みになっている。これは、一九三〇年代に制度がつくられて以来、基本的に変わっていない。この制度の問題点は、労働市場の環境が良好な土地に移住して職を見つけるよう失業者の背中を押すメカニズムが組み込まれていないことだ。むしろ、失業率の低い土地への移住を阻害するようにできている。失業保険制度が地域による生活費の違いを考慮していないために、ミシガン州フリントで失業保険を受け取って生活している人は、テキサス州オースティンに移住して新しい働き口を探そうとは思わない。移住先で家賃が二倍にはね上がったとしても、失業保険の給付金はフリントの生活コストを反映した金額のままだからだ。

失業保険制度は、都市間の経済格差が拡大しているという現実に対応できるように改革する必要がある。全国平均より失業率の高い土地に住んでいる失業者には、失業保険給付金の一部をいわば「移住クーポン」の形で支給すればいい。フリントの失業者が地元にとどまり続けるのを後押しするのではなく、クーポンで移住費用の一部を援助することにより、ほかの土地へ移住するよう促すのである。このような政策を採用すれば、移住したいのに資金不足で断念している人たちを助けられる。

しかも、移住せずに地元に残ることを選ぶ人たちにも恩恵が及ぶ[9]。もし、求人数が一〇〇の都市に、失業者が一〇〇〇人いるとすれば、一人ひとりの失業者が職に就ける確率は一〇%ということになる。一〇〇〇人の失業者のうち五〇〇人が移住クーポンを受け取ってほかの都市に出ていけば、残った失業者が職に就ける確率は二倍に増える。失業者にとっては、同じ町で職を探すライバルが少ないほうが好都合だ。言い換えれば、失業率の高い労働市場にとどまり続ける失業者は、同じ労働市場に身を置くほかのすべての人に負担を課しているに等しい。経済学の言葉で言えば、「負の外部性」を生み出していることになる。それに対し、町を出ていく失業者は「正の外部性」を生み出している。移住クーポンを導入すれば、この外部性にまつわる問題を是正できる。移住したい人を援助することにより、ほかの都市に移る人にも、地元にとどまる人にも恩恵をもたらせるのだ（ただし、この制度が国全体の政策として実を結ぶためには、失業者が生み出す外部性が、失業率の低い都市より失業率の高い都市のほうが大きいことが条件となる。多くの場合は、この条件が満たされるだろうが、もしこの前提が成り立たなければ、問題をほかの都市に移すだけで国全体の雇用状況の改善にはつながらない）。

このような趣旨の制度を実際に導入する場合は、失業率が全国平均より高い土地から出ていく失業者への失業保険給付金を上乗せするか、そういう土地にとどまる失業者（病気や家庭の事情で移住できない人以外）への給付金を減額するかのいずれかになるだろう。前者は移住する人への補助金、後者は移住しない人への税金という性格をもつ。資金面の理由で移住できない人がいることを考えれば、前者の方式のほうが移住を増やす効果は大きいだろうが、両方のやり方を組み合わせて用いることも可能だ。

実は、そうした制度がこれまでまったく存在しなかったわけではない。アメリカ連邦政府は、外国との貿易が原因で職を失った人を援助する「貿易調整支援（ＴＡＡ）制度」のもとで、細々と移住手当の支給をおこなっている。すべての失業保険受給者に同様の制度を導入すべきだろう。

一九六八年、ハーバード大学の経済学者ジョン・Ｆ・ケインは、都市の貧困層の雇用問題に関して「空間的ミスマッチ仮説」という説を提唱した[10]。貧困層やマイノリティは、都市内で居住している場所と求人のある場所の間にミスマッチ（不整合）が生まれているために、構造的に不利な状況に置かれていると、ケインは主張した。アメリカの貧困層の多くが住む都市中心部は、貧困層に適した雇用がある場所からたいてい遠く離れている。その結果として、貧困層が職に就こうにも通勤費用が高くかかるし、そもそも求人に関する情報が手に入りにくい。こうした空間的ミスマッチに、自動車所有率の低さと公共交通網の整備不足が相まって、貧困層の失業率が押し上げられているというのだ。社会学者のウィリアム・ジュリアス・ウィルソンは、著書『アメリカのアンダークラス――本当に不利な立場に置かれた人々』（邦訳・明石書店）で、アメリカの人種間の経済的状況の違いを生み出している根本的な原因の一つとして、空間的ミスマッチを挙げた。端的に言えば、空間的ミスマッチ仮説は、経済格差の一因を、階層ごとの居住地の分化に求める考え方と言えるだろう。

近年は、一つの都市内の階層ごとの地理的分断よりも、都市間の地理的分断のほうが経済格差の大きな要因になっているようだ。教育レベルが高く、高給を受け取り、安定した職に就いている人と、教育レベルが低く、給料も低い職にしか就けない人の差を生み出しているのは、繁栄している都市と経済的に苦しんでいる都市の地理的な分断なのだ。労働市場の都市間格差が広がるにつれて、技能レベルの低い人たちが移住しないために払わされる代償はますます大きくなっている。

教育レベルの高い人たちが活発に移住することは、本人のキャリアにはおおむね好ましい影響をもたらすが、州政府には大きな課題を突きつける。州政府は地元の大学に資金をつぎ込み、州民の教育レベル向上に手厚い資金援助をおこなうことによって、州経済の成長を促進したいと考えている（アメリカの州立大学の学生は、大学での教育にかかる費用の八〇%を公費で助成されている計算になる）。これまで述べてきたように、ある地域の経済的繁栄の度合いを最も大きく左右する要因は、その土地の教育水準だ。そこで州政府は、大学教育を資金面で支援することにより、州民の労働者としての生産性を向上させ、イノベーション関連企業を引き寄せようとしているのである。しかし現実には、大卒者はほかの州に移住することが多く、州政府の取り組みの効果は大幅に減殺されている。

ジョン・バウンド率いるミシガン大学の研究チームによれば、州内の大学を卒業する人の数が増えても、その州で働く大卒者の数はあまり増えない[11]。ミシガン州やオハイオ州など、世界水準の州立大学を擁している州ですら、地元の大学を卒業する人たちを州内にとどめることに苦労しているのが現実だ。就労機会を求めてカリフォルニア州やニューヨーク州に出ていってしまう学生が多いのである。バウンドらの研究によると、州立大学の学部卒業者の数とその州にとどまる大卒者の数の間には弱い関連性しか見いだせない。医学士（ＭＤ）にいたっては、まったく関連性が見て取れないという。ミシガン州内に住む医師の数は、ミシガン大学が生み出す医師の数といっさい関係がなかったのだ。大卒者は移住率が高いので、州政府が大学教育に投資しても、州内の労働者の教育レベルを向上させる効果は限られていると、バウンドらは結論づけた。イノベーションハブの引力がきわめて強いため、州政府の取り組みの効果が打ち消されてしまうのである。この点は、大卒者を引きつけられる地域にとっては都合がいい。ほかの地域が費用を負担してはぐくんだ人的資本を無償で獲得できることを意味するからだ。しかし、経済的に苦しんでいる州は、人的資本の基盤をはぐくむことがきわめて困難になる。

以上の点から、州立大学を運営するための資金負担を州政府だけに負わせるべきでない、という結論が導き出せそうだ。大学教育への投資が生む社会的恩恵が州の中にとどまるとは限らない以上、連邦政府が投資の一部を担うほうが教育政策として効率的だろう。

次に、アメリカ人の移住に関わるもう一つの重要な側面に目を向けよう。それは、不動産価格との関係である。すでに見てきたとおり、アメリカでは都市間の賃金格差が大きく、しかもその格差は広がり続けている。それにもかかわらず、高い給料が約束されているサンフランシスコやボストンに人々が大挙して移住しない最大の理由は、これらの都市で暮らしていくためにかかるコストが非常に高いことにある。生活のコストは、アメリカの大分岐にどのような影響を及ぼしているのか？

格差と不動産価格の知られざる関係

ロシアの北シベリアの都市ノリリスクは、世界屈指のニッケルとプラチナの埋蔵地に位置している。[12] ニッケルは製鉄に欠かせない鉱物なので、旧ソ連当局は一九三〇年代、この土地の開発に乗り出そうとした。しかし、当時の最高指導者ヨシフ・スターリンが専門家チームを現地に派遣して調査させたところ、高額の賃金を支払ってもこの土地に働き手を引きつけることは難しいだろうという報告があがってきた。環境があまりに過酷だったのだ。ノリリスクは極寒の地で、ときには気温がマイナス四五度まで下がることもある。一年のうち五カ月は暗い冬で、植物もほとんど生えていない。要するに、地球上でも有数の住みづらい土地なのだ。ソ連当局は多くの労働力を必要としていたのに、労働者に過酷な生活環境を受け入れさせるのに十分な高給を支払うことができなかった。しかし、スターリンのような人物にとって、それは大きな問題ではなかった。KGB（国家保安委員会）の前身となる治安機関の内務人民委員部（NKVD）がノリリスクの開発を担当することになり、この土地に強制労働収容所をつくって、囚人たちを働かせたのだ。市の建設作業と鉱山労働の過程で命を落とした政治犯は約一〇万人にのぼった。ノリリスクでは何十年もの間、夏に雪が解けると、行方不明になっていた囚人の遺体がいくつも見つかったものだ。

旧ソ連や東ヨーロッパ諸国、中国などの共産主義国の政府は、労働力が必要な土地に強制的に人を送り込むことができた。その結果、ノリリスクのような人工的な都市、言い換えれば自由な社会ではけっして存在しないような都市が出現することがあった。それと異なり、アメリカでは、人々は自分の好きな土地で暮らすことができる。アメリカ人はその自由を活用し、ほかの国の人たちよりも活発に居住地を変えている。しかし、この自由には代償がついて回る。

生活の質が高かったり、良質な雇用が多かったりして好ましいとみなされている土地で暮らすためには、ほかの土地よりも金がかかるケースが多いのだ。別に不思議なことではない。政府が決めた五カ年計画に基づいて資源の分配をおこなっていた旧ソ連と違って、市場経済では、価格メカニズムを通じて資源の分配がなされる。魅力的な町の土地もその例外ではない。ある都市の気候がとても快適だとすれば、アメリカ人はその町に押し寄せ、不動産価格を吊り上げる。快適な気候に値札はついていないが、私たちは高性能の自動車や大きなテレビに金を払うのと同じように、暗黙のうちにそれに金を払っているのだ。同じことは、高水準の公教育や、治安のよさ、レストランの質の高さなどにも言える。ある町の魅力的な要素はすべて、実質的に貨幣価値に換算され、それが不動産価格を引き上げる。

こうしたメカニズムがあるので、ある土地の魅力的な要素に直接触れる人がかならずしも経済的な恩恵を受けるとは限らない。たとえば、南カリフォルニア全般、とくにロサンゼルスの大気汚染は、過去二〇年で大幅に改善した。ガソリンの質がよくなったことと、規制が強化されたことが理由だ。しかし、改善の度合いには地域によって違いがある。大気汚染の指標の一つであるオゾン濃度の減少は、三%にとどまった地域もあれば、三三%に達した地域もあった。大気の質が最も大きく改善した地域の住民は、誰もが総合的に得をした——と思うかもしれない。しかし、それは違う。住宅を所有しているか、賃貸住宅に住んでいるかによって大きな違いが生まれるのだ。ある研究によると、大気の質が大きく改善すればするほど、その土地の人気が高まり、不動産価格も上昇する。[13] 南カリフォルニアのある地域（低所得者が多い土地だ）は、オゾン濃度が二四％下落し、住宅相場が一〇・八％上昇した。その結果、住宅を所有している人は健康になり、住宅の資産価値も上昇したが、賃貸住宅に住んでいる人は、健康にはなったけれど、家賃相場が上昇して貧しくなった。実質的に、住宅相場の上昇が意図せざる再分配メカニズムとして機能し、大気の質が改善したことの恩恵の一部をあるグループから別のグループに移転させているとみなせる。

同様の図式は、都市の労働市場が改善し、雇用が増えた場合にも見て取れる。地域の労働市場の改善と生活コストの上昇との間には、はっきりした相関関係がある。表3は、アメリカで生活コストの高い都市圏と低い都市圏を順位づけして示したものだ。この表をまとめるにあたっては、約一〇〇万の世帯（持ち家の世帯と賃貸住宅の世帯の両方を含む）のデータと、アメリカ労働省労働統計局の消費財価格データをもとにした。[14] ある土地の生活コストを算出するためには、人々が消費するあらゆるものの現地価格を合計する必要がある。アメリカの平均的な世帯はどういうことに金を使っているのか？　この点については、ほとんどの人が誤解している。食費やガソリン代の割合を過大評価している人が多い。おそらく、これらのものに金を払う機会が多いからだろう。しかし実際には、平均的なアメリカ人が飲食に費やす金は所得の一四％、移動・交通に費やす金は一七％にすぎない。それ以外では、衣料品が三％、医療が六％、娯楽が五％、教育・通信が六％となっている（この割合は、ほかの国もほとんど変わらない。ただしイタリアは際立った例外で、衣料品に費やす割合がアメリカの二倍に達している）。圧倒的に大きな支出項目は住宅コストだ。平均して全体の四〇％を占めている。したがって、都市圏ごとの生活コストの差のかなりの部分は、住宅コストの違いによるものと言える。そして、地域による住宅コストの差を生み出しているのは、おおむね不動産価格の違いだ。それ以外に、地域によってコストが異なるものとしては、地元で受けるサービスを挙げることができる。理髪店・美容院の料金やレストランの食事代などである。しかし、これらが支出に占める割合はごくわずかにすぎない。それに、この種の料金が地域によって異なる主たる理由も不動産価格の違いにある。ニューヨークの理髪店の料金がダラスより高いのは、主としてニューヨークのほうが店舗の賃料が高く、従業員の給料が高いためだ（給料が高いのも、不動産コストなどの生活コストが高いことの反映だ）。同じことは、レストランの食事代、心理セラピーの受診料、弁護士の手数料、ベビーシッターの料金などにも言える。

さて、表を見てみよう。上位を占めているのは、強力な労働市場を擁している都市圏、すなわち賃金水準と生産性が高い地域だ。一位はサンノゼで、そのあとにスタンフォード、サンフランシスコと続く。そのあとにも、ボストン、ワシントンDC、サンディエゴ、シアトル、オースティンと、アメリカのイノベーション・ハブの多くが名を連ねている。例外はアラスカ州のアンカレッジだ。この町の場合は、生活必需品の多くをほかの土地から運び込まなくてはならないために、物価が高くなっている。ニューヨークが一一位なのは、都市圏全体の生活コス

［表 3］**生活コストの高い都市圏・低い都市圏**

生活コストが高い都市圏
1. サンノゼ（カリフォルニア州）
2. スタンフォード（コネチカット州）
3. サンフランシスコ―オークランド―バレーホ圏（カリフォルニア州）
4. サンタクルーズ（カリフォルニア州）
5. サンタバーバラ―サンタマリア―ロンポック圏（カリフォルニア州）
6. ベンチュラ―オックスナード―シミバレー圏（カリフォルニア州）
7. ボストン（マサチューセッツ州）
8. ホノルル（ハワイ州）
9. サンタローザ―ペタルーマ圏（カリフォルニア州）
10. サリナス―シーサイド―モントレー圏（カリフォルニア州）
11. ニューヨーク―ニュージャージー州北部圏（ニューヨーク州・ニュージャージー州）
12. ワシントンDC圏（ワシントンDC・メリーランド州・バージニア州）
13. ロサンゼルス―ロングビーチ圏（カリフォルニア州）
14. サンディエゴ（カリフォルニア州）
15. シアトル―エバレット圏（ワシントン州）
16. トレントン（ニュージャージー州）
17. ブリッジポート（コネチカット州）
18. フォートローダーデール―ハリウッド―ポンパノビーチ圏（フロリダ州）
19. オースティン（テキサス州）
20. アンカレッジ（アラスカ州）

生活コストが低い都市圏
271. ヤングスタウン―ウォレン圏（オハイオ州・ペンシルベニア州）
272. リマ（オハイオ州）
273. テレホート（インディアナ州）
274. シャロン（ペンシルベニア州）
275. セントジョセフ（ミズーリ州）
276. リンチバーグ（バージニア州）
277. ウィリアムズポート（ペンシルベニア州）
278. ジョプリン（ミズーリ州）
279. ブラウンズビル―ハーリンゲン―サンベニート圏（テキサス州）
280. ダルース―スペリオル圏（ミネソタ州・ウィスコンシン州）
281. ジョンソンシティ―キングスポート―ブリストル圏（テネシー州・バージニア州）
282. アルトゥーナ（ペンシルベニア州）
283. アレクサンドリア（ルイジアナ州）
284. マッカレン―エディンバーグ―ファー―ミッション圏（テキサス州）
285. ダンビル（バージニア州）
286. ガズデン（アラバマ州）
287. アニストン（アラバマ州）
288. ジョンズタウン（ペンシルベニア州）

出典：アメリカ労働統計局のデータを基に筆者が作成（2011）

トを計算しているためだ。市内に限れば、ニューヨーク市が一位になる。一方、最も生活コストが安い都市は、ペンシルベニア州のジョンズタウン、衰退しつつある工業都市だ。生活にかかるコストは、サンノゼの四分の一にとどまっている。ほかに下位に位置しているのは、アニストン（アラバマ州）、ガズデン（アラバマ州）、ダンビル（バージニア州）といった都市だ。住宅コストは、その都市の労働市場の力強さだけで決まるわけではない。生活の質（ほかの条件がすべて等しいと仮定すれば、生活の質が高い都市ほど住宅コストが高い）、新しい住宅の建設しやすさ（需要にこたえるために新規の住宅を建設しやすい都市ほど、住宅コストが安い）なども関係してくる。

以上のような事実は、都市間の経済格差に関するデータの解釈の仕方にも関係してくる。ある都市の労働市場が好転すれば、たいてい賃金水準が上がり、住宅コストも高くなる。住民にとっては、給料が増えても、住宅コストが高くなると給料上昇分の一部が相殺されてしまう。ジョンズタウンのような都市は、名目賃金こそ低いが、住宅コストも安いので、見かけよりも実質的な購買力は大きい。一方、ニューヨーク、ワシントンDC、ボストンの住民は、名目賃金こそ高いが、給料のかなりの額が住宅コストに消えてしまうので、給料の実質的な額は見かけほど多くない。ジョンズタウンの住民が大挙してニューヨークやボストンに出ていかない理由の一端はここにある。アメリカの各都市の平均所得を生活コスト調整済みの数字に直すと、都市間の格差は調整前より約二五％縮小する。*1

しかし、住宅コストに関しては論じるべき点がまだある。[15] 大気汚染のケースと同じく、労働市場の好調さが個々の世帯にどのような影響を及ぼすかは、その世帯が持ち家か賃貸住宅かによって変わってくる（アメリカ全体では、持ち家の世帯が七〇％、賃貸の世帯が三〇％）。労働市場の状況が好転した都市では、持ち家の人は二重の恩恵に浴せる。給料の水準が高くなるうえに、持ち家の資産価値も上がるからだ。とくに、マイホームの資産価値上昇にともなう購買力増加の恩恵が大きい。評価額が上がった家を担保に融資を受ければ、そのお金を生活費や遊興費として使えるのだ。アメリカの活気あるイノベーション産業が生み出している富のかなりの割合は、労働市場ではなく、住宅市場を通じて生まれているのである。

イノベーションハブに住む人は、マイホームの資産価値上昇という形で、地域経済の成長から恩恵を受けていると言っていい。しかし、賃貸住宅に住んでいる人は事情が違う。せっかく給料が上がっても、月々の家賃も高くなるので一部は相殺されてしまう。この人たちにとって重要なのは、給料の上昇と家賃の上昇のどちらが大きいかだ。給料の上昇が大きければ大きいほど、そして家賃の上昇が小さければ小さいほど好ましい。この場合も大気汚染のケースと同じで、不動産価格が上昇する結果、実質的に、雇用増によって生み出された富が、あるグループから別のグループに移転されている。あとでシアトルの事例を紹介するが、市政府は適切な政策を通じて住宅コストの上昇を抑制することにより、賃貸住宅の人が労働市場の好転による恩恵をもっと受けられるようにすることができる。

都市の住宅コストは、格差問題を考える際にも考慮すべき要素だ。格差論議では所得格差の大きさばかりが注目されがちだが、本当に重要なのは、人々がどれだけのものを購入できるのかという点だ。こうした観点でデータを調べると、高所得層と低所得層が購入しているものの違いは、所得の違いほど大きくないことがわかる。[16] これは、食料品や衣料品に始まり、家電製品や医療にも言えることだ。一見すると、理屈に合わないように思えるかもしれない。どうして、消費の格差は所得の格差より小さいのか？

その主たる要因は、住む場所の違いにある。私が最近おこなった研究によれば、一九八〇年以降、大卒者が住宅に費やす金額は、高卒者に比べて急速に増加している。[17] これは、大卒者のほうが広い家やよい家に住んでいるからでもあるが、大卒者と高卒者の居住地の分離傾向が強まっていることのほうが大きな理由だ。すでに述べたように、この三〇年間で、大卒者向けの雇用が大都市圏、とくにサンノゼ、サンフランシスコ、ボストン、ニューヨーク、ワシントンDCのような頭脳集積地に集中し、高卒者向けの雇用が内陸部の都市に集中する傾向に拍車がかかってきた。前者は住宅コストが高い土地で、後者は住宅コストが安い土地だ。この結果、大卒者と高卒者が支出する住宅コストの差は、一九八〇年に比べて三倍以上に拡大した。この事実がもつ意味は大きい。大卒者は住宅コストの負担が大きいため、それ以外の支出に回せる金額が少なくなっているとみなせる。これは、大卒者が高卒者より高いインフレ率を経験してきたのと実質的に同じことだ。この点を踏まえると、教育レベルの高い層と低い層の生活水準の格差はきわめて大きいものの、一般に思われているほどは大きくないと言える。[18]

町のグレードが上がると困る人たち

大気汚染の改善が思わぬ影響を生む場合があるのと同じように、労働市場の好転も負の影響をもたらす可能性がある。不動産価格が上昇すれば、貧しい人たちがその地区に住めなくなり、住民構成が大きく変わりかねないのだ。それが大々的に進行すれば、やがては都市のアイデンティティそのものも変わってくる。一九七〇年代のボストンはその典型だ。当時のボストンは、古い製造業が衰退して失業率がはね上がり、経済が悲惨をきわめていた。しかしその後の三〇年間に、イノベーションと金融の分野の雇用が増え、経済が目を見張るほど好転した。影響は経済だけにとどまらず、人口構成と文化にも及んだ。社会の雰囲気や都市の形態、生活の質も根本から変わった。そうした変化の多くは好ましいものだったが、社会的コストも生み出された。長年暮らしてきた住民が家賃を支払えなくなって、出ていかざるをえなくなったのである。町にとどまった人たちも影響を逃れられなかった。地域社会の質が急激に、ときに居心地の悪いものに変わったのである。一九九〇～二〇一〇年にボストンに移り住んできた人の多くは大学卒の専門職だったが、町を出ていった人の多くは、教育レベルが低い非専門職だった。この二つの層の生活様式や価値観、社会的なアイデンティティは正反対と言っていい。

地域の経済開発をめぐる議論は、ときにきわめて刺々しいものになる。マサチューセッツ州ケンブリッジ、カリフォルニア州バークレー、ワシントンDC、カリフォルニア州サンタモニカといった都市の地元活動家たちはしばしば、以上のような経済的変化を嫌い、コミュニティにダメージを与えるという理由で開発を全面的に停止すべきだと主張する。活動家たちが言うように、開発に代償がついて回ることは間違いない。しかし重要なのは、そのツケを払わされるのが誰で、どうすれば弊害を最小限に抑えられるのかを考えることだ。

すでに見たように、町が高級化すれば、そこに家を所有していた人は恩恵を受ける。その層は、新たに流入してくる上流層（高学歴の専門職、イノベーター、起業家たち）とは明確に異なる社会階層の場合もある。高級化する地区にもともと住んでいるのはたいてい、経済的に豊かとは言い難い人たちだ。私が住んでいるサンフランシスコのミッション地区を例に見てみよう。ここは、サンフランシスコ市内でもとくに、ハイテク関連の専門職に就く大卒者が大量に流入した影響を大きく受けた地区だ。幹線道路に近いこともあり、シリコンバレーで働く人のなかで都心暮らしを好む人たちが大勢集まってきたのだ。高学歴の専門職が大挙して移住してきたことで最も大きな恩恵に浴したのは、主として、所有していた不動産を新住民に売却した中南米系の住民たちだった。あるメキシコ系アメリカ人カップルは、私の家の近くに二階建てのビクトリア朝様式の家をもっていた。数十年生活してきた家だったが、それを九五万ドルで売り、郊外に引っ越していった。移転先では同程度の広さの家を半分の価格で買えたので、いまはその差額の金でのんびり生活している。

では、不動産をもっていなかった住民はどのような影響を受けるのか？　多くの大都市では住民のほとんどが賃貸住宅に住んでおり、住宅コストの上昇により大きな打撃をこうむる。とくに激しい痛みを味わわされるのが高齢者や低所得者だ。そういう人たちは、それまで住んできた家、思い出、隣人、社会的ネットワーク、つまりは人生のかなりの部分を捨てて、ほかの土地で人生をゼロからやり直さなくてはならなくなる。住み慣れた場所から突然追い出される悲劇を生まないためには、どうすればいいのか？

典型的な対応策は、不動産の供給を減らすことだ。社会的・経済的変化を減速させるために規制を導入するのである。そういう意図をもった規制は、主に二つのタイプにわけられる。第一のタイプは、新規のオフィスビルの建設を制限することにより、町の高級化を減速させようというものだ。これを実践した極端な例がバークレーだ。「よきブルーカラーの雇用」を守るために、町の西部でハイテク産業の成長を事実上停止させている。サンフランシスコでも、東部のかなりのエリアを軽工業のための地区と位置づけている。軽工業の復活を願ってのことだ（その願いがかなうことはないだろうが）。第二のタイプは、高級化がとくに急速に進んでいる地区で、高騰した相場水準での新規の住宅建設を制限するというものだ。実質的に、第一のタイプの方策はイノベーション産業の新規の雇用主の流入を制限し、第二のタイプの方策は新しい住民の流入を制限することを目的としている。両者に共通するのは、既存の住民構成と経済構造と文化を維持するために、民間の投資を減らそうという発想だ。

私に言わせれば、いずれのアプローチも的はずれだ。ハイテク企業が入居できる新たなオフイスビルの建設を抑制すれば、その都市で生み出される雇用の数は減る。どっちみち、サンフランシスコやサンタモニカの都心部に工場が進出してくる可能性はきわめて乏しいからだ。この種の政策は、乗数効果と知識伝播の効果をなくし、本来救いたいと思っていた人たちに害を及ぼす結果を招く。忘れてならないのは、教育レベルの高い住民が増えれば、乗数効果と知識の波及効果により、教育レベルの低い住民の雇用の数と質も改善するということだ。教育レベルの低い層の雇用状況は、その町でイノベーション産業が成長し続けるかどうかにかかっているのである。また、オフィス建設抑制策の弊害はその町の住民以外にも及ぶ。現在存在しているイノベーションハブはアメリカで有数の生産性を誇っており、職を求める人たちが全米から集まってくる。集積効果の大きさを考えると、それに匹敵する生産性をもつ土地をほかにつくり出すのは非常に難しい。したがって、イノベーションハブで雇用の創出を抑制すれば、アメリカ全体の雇用を減らす結果になる。これはあまりにもったいない。

新規の住宅開発を抑制する政策も理屈に合わない。これは、都市に雇用を生み出したのに、市外の人たちに対してその職への門戸を閉ざすのと同じことだ。そればかりか、貧しい人たちが市内に住めなくなる傾向に歯止めをかけるどころか、それに拍車をかける可能性が高い。なぜか？　理由は単純だ。市内の新規の住宅建設を制限すれば、不動産価格が上昇する。需要が増えているときに供給を減らせば、価格は上がるに決まっている。都市経済学者のエドワード・グレイザーらの最近の一連の研究によれば、住宅建設を制限する政策を採用している都市では例外なく、賃金水準が同等の都市に比べて住宅コストが割高になっている。[19] 逆に、住宅開発に積極的な都市では住宅コストが低い。

町の高級化がもたらす弊害を解決するために本当に必要なのは、住宅開発の制限とは正反対の政策だ。イノベーションハブでは、新規の住宅建設を促進したほうがいい。賢明な政策を通じて適切にコントロールすれば、それにともない、住宅が無秩序に郊外に広がるスプロール現象が起きたり、混雑が深刻化することは避けられる。これらの問題を抑え込むうえでは、新規の住宅を都心部に集中させ、同時に公共交通システムを充実させることがとくに有効だろう。このような進歩的な都市開発政策を実践すれば、町の高級化にともなう悪影響を大幅に緩和し、さらには都会での人と人の非計画的な交流を促進し、知識の伝播とイノベーションを後押しできる。

その好例がシアトルだ。ハイテク関連の雇用が増えて地域経済が改善しはじめると、市政府は新規の住宅供給を増やそうと考え、いわゆる「インフィル開発」を多く許可した。これは、既存の建物を改修したり、空き地を活用したりすることで都心部の住宅の密度を高め、スプロール現象を回避することをめざす開発方法のことだ。こうして住宅の供給を増やしたことで、シアトルは不動産価格の歯止めなき上昇を防ぐことができた。価格がまったく上昇しなかったわけではないが、サンフランシスコやボストンのように新規の住宅建設を厳しく制限した都市に比べれば、そのペースはゆるやかだった。この政策は実質的に、ハイテク産業の成長がもたらした富を、持ち家の人よりも賃貸の人に多く与えるという意味をもち、賃貸の人を優遇する再分配メカニズムとして機能した。

先見の明のあるビジネスリーダーがいたことも、シアトルにとって好材料だった。アメリカの大半の都市と異なり、シアトルの小売り大手は都心部にとどまることを選択したのだ。有力百貨店のノードストロームを経営するノードストローム家は、フレデリック＆ネルソン（当時）をはじめとするほかの百貨店とも足並みをそろえて、郊外のショッピングモールへの「脱出」を避ける方針を打ち出した。それを受けて市当局は、アメリカの都市では珍しく、都心部に小売り地区をつくろうとしはじめた。もしノードストロームが郊外に脱出していれば、その後の状況はまるで違っていただろう。

シアトルでは、都心部を中心にハイテク関連の雇用が増え、自動車を使わずに通勤できる圏内に高層住宅も増えた結果、中流層の都心部からの脱出に歯止めがかかった。そして、都心部の犯罪率が低下し、文化を楽しむ機会が豊富に提供され、新しいレストランが続々と登場するようにもなった。新しい住民が都心部に集中した結果、地元の公立学校の質も高まった。教育レベルの高い親をもつ子どもだけでなく、教育レベルが低く、ハイテク関連以外の職に就いている人たちの子どもの学力も向上したのだ。

都市にとって、町の高級化にともなう問題は、ある意味で贅沢な悩みと言える。経済的に成功し、雇用が増えている証拠にほかならないからだ。衰退している多くの都市は、そういう問題で悩んでみたいものだと思っているだろう。しかし、町の高級化が社会に深刻な影響を及ぼすことも事実だ。そのような問題を解決するために取るべき行動は、イノベーション産業の雇用創出に冷や水を浴びせ、製造業の雇用が魔法のように戻ってくるのを期待することではない。必要なのは、経済成長のプロセスを賢明にマネジメントすることだ。最も弱い人たちに及ぶ弊害を最小限に抑える一方で、すべての人が味わえる経済的恩恵を最大限に拡大することをめざすべきなのである。

＊1　もし、国民のすべてがなんの制約もなく居住地を随時変更し、しかもアメリカのあらゆる都市が同等の生活の質を提供していれば、購買力はどの都市に行ってもまったく同じということになる。しかし現実には、都市ごとに生活の質は違うし、人々は高賃金を求めて移住するとはかぎらない（人はそれぞれに好みの土地があるからだ）。その結果、アメリカ国内でも都市によって購買力と経済的な豊かさが異なる状況が生まれている。経済学の言葉で言えば、経済的な豊かさは、「限界的個人」に関しては均等化されるが、そうでない個人に関しては均等化されない、ということになる。詳しくは、参考文献にある私の論文、Local Labor Markets をお読みいただきたい。

第6章 「貧困の罠」と地域再生の条件

いま、アメリカの社会は急速に分断されつつある。成長している産業が集中する一握りの都市で良質の雇用が生まれ、人々が高い給料を手にする一方、それ以外の大多数の都市はますます取り残されて、置いてけぼりをくっている。個人が経済的に低迷している都市を抜け出し、繁栄を謳歌している都市に移り住むことは可能だが、前章で見たように、すべての人が移住できるわけではない。そこで、質の高い雇用を生み出せず、高い技能をもった人材を引き寄せられずにいる地域をどうすれば助けられるのかが、大きな問題になる。

簡単に処方箋を示せるような問題ではないが、現在のイノベーションハブがどのようにして形成されたのかを分析し、そのプロセスをほかの都市でも再現できるのか検討することが有効な糸口になるだろう。とくに参考になるのは、バイオテクノロジー産業の歴史だ。すべての始まりは一九七三年の春だった。ハーバート・ボイヤーとスタンリー・コーエンがDNA組み換えにはじめて成功し、これによりライフサイエンス研究の進む方向が決まった。その後ほどなく、アメリカ各地にバイオテクノロジー企業が何十社も登場した。このときバイオテクノロジー企業が生まれた土地としては、たとえば、ヒューストン、ロングアイランド、シンシナティ、モンゴメリー、ケンブリッジ、フィラデルフィア、ニュージャージー州北部地域、マイアミ、パロアルト、エメリービル、ロサンゼルス、ラホヤなどを挙げることができる。[1]

現在、バイオテクノロジー企業がとくに集中している三つの土地は、ボストン－ケンブリッジ圏、サンフランシスコのベイエリア地区、そしてサンディエゴである。この三地域が業界全体の雇用に占める割合は高まる一方だ。バイオテクノロジー専門のベンチャーキャピタリストで、サードロック・ベンチャーズの共同経営者であるチャールズ・ホムシー博士は、ベイエリア地区についてこう述べている。「高い水準の科学研究と優秀な科学者、そして医療に革命を起こせる革新的なプラットフォームを探すとすれば、めざすべき土地は限られている。ここは、そういう数少ない土地の一つだ[2]」。しかし一九七三年の時点では、バイオテクノロジー産業がどこに集積していくかは自明ではなかった。現在この業界の頂点に立っている都市が勝者になると確信をもって予言できるような材料は、まだ見えていなかったのだ。

三つの都市のなかでは、カリフォルニア州のサンディエゴが最もバイオテクノロジー産業と相性の悪そうな土地だった。主に海軍の元軍人と漁師が住んでいて、あとは観光客くらいしかやって来ない静かな町だったのである。「いまサンディエゴ郡のバイオテクノロジー産業の中心地になっているラホヤのトーリーパインズ・ロードは、（一九八〇年代には）研究所ではなく、ゴルフコースとゴージャスなビーチで知られていた」と、スタンフォード大学の社会学者ウォルター・パウエルは書いている。[3] マサチューセッツ州のケンブリッジも成功が約束されていたとは言い難かった。いまでこそ、ケンブリッジのケンドールスクエアには最先端のバイオテクノロジー研究所が集中しているが、一九八五年ごろは老朽化した繊維工場が林立していた。この町のリベラルな学術界も、当初はバイオテクノロジー産業に敵対的だった。遺伝子工学への反対論が根強かったことが最大の理由だ。この分野の草分け的存在であるバイオジェン社は、苦い経験を通じてそれを思い知った。パウエルはこう書いている。「世論が（バイオテクノロジーの研究所に）『フランケンシュタイン工場』というレッテルを貼り、激しく反発したため、バイオジェンの創業者は最初、スイスで法人登記する羽目になった。共同創業者の一人であるノーベル化学賞受賞者のウォルター・ギルバートもハーバード大学を休職せざるをえなかった」[4]

では、どうしてこの三つの土地にバイオテクノロジー産業が根づいたのか？　一般には、いずれの場合も一流の大学が地元にあるからだと言われることが多い。確かに、ケンブリッジにはハーバード大学とマサチューセッツ工科大学（MIT）、ベイエリアにはスタンフォード大学とカリフォルニア大学バークレー校、それにカリフォルニア大学サンフランシスコ医学校、サンディエゴにはカリフォルニア大学サンディエゴ校がある。うわべだけを見れば、この説はもっともらしく思える。基礎科学が大きな意味をもつバイオテクノロジー産業にとっては、学術研究がきわめて重要だからだ。バイオテクノロジー企業が拠点を選ぶ際に、一流大学に近いことが非常に大きな判断材料になったのだろうと考えたくなるのも無理はない。

しかし少し掘り下げて考えると、これだけでは説明がつかないことに気づく。「一流大学が近くにあるから」というのは、典型的な後講釈だ。アメリカには、四年制のカレッジ（単科大学）が一七六四校、ユニバーシティ（総合大学）が六六二校存在し、大都市圏には平均して五校のカレッジと二校のユニバーシティがある。つまり、バイオテクノロジー産業がアメリカのどこに芽生えたとしても、近くにいずれかの大学はあった可能性が高い。おそらくアメリカの地図上のどこかを完全に偶然任せで選んだとしても、どこかの大学のお膝元になるだろう。

大学ならどれでもいいわけではなく、一流大学、もっと言えば一流の生物学部が近くにあることが重要なのではないか？　そう思った読者もいるだろう。[5] しかし、これも正解とは言えない。一九七〇年代にバイオテクノロジー産業が生まれたころ、世界水準の生物学部や研究病院を擁する一流の大学は、全米に少なくとも二〇校あった。そうした大学があった都市には、ニューヘイブン、ニューヨーク、フィラデルフィア、ボルチモア、アトランタ、シカゴ、マディソン、デンバー、クリーブランド、ヒューストン、パサデナ、アナーバー、ロサンゼルスなどが含まれていた。[6] どれも魅力的な土地だったはずだが、これらの町には本格的なバイオテクノロジー産業の集積地が形成されなかった。

スター研究者の経済効果

一九九八年、社会学者のリン・G・ザッカーと経済学者のマイケル・ダービーが驚くべき仮説を唱えた。ザッカーとダービーは、この年の論文に始まる一連の研究でこう主張した——民間のバイオテクノロジー企業がどこに本拠を置き、その土地でどのくらい成功を収められるかを左右するのは、スター研究者の存在だ、と。[7] ここで言うスター研究者とは、特定の遺伝子情報解読技術に関して多くの論文を発表している研究者のことだ。一流大学のなかには、生物学の特定分野のスター研究者を擁している大学もあれば、研究の質は高くてもそういうスターがいない大学もあったが、前者の大学は地域にバイオテクノロジー産業の集積地を生み出し、後者の大学はそれをつくり出せていないという。このデータを見るかぎり、スター研究者のもつ引力は非常に強力だ。ザッカーとダービーによれば、スター研究者が地元にいるかどうかは、ベンチャーキャピタルとの地理的な近さや、一流大学の有無、政府の資金援助の規模以上に強い影響をもつらしい。スター研究者の存在は、いつ、どこに新興バイオテクノロジー企業が設立されるかだけでなく、どの会社が成功し、どの会社が消えていくかとも関係があるという。

ザッカーとダービーが指摘しているように、ある地域がハイテク産業を育てられるかどうかは、（とくに初期は）数人の傑出した科学者、具体的には、ビジョンをもっていて、画期的なテクノロジーを使いこなせる人物の存在にかかっている。そのような人材が地元の都市や地方の経済に及ぼす影響は、どんなに強調しても強調し足りない。なにしろ、バイオテクノロジー産業にこれまで投資された金額は全世界で三五〇〇億ドル。バイオテクノロジーによって市場に送り出された薬品は四〇〇点近く、いま臨床試験段階の新薬候補はおよそ一〇〇〇点にのぼる。この産業は地域に何千もの雇用を生み出し、大きな経済的繁栄をもたらす力をもっているのだ。

スター研究者がこれほどまでに大きな力をもつ理由は、二つある。第一は、新興企業の科学者や研究員がつねに最新の科学的情報を得ようと思えば、最先端の学術研究がおこなわれている場のそばに身を置く必要があるということだ。新しいアイデアをはぐくむうえでは、学術的なセミナーに頻繁に出席したり、私的な議論に参加したり、ほかの人たちがどういうテーマに取り組んでいて、どのような成果をあげているかを知っておいたりすることが欠かせない。民間企業の研究施設で働く人たちがそうした知識伝播の恩恵に浴するためには、超一級の学者がいる施設の近くにいなくてはならないのだ。第二の理由は、スター研究者自身が有力新興企業の立ち上げに関与するケースがしばしばあることだ。ザッカーとダービーによれば、大学の研究者がみずから切り開いた分野に関わる新興企業の設立に手を貸し、自分自身は大学にとどまるというのが、典型的なパターンだという。

以上の分析から言えるのは、ケンブリッジ、サンディエゴ、ベイエリアは運がよかったということだ。一九七〇年代半ばにバイオテクノロジー産業が誕生したときにスター研究者がどこに拠点を置いていたかは、偶然の要因で決まった面があった。その場所は、大学が所在していた一八七の都市の、あるいはもっと絞って、一流の生物学部が所在していた約二〇の都市のどこでも不思議でなかったのだ。しかし、その後に起きたことは偶然ではない。産業の集積地には、成長が成長を生む性質があるので、ひとたび集積地が形成されると、その都市はその後も企業と人材を引きつけ続ける。そのため、早い段階で形成された集積地が有利になり、その強みは時間がたつにつれてさらに大きくなっていく。こうして、バイオテクノロジー産業ではいまも、ケンブリッジ、サンディエゴ、ベイエリアへの集積が進んでいる。[8] スター研究者が新興企業の設立で果たす役割は、業界が成熟すると次第に弱まっていくが、スター研究者が地域経済に及ぼす影響は先々まで残るのだ。

バイオテクノロジー産業とハリウッドの共通点

バイオテクノロジー産業が特殊なわけではない。同様のパターンで形づくられたイノベーション産業の集積地はいくつもある。歴史を振り返ると、イノベーションハブはしばしば、思いがけない場所に築かれてきた。以下では、文字どおり「スター」の存在に大きな影響を受ける映画産業について見てみよう。

二〇世紀はじめ、映画は劇場と競い合うエンターテインメントの媒体として頭角をあらわしつつあったが、同時に、新しい産業につきものの技術上・ビジネス上の試練にぶつかってもいた。映画の撮影や編集の仕方にはじまり、制作や配給にいたるまで、すべてのことをゼロから編み出さなくてはならなかった。

第一次世界大戦が始まる前年の一九一三年、アメリカの映画産業はおおむねニューヨークに集中していた。有力スタジオとトップクラスの俳優たちがここに拠点を置いていたのだ。そのほかには、シカゴ、フィラデルフィア、ジャクソンビル、サンタバーバラ、ロサンゼルスに小規模な集積地が形づくられている程度だった[9]。しかし、戦争が終わった翌年の一九一九年には、アメリカ映画の八〇％がカリフォルニア州で制作されていた。それまでにチャーリー・チャップリンをはじめとする映画スターの多くが西部に移り、ロサンゼルスの映画関連会社の数はニューヨークの三倍に膨れ上がっていた。ハリウッドの黄金時代が幕を開けたのだ。その後、一九二〇年代半ばまでに、ロサンゼルスは世界の映画産業の中心地としての地位を揺るぎないものにし、「ハリウッド」という言葉は、ロサンゼルス西郊の閑静な住宅街ではなく、映画産業全体を指す一般名詞として用いられるようになっていた。ハリウッドの芸術的・商業的成功が最高潮に達したのは一九四〇年代。この時期、ハリウッドの映画産業は年間に約四〇〇本の映画を制作し、毎週約九〇〇〇万人のアメリカ人が映画館に足を運んだ。このころになると、ロサンゼルスの経済、社会、文化は完全に様変わりしていた。映画は巨大なビジネスに成長し、地元に何万もの雇用を生み出して、ロサンゼルスの繁栄のかなりの部分を担っていた。

ロサンゼルスは、かつては経済活動の中心から隔絶された小規模な地方都市だったが、世界の芸術的創造の中心地へと目を見張る変貌を遂げた。そのプロセスは、近年ほかの産業でイノベーション活動の集積地が形成されたときとほぼ同じ道をたどっていた。俳優や映画スタジオ、さまざまな専門サービスの提供者（舞台技師、音楽家、ロケハン専門家、衣裳デザイナーなど）がハリウッドに集まれば集まるほど、集積効果が発揮されて、いっそう集積が加速していった。その結果、ロサンゼルスは映画産業最大の中心地となり、ほかの都市はますます太刀打ちできなくなった。今日のシリコンバレーやシアトルに中国やインドの優秀なエンジニアが集まってくるのと同じように、当時のハリウッドには才能豊かな移民が続々とやってきた。その多くはヨーロッパ人、とくにユダヤ系の人たちだった。映画監督のエルンスト・ルビッチ、アルフレッド・ヒッチコック、フリッツ・ラング、マイケル・カーティス、俳優のルドルフ・ヴァレンティノ、マレーネ・ディートリッヒ、ロナルド・コールマンといった面々はその代表格だ。

このように、ロサンゼルスの映画産業が大きく成長した経済的要因は明らかだが、最初にどのように映画産業発展の種がまかれたかはよくわからない。「気候に恵まれていたから」というのが一応の定説になってはいる。ニューヨークの冬は寒いので、屋外での撮影が技術的に難しかった、というわけだ。確かに気候は重要な要因だろうが、それが決定的要因になったとは考えられない。これも典型的な後講釈だ。アメリカで気候に恵まれている都市は、ロサンゼルスだけではない。それに、お世辞にも冬が温暖とは言えないベルリン、ロンドン、パリ、モスクワで映画産業が栄えているという事実もある。

二〇〇六年、カリフォルニア大学ロサンゼルス校（ＵＣＬＡ）の地理学者アレン・スコットがこれより説得力のある仮説を提唱した。スコットによれば、ロサンゼルスが映画産業の中心地として台頭するうえでは、一九一五年の出来事が決め手になったという。この年、強力な商業的要因と文化的要因が組み合わさって、ロサンゼルスに根本的な変化が訪れたのだ[10]。すべては、一人のスター級の人物から始まった。その人物とは、映画監督のD・W・グリフィスである。グリフィスは、クローズアップ、フラッシュバック、フェードアウトなど、その後の映画づくりに不可欠なものになる多くの技法を生み出し、チャーリー・チャップリンをして「我々すべての父」と言わしめたほどの絶大な影響力を誇った人物だ。ハリウッドに転機をもたらしたのは、一九一五年にグリフィスが映画史上はじめて巨額予算の映画を制作し、商業的に大ヒットさせたことだった。その作品『國民の創生』は、八万五〇〇〇ドル（それ以前の最高予算額の五倍）の制作費をつぎ込み、一八〇〇万ドル以上を売り上げた。サイレント時代の映画としては飛び抜けた金額だ。それまで映画は演劇に比べて二流の娯楽と思われていたが、この大作が送り出されたことで、映画という娯楽が社会に定着し、中流層の観客も獲得できるようになった。『國民の創生』の成功により、ロサンゼルスに将来の成功の種がまかれたのである。三年後にはすでに、ロサンゼルスの映画産業で働く人の数がニューヨークの二倍になっていた。これ以降、二〇年にわたってその差は広がり続けた。いったん集積効果が作用しはじめると、それが逆回転することはもうなかった。

いまの状況を知っていると、さまざまな産業の集積地が現在の場所に形成されているのは必然に思えるかもしれない。いまでは、ロサンゼルス＝映画、ニューヨーク＝金融、シリコンバレー＝コンピュータ、シアトル＝ソフトウエア、ローリー－ダーラム圏＝医学研究という組み合わせは、誰もがすぐに思い浮かべる。しかし、それぞれの土地にその産業が根づく前は、今日のようなイメージはまったくなかった。一九一〇年のロサンゼルスに、ここがやがて世界の映画の都になると予期させる要素はほぼ皆無だった。一九六〇年代のローリー－ダーラム圏を見て、ここが生物医学研究の中心地になることを予測できる人はまずいなかっただろう。一九七〇年代のシアトルにいたっては、世界のソフトウエア開発の一大拠点になるとはとうてい思えなかった。バイオテクノロジー産業のケンブリッジ、サンディエゴ、ベイエリアも、たまたま好ましい時期に好ましい人材が集まっていたにすぎない。それに対し、古いタイプの製造業の拠点が特定の場所に誕生した理由は明快に説明がつく。多くの場合は、港や天然資源のある場所に近いといった物理的条件のおかげだ。一九～二〇世紀にシカゴやデトロイト、トレド、バッファロー、クリーブランドが製造業の集積地として成長したのは、いずれの場合も、重い物を船で安価に輸送できる地理的環境が有利に作用したからだった。

シリコンバレーができたのは「偶然」だった

ハイテク産業の歴史を見れば明らかなように、産業の集積地が確立されたあとにどのような運命をたどるかにはある種のパターンがあるが、どこに集積地が生まれるかを事前に予測するのは難しい。計画的にハイテク産業の集積地をつくり出すのは、それに輪をかけて困難だ。今日のアメリカで最も重要な産業集積地と言っても過言でないシリコンバレーも、計画的に築かれたとは言い難い。シリコンバレーのハイテク産業の発祥は軍事研究と密接な関係があったが、軍幹部が「この土地にイノベーションの中心地をつくろう！」と決めたから、ここにハイテク産業の集積地が形成されたわけではない。一九四〇年、サンフランシスコの南に位置する半島部は、果実栽培に比較優位をもつ、のどかな農業地帯だった。そのような果樹園が並ぶ土地にイノベーション産業の最初の種がまかれたのは、トランジスタを発明した伝説の発明家ウィリアム・ショックレーがやって来たときだった。その弟子たちがフェアチャイルド・セミコンダクターの設立に参加し、最初の集積回路をつくることに成功したとき、ショックレーのまいた種が芽を吹き、シリコンバレーでハイテク産業の集積のプロセスが始まった。のちにこの地域に何百万もの雇用を生み出すことになる経済的奇跡の始まりは、偶然にまかれた一粒の種だったのだ。

ショックレーはスタンフォード大学で教授を務めたので、「シリコンバレーが生まれたのはスタンフォード大学のおかげ」と言われることが多い。しかし、当時スタンフォード大学はアメリカの数ある大学の一つにすぎなかった。同大学が一定の役割を果たしたことは間違いないが、多くの人が思っているほど決定的な影響を及ぼしたわけではない。この土地にハイテク産業の集積地が誕生し成熟するうえで、一流大学の存在は必要条件ではあっただろうが、十分条件とは言い難かった。もし、ショックレーがカリフォルニア州のパロアルトではなく、たとえばロードアイランド州のプロビデンスに拠点を置いていれば（当時、産業の基盤はパロアルトよりプロビデンスのほうがはるかに充実していた）、いまごろロードアイランド州に「シリコンバレー」が形づくられ、プロビデンスにあるブラウン大学がいかにしてハイテク産業の集積を後押ししたかを論じた本がいくつも書かれていただろう。

人類の歴史には、繁栄する都市をゼロからいきなり築こうとした夢想家が何人もいた。聡明な計画と強い価値観に導かれてユートピア都市を建設し、さまざまな社会的害悪を解決しようと、多くの人が夢見てきたのだ。一九二八年、自動車王ヘンリー・フォードは、ブラジルのアマゾン奥地の未開の地に新しい産業拠点をつくろうと考えた。その名も「フォードランディア」。フォード自動車の合理的・効率的エンジニアリングの手法を生かして理想のコミュニティを築き、自社のタイヤ原料のゴムを供給させようという考えだった。しかしフォードの実験は、この町に移り住んだ人々と投資家の両方に大打撃をもたらした。鳴り物入りで建設された人工都市は、わずか一七年後に売却され、フォードがこうむった損失は、計り知れない金額にのぼった。

苦境に陥っている都市は今日、自己改造に取り組み、良質の雇用を引きつけようとしている。それを支援するために、政府にはなにができるのか？　一九九〇年代前半にマイケル・ポーターが産業クラスター（集積地）形成という考え方を一般化させて以来、多くの州や都市がさまざまな公共政策を通じて、産業集積地を築こうとしてきた。そうした政策は、公共経済学の分野で「地域の実情に即した政策」と呼ばれる。これは、個人ではなく、都市を対象にした福祉政策という性格をもつ。この種の政策に費やされる金は、連邦レベルと州レベルを合わせて年間に約六〇〇億ドル。この金額は、普通の年に失業保険給付のために支出される金額より多い。しかし、そうした政策の土台にある経済的論理はほとんど理解されておらず、そもそも論じられること自体がきわめて少ない。

このような政策に効果はあるのか？　この問いに答えるためには、政策の基本的発想と経済的理屈を掘り下げて検討する必要がある。ヘンリー・フォードがゼロから新しい都市を築こうとして困難にぶつかったように、地域経済を改造しようとする地方政府は苦戦を強いられている。政府の介入がどういうときに有効で、どういうときに効果がないのかを明らかにすることは、健全な政策を立案するための第一歩と言えるだろう。

文化やアートが充実していても貧乏な都市

経済が繁栄している都市では、労働力の需要と供給が好ましい均衡状態にある。イノベーションをめざす企業（＝労働力の需要側）は、自社で必要とする技能の持ち主がそこにいると期待できるので、その都市に集まってくる。一方、高度な技能をもつ人たち（＝労働力の供給側）は、経済が自分たちの求めている仕事がそこにあると期待できるので、その都市に住もうとする。経済が低迷している都市の状況は正反対だ。どんなに家賃相場が安くても、高い技能をもつ働き手はそういう町に住もうとしない。そこには自分の働き口がないと知っているからだ。イノベーション能力に富む企業も進出してこない。そこには高技能の働き手がいないからだ。人材がいれば企業は移ってくるし、仕事があれば働き手は移ってくるが、いずれの側もみずからが先に移ることは得策でない。ここに抜け出しがたいジレンマがある。

大ざっぱに言えば、経済的に苦しんでいる都市の経済を活性化させる方法は二つに一つだ。一つは、労働市場の需要サイドのアプローチ。雇用主である企業を誘致し、その結果として高技能の働き手が移住してくることを期待する。具体的には、その都市を企業にとって魅力的な場所にするために、税制優遇策などの奨励措置を導入する。もう一つは、供給サイドのアプローチ。町の住み心地をよくすることで、高い技能をもった働き手を引きつけ、それを追って企業が進出してくることを期待する。端的に言えば、前者は企業を「買収」する政策、後者は働き手を「買収」する政策と位置づけられる。

一〇年ほど前、町の住み心地をよくすることで都市の経済を活気づけようとする政策が多くの都市で実践されたことがあった。当時、リチャード・フロリダの一連の著作を通じて、いわゆる「クリエイティブ・クラス（創造階級）」は生活の質に敏感なので、知的興奮と刺激を味わえる都市を築くことが地域経済の成長にきわめて重要であるという考え方が広まった。フロリダはこう書いている。「シアトルは、マイクロソフトとアマゾンの拠点であるだけでなく、（ミユージシャンの）ジミ・ヘンドリックスやニルヴァーナ、パール・ジャムを生んだ町でもある。テキサス州のオースティンは、マイケル・デルが（コンピュータのデル社を創業した場として有名な）テキサス大学オースティン校の学生寮にはじめて足を踏み入れる前に、すでにウィリー・ネルソンを生み、シックス・ストリートの音楽シーンを花開かせていた」[11]。都市が栄えるためには、充実した文化とリベラルな気風が欠かせない、ひとことで言えば「クール（かっこいい）」な町でなくてはならない、というわけだ。多くの都市がこの処方箋を受け入れた。都市の再開発にあたっては、クリエイティブな人たちを引きつけられるように、町の快適性を高めることに最も資源を割くべきだと考えられるようになったのだ。ピッツバーグやデトロイトにはじまり、クリーブランドやモービルにいたるまで、アメリカのさまざまな都市でこの目的のために巨額の資金が費やされてきた。そして、いまも費やされ続けている。二〇〇三年、ミシガン州は、「クール・シティーズ」と銘打った野心的なキャンペーンを開始し、おしゃれなウエブサイトもつくった。ねらいは、フリントやデトロイトなどの古い工業都市のイメージを払拭し、クリエイティブ・クラスにとって魅力的な町として印象づけることにあった。フォード財団は、地域の経済的発展を加速させるようなアートスペースの設置を助成するために一億ドルの資金を用意した。「アートは、地域経済の発展に欠かせない要素と位置づけられるようになった」と、カリー・ジエイコブズはメトロポリス誌で指摘している。[12] フロリダはさらに、同性愛者に差別的でない都市ほど経済が繁栄するという主張もしている。

確かに、イノベーション産業をはぐくみ、しっかりした経済の土台を築いている都市の多くは、活気に満ちていて、知的刺激があり、リベラルな気風がある。しかし、ものごとの原因と結果を混同してはならない。成功を収めているイノベーション産業の集積地の歴史を見るとわかるように、多くの場合は、堅実な経済的基盤が形成されたからこそ、その都市に充実した文化とリベラルな雰囲気が生まれたのであって、その逆ではない。たとえば、いまシアトルを訪ねた人は、活気に満ちた文化と質の高いレストラン、それにリベラルな気風に感心するだろう。シアトルにイノベーション産業が根づいたのは、クリエイティブな人たちがこの町に住みたいと思ったからだと思うかもしれない。しかし、実際の因果関係は逆だ。シアトルはもともとジミ・ヘンドリックスの出身地ではあったが、一九八〇年代には魅力的な町だとは思われていなかった。おしゃれな町とはお世辞にも言えず、暗いムードに覆われていた。住民は大挙して町を脱出していた。教育レベルの高い専門職にふさわしい活気ある町になったのは、ハイテク関連の雇用が生まれたあとなのだ。

クリーブランドは、超一流の交響楽団や美術館などの文化施設と、おしゃれな繁華街を擁する町だが、新しい経済の基盤を築くことができていない。アメリカのイノベーションハブのなかでも屈指のペースで成長を遂げているオースティンは、確かにとても住みやすい町だが、町の魅力という面ではサンタバーバラに勝てない。しかし、風光明媚で気候がよく、リベラルな気風のサンタバーバラは、地域経済が停滞しており、ハイテク関連の雇用はほとんど存在しない。アメリカには、マイアミ、サンタフェ、ニューオーリンズなど、充実した文化とリベラルな雰囲気に恵まれた魅力的な都市なのに、イノベーション産業の良質な雇用を生み出せていない都市がいたるところにある。世界に目を転じると、イタリアは、ライフスタイルの面では魅力的な国だが、イノベーション産業の形成では先進国で最も後れを取っている。イタリアが抱えている問題は、創造的な人材の供給不足ではない。聡明で意欲的な若い大卒者は大勢いる。問題は、そうした人材に対する需要が足りないことだ。何百万人ものイタリアの若者が失業していたり、意に反してフルタイムの職に就けずにいたりする一因は、強力なイノベーション産業を引きつけられない経済システムにある。

もちろん、例外はある。ニューヨークはその最たる例だ。ニューヨークには、良質な専門職の雇用を生み出せる強固な基盤が昔からあったが、三〇年にわたって経済的にもがき続けた。犯罪率の高さ、生活の質の低さ、公共サービスの劣悪さに足を引っ張られたのだ。ニューヨークの経済が再生できたのは、生活の質が改善し、多くの優れた専門職がこの町に戻ってきたいと思うようになってからだ。

いま世界有数のクールな都市の一つは、ドイツのベルリンだ。ベルリンの壁が崩壊して二〇年あまり、創造性に富む人材がヨーロッパ中から集まってくるようになった。大学教育を受けた若いフランス人やスペイン人、イタリア人が毎年何千人もベルリンに移り住む。魅力は世界水準のカルチャーシーンだ。市内にあるギャラリーは数知れず、公共のアートスペースの展示の質も飛び抜けている。ミュージカルは、高尚なものから前衛的なものまでなんでもあり、深夜一時以降になって盛り上がれるダンスクラブもある。レストランは安くておいしいし、エスニック料理店の種類も増えている。リベラルな雰囲気、質素だが特徴のある建築物、そして東西冷戦下でこの町が味わってきた苦難の歴史。こうした要素のおかげで、実験精神に富んだ町が形づくられている。なかには、一九八〇年代のニューヨークを思わせると言う人たちもいる。

ベルリンの魅力は、文化だけではない。不動産相場はヨーロッパの主要都市で有数の安さだし、政府の助成により充実した託児サービスも受けられる。学校の質も高い。ガラスと鉄でできたベルリン中央駅や新しい空港など、公共インフラもよく整備されている。冷戦時代に東西ベルリンに分断されていた歴史も、いまは町に恩恵をもたらしている面がある。二つの動物園、三つの有力なオペラハウス、七つの交響楽団、無数の美術館や博物館があるのは、四〇年にわたる冷戦時代に東西ドイツが競うようにして文化施設をつくった遺産だ。歴史豊かな街の美しい通りを散策すると、ベルリンほど、創造性の高さと生活の質の高さを兼ね合わせている都市はないのではないかと思えてくる。東西ドイツが再統一して以降、一〇〇万人以上の新住民がベルリンに流入したのも理解できる。そうした新しい住民のなかには、高い技能の持ち主も少なくない。

文句をつけようがない状況、と言いたいところだが、一つだけ問題がある。雇用が決定的に少ないのだ。この一〇年以上、ベルリンはドイツ国内で最も失業率が高く（全国平均の二倍近い）、住民一人当たりの所得の伸びは国内で下から二番目にとどまってきた。ドイツでは抜きん出て刺激的で創造的な都市であり、ヨーロッパで屈指のクールな町であるにもかかわらず、ベルリンは堅実な経済的基盤を築けていないのだ。同性愛者であることを公表している進歩的な市長——この町のボヘミアンな雰囲気を象徴する存在だ——は、ベルリンを「貧しいけれどセクシー」な町と呼んだことがある。

ハーバード大学出身のアメリカ人経済学者マイケル・バーダは、ベルリンで最古の、そして最も権威ある大学であるフンボルト大学で教えている。この町にやって来たのは、東西ドイツの再統一からわずか四年後の一九九三年。以来、ベルリンの経済を見つめ続けてきた。ある日、私はバーダと一緒に、ベルリンに何千軒もあるオープンエアのカフェの一つでおいしいワインを片手に、ゆったり流れる川とにぎやかな街並みを堪能していた。そのときバーダは、ベルリンで雇用を生み出している主たる産業の一つが観光業だと述べた。ドイツの大企業の一部はベルリンに本社を置いているし（おそらく首都だからという面もあるのだろう）、ファッションやメディアの仕事もある程度は生まれている。最近はインターネット関連の新興企業の集積地も形成されつつある。しかし、この地域の四〇〇万人近い人口を考えれば、これらの分野の雇用はあまりに少なすぎる。グローバルなイノベーション企業はほとんど存在せず、所得水準はドイツのほかの地域より低い。ベルリンの壁が崩壊して以降、質の高い民間雇用が順調に増えているとは言えない。ベルリンが生き延びられているのは、東西分断の歴史ゆえに魅力的な観光地になっていることに加えて、インフラ整備と公共部門の雇用のために、国内のほかの地方から莫大な金が流れ込んでいるおかげだ。バイエルン州やバーデン・ビュルテンベルク州などの豊かな州が長年にわたり、ベルリンを経済的に支えてきたのである。この点は、アメリカのワシントンDCと対照的だ。ワシントンDCは、この二〇年ほどで大規模なハイテク産業の集積地を築いてきた。この一帯のハイテク産業は、いまや政府機関を上回る規模を誇り、公的な支援を受けずに発展している。

クリエイティブ・クラスを喜ばせさえすればイノベーションハブを築けるという考え方が妥当かを検証したければ、ベルリンの状況を見ればいい。リチャード・フロリダの主張どおりなら、クリエイティブ・クラスから魅力的だと思われるような町をつくれば、優れた人材が集まってきて、それがやがて町の経済を引き上げるはずだ。しかし、クールな都市として知られるようになって二〇年。ベルリンでは、教育レベルの高い創造的な人材の供給が需要を大きく上回ったままだ。ある研究によれば、この町の社会科学者の三〇%、アーティストの四〇%は職がない。[13] ドイツのハイテク産業と先進製造業は繁栄しているが、ベルリンにはそういう産業はわずかしか存在していない。将来のことまでは断言できないが、少なくとも現時点で、ベルリンはドイツ版のシリコンバレーとはとうてい言えない。

魅力的な町というだけでは、地域経済を支えられない。結局、必要なのは、雇用を創出することだ。ただし、生活の質が重要でないわけではない。サンフランシスコに拠点を置く口コミ情報サイト、イエルプのエンジニアリング担当副社長であるニール・クマールはUSAトゥデイ紙に、「ここに本社を置いていることは、頭がよく知識豊富で、多様性に富んだ人材を集めるうえで役に立っている」と述べている。[14] 優秀なエンジニアの争奪戦が激化するなかで、サンフランシスコという立地が一つの武器になっているのだ。「サンフランシスコにあるからこそ、創造性に富むテクノロジー系の人材を獲得できている」と言うのは、同じくサンフランシスコに拠点を置くソーシャルゲーム大手ジンガの幹部、コリーン・マクリアリーだ。[15]「それが最大の要因というわけではないが、総合的に見て、この点が好影響をもたらしていることは間違いない」。シリコンバレー内でもサンフランシスコより魅力が劣る土地に拠点を置く企業のなかには、人材を確保するために、サンフランシスコとの間に送迎バス（地元では「グーグルバス」と総称されている）を運行させているケースもある。グーグル、アップル、ヤフー、ジェネンテックといった企業はみな、無線インターネット接続サービス完備のバイオディーゼル車のバスを何台も所有している。従業員はバスの中で仕事をしてもいいし、インターネットを楽しんでもいいし、無料で提供される低脂肪乳のカプチーノを味わってもいい。自転車や愛犬の持ち込みも許されている。

とはいえ、生活の質の高さは、優秀な人材を引きつけ、都市を経済的に成功させる助けにはなるが、それだけでは、経済の停滞した都市をイノベーションハブに変える原動力にはなりえない。ベルリンで実現していないことがミシガン州フリントで実現するとは考えづらい。

大学は成長の原動力になりうるか？

どの都市も、地元にマサチューセッツ工科大学（ＭＩＴ）のような大学が欲しいと思うだろう。市当局者や地元政治家は、世界有数のエンジニアリング系大学の近隣に形成されているようなイノベーションハブを自分たちの町にも築きたいと考える。そのとき念頭に置かれているのは、蒋業明《チアン・イエミン》やダルメシュ・シャーのようなイノベーターたちだ。蒋は材料科学専門のＭＩＴ教授。大学で教鞭を執り、「リン酸鉄リチウム電池電極における過電圧依存性の相変態経路」といった難解な題名の学術論文を書くだけではなく、次々とビジネスを起業してきた。これまでに学術研究を土台に立ち上げたハイテク企業は四社。とくに有名なのは、Ａ１２３システムズとスプリングリーフ・セラピューティクスだ。Ａ１２３システムズは、電気自動車向け電池の有力メーカー。スプリングリーフ・セラピューティクスは、病気の患者に持続的に薬剤を投薬するために、患者が身に着けるタイプの薬剤ポンプを開発している。蒋は何千もの雇用を直接生んでいるだけでなく（Ａ１２３システムズだけで一七〇〇人を雇用している）、乗数効果を通じて間接的にさらに多くの雇用をつくり出している。成功の理由は、蒋がきわめて聡明というだけでなく、ボストン－ケンブリッジ圏のイノベーションハブが提供する恩恵をことごとく上手に活用してきたことにもあった。「自分が専門でない分野の専門家をＭＩＴ内で見つけ、ビジネスのエキスパートである有力起業家も探す」と、二〇一一年にボストンを代表するイノベーターの一人に選ばれた際に蒋は地元紙に語っている。[16]「そしてベンチャービジネスのコミュニティと接触し、技術とビジネスの面で優秀な若者を雇う。地域のビジネスのエコシステムを最大限活用している」。一方、ダルメシュ・シャーは、MITの学生時代に学生寮でハブスポット社を設立。中小企業のオンラインマーケティングをおこなう同社は、いまではケンブリッジで二〇〇人を雇用している。

しかし本当に、大学は地域経済を変える力をもっているのか？　地域の経済発展に大学が果たす役割は、単純には語れない。すでに見たように、都市が経済的に成功するうえでは大学卒業者の人口が多いほど好ましいが、大卒者は移住に積極的な傾向がある。地元の労働市場が魅力的でなければ、大学所在地に卒業後も住み続けるとはかぎらない。実際、ニューヨークに住んでいる大卒者の過半数は、地元のコロンビア大学やニューヨーク大学、ニューヨーク市立大学の出身ではなく、ほかの都市や州の大学を卒業した人たちだ。

私の研究から言えるのは、ある都市に大学が存在すると、労働市場における大卒者の供給と需要の両方が増えるということだ。供給が増えるのは、地元大学が卒業生を送り出すことに加えて、他校出身の大卒者を引きつけるからであり、需要が増えるのは、大卒者人口が増えて住民の生産性が高まるからだ。[*1]さらに、詳しく見ると、需要が増える理由は主に三つ指摘できる。

第一に、学術研究の成果が直接的に新しい企業を誕生させるケースがある。蒋業明が立ち上げた会社はその典型だ。最近の研究によると、大学によるイノベーションの商業利用を促すバイ・ドール法が一九八〇年に制定されてから、大学の近隣地域で雇用が増加しているようだ。一九八〇年以降、MITが生み出した特許は三六七三件。MITの卒業生や教員が設立した企業の売上高は、年間二兆ドルにのぼる。MITだけでなく、スタンフォード大学とカリフォルニア大学バークレー校も同様の成果をあげている。有名なところでは、ラリー・ページとサーゲイ・ブリンはグーグルの検索エンジンの土台をなすテクノロジーを開発したとき、スタンフォード大学工学部の大学院生だった。実際、創業初期には、スタンフォード大学のウェブサイト内で「google.stanford.edu」というドメイン名を使って活動していた時期もあった。ページとブリンが最初に雇った従業員も大学の同級生だった（おかげでその人物は、いまでは巨万の富を手にしている）。

第二に、大学の学術研究によって知識の伝播が促進され、その土地のイノベーション産業の発展が後押しされる場合がある。アダム・ジャフィーの研究によると、知識伝播の効果がとくに際立っているのは、製薬、医療技術、エレクトロニクス、光学、原子力の分野だ。[17] そして、その恩恵に浴するのはおおむね地元の企業である。

第三に、大学の医学部と付属病院はきわめて労働集約型・技能集約型のサービスを提供しており、地元に何百もの、ことによると何千もの高給の雇用を生み出す。一般的に、医療は地域レベルのサービスという性格が強いので、地域の経済発展の原動力になるのではなく、繁栄の結果としてこの分野の雇用が生まれるケースが多い。しかしときには、病院が地元だけでなく、もっと広い地域や国全体を相手にビジネスをおこなうケースもある。ミネソタ州ロチェスターやペンシルベニア州ピッツバーグ、テキサス州ヒューストンなど、一流病院がある町には、全米から、さらには国外からも多くの患者がやって来る。これらの病院は、マイクロソフトやアップルと同様、地域外の顧客を獲得できる「貿易可能」なサービスであり、地域経済を上向かせることに貢献できる。

私の研究によれば、地元に大学があれば、概して労働力の教育レベルが高まり、地域の賃金水準も向上する。しかし、地元に大学があるからといって、経済的成功が約束されるわけではない。その点では、一流大学とて例外ではない。市長や政策決定者たちは、この点を頭に入れておく必要がある。実際、アメリカの大都市のほとんどには大学があるが、大規模なイノベーション産業の集積地が形成されている都市圏はごくわずかだ。ミズーリ州セントルイスにあるワシントン大学は、アカデミックな水準でワシントン州シアトルのワシントン大学を上回っているが、セントルイスにはほとんどハイテク関連の雇用がない。むしろ、シアトルが世界屈指の活気あるイノベーションハブとして台頭するのをよそに、セントルイスはこの一五年間、人口を減らし続けてきた。アリゾナ州立大学とフロリダ大学はアメリカ屈指の規模を誇る大学だが、それぞれの所在地であるアリゾナ州フェニックスとフロリダ州ゲインズビルは、イノベーションハブのランキングでは下位に沈んでいる。コーネル大学とイエール大学は世界の大学ランキングでもトップクラスの超一流大学だが、地元のニューヨーク州イサカとコネチカット州ニューヘイブンには、大学と直接結びついている企業を別にすれば、世界レベルのハイテク企業が集まっているわけではない。

要するに、近くに一流大学があることは重要だが、それだけでは、イノベーション産業の集積地が形成・維持されるとは限らないのだ。しかし、ラスベガスにはじまりデトロイトにいたるまで、またイタリアにはじまり中国にいたるまで、この点を誤解して、研究施設の建設に貴重な資金を浪費しているケースが非常に多い。地域経済を発展させるうえで大学が最も効果を発揮するのは、専門性の高い労働力と専門サービス業者とともに、イノベーション活動のエコシステム（生態系）を形成している場合だ。集積地が形づくられれば、大学は集積地の成長を促すために大きな役割を果たし、集積地の成功を支えるエコシステムの柱として機能する場合も多い。

「ビッグプッシュ」の経済学

ここまでは、高い技能をもった労働力の供給を増やすことで地域経済の成長を促そうとする政策の可能性と落とし穴を見てきた。以下では、もう一つのアプローチを検討しよう。雇用主を引き寄せることにより、労働力に対する需要を増やそうとする政策である。この政策を採用する場合、具体的には、イノベーション能力のある企業を呼び寄せるための奨励措置を設けるケースが多い。奨励装置の力でイノベーション産業の集積地が確立されれば、いずれはその集積地が自立的に存続するようになると期待するのだ。確かに、産業の集積地が形成されて軌道に乗れば、あとはおのずと成長していく場合が多い。技能の高い労働者と専門サービス業者の層がいっそう厚くなり、知識の伝播もさらに加速しはじめる。難しいのは、どうすれば最初のきっかけを与えられるかだ。

二〇〇五年、王平《ワン・ピン》はまさにその点に頭を悩ませていた。セントルイスにあるワシントン大学の経済学部長に就任してわずか数カ月、王は同学部が困った状況にあることに気づいた。ワシントン大学はきわめて質の高い学部教育を提供しており、大学ランキングで東部のアイビーリーグに次ぐほどの評価を受け、全米から優秀な学生が集まっていた。しかし、アイビーリーグの大学とは経済学部のレベルが違った。王が学部長に就任した時点で、同学部は長期にわたり大学ランキングの下位に低迷していた。学術研究に活発に取り組んでいる教員が非常に少なかったのだ。

大学にとって、強力な経済学部をもつことの意義は大きい。経済学部は卒業後のキャリアに有利なので、大学進学を望む若者の間でとくに人気が高い。また、経済学はアカデミズム以外の人たちにも関心をもたれやすく、研究成果がしばしば新聞やテレビでも取り上げられる。それに、経済学部はあまり金がかからない。経済学部の教員に支払われる給料はたいてい物理学部や生物学部より高いが、予算を食う研究室や高価な研究機器が必要ないからだ。

王がすぐに見抜いたように、停滞した三流経済学部を超一級の経済学部に変貌させるうえで障害になるのは、学者たちがハイテク企業と似た行動を取ることだった。大学の研究者が最も生産性と革新性を発揮するのは、優秀な同僚に囲まれ、意見交換ができる環境に身を置いているときだ。逆に、まわりに優れた研究者がいなければ、研究が停滞しやすい。つまり、すでに強力な学部は、生産性の高い研究者に引きつけられてほかの優秀な研究者が続々と集まってくるので、ますます強力になる場合が多い。一方、同じ理由により、弱い学部はますます弱体化する傾向がある。優れた研究者は、弱体化した大学に率先して移籍しようとは思わない。それは、メンツだけが理由ではない。研究の生産性を高めるための判断でもあるのだ。

このような悪循環に陥った状況は、「貧困の罠」と呼ばれる。この罠を抜け出す方法は一つしかないと、王は気づいた。その方法とは、「ビッグプッシュ（＝大きな一押し）」をおこなうことである。王がそのために取った行動は、前例のないものだった。ほかの大学に在籍している二人の教授に電話して、六〇万ドル近い年俸と破格の条件を提示して移籍を促したのだ。賭けは成功した。二人のスター研究者が権威ある大学を辞め、ワシントン大学に移った。これではほかの経済学者たちもワシントン大学経済学部に魅力を感じはじめ、平均レベルの年俸しか提示されなくても王の誘いに応じて移籍してくるようになった。こうして優秀な経済学者が増えると、同学部は経済学者にとってますます魅力的な職場に見えるようになった。大学ランキングの順位は一挙にはね上がった。王は見事に「貧困の罠」を打ち破ったのだ。しかし残念ながら、この好循環は二〇〇八年に破綻してしまう。金融危機によりワシントン大学の大学基金が大幅に目減りし、雇用する教員の数を減らさざるをえなくなったからだ。

同じような「貧困の罠」に陥っている都市は多い。そういう都市は、過去という足枷にからめ取られて、経済を発展させられずにいる。都市がこの悪しき均衡から抜け出し、好ましい均衡へと移行するためには、ビッグプッシュが欠かせない。現状の膠着状態を打ち破り、高い技能をもつ働き手と企業と専門サービス業者を同時に呼び込むために、周到な取り組みを実行する必要があるのだ。それをおこなえるのは、政府だけだ。集積のプロセスを始動させるために、個々の働き手と企業の行動にはたらきかける能力をもっている存在は、政府をおいてほかにない。具体的には、最初にその都市に移ってくる人や企業に補助金を支給し、やがて集積のプロセスが自立的に持続できるようになった段階で補助金を打ち切ればいい。ワシントン大学の王が最初の二人の有力研究者に莫大な報酬を支払い、それ以降は平均的な金額しか支払わないようにしたのと同じ発想である。ビッグプッシュ戦略はきわめて大きな効果を生む可能性を秘めている。これによって、衰退に向かっていた都市が息を吹き返すかもしれない。

しかし、過去にこの種の政策が実践された例を見ると、実を結んだケースばかりではない。ビッグプッシュ戦略が成功するためには、「プッシュ」が真に「ビッグ」なものでなくてはならない。しかも、揺るぎない姿勢で継続的にその政策をおこなうこと、そしてなにより、適切な対象に補助金が渡るようにすることが不可欠だ。ワシントン大学がそうだったように、この戦略を実践するには莫大なコストがかかるので、成功を長続きさせられない可能性もある。

二〇世紀のアメリカに「産業革命」をもたらした政策

アメリカの歴史上実践されたビッグプッシュ戦略のなかで、最も古く、最も重要なものは、一九三〇年代に連邦政府が設立したテネシー川流域開発公社（ＴＶＡ）だ。大恐慌の時期に、テネシー川流域の極貧地域を貧困から救い出すために設けられた政府機関である。大言壮語する傾向があった当時のフランクリン・ルーズベルト大統領の言葉を借りれば、この政策のねらいは、「人々のあらゆる不安に向き合う」ことを通じて、この地域の経済を近代化することだった。具体的には、地域の電力需要をまかない、生産性を向上させるための水力発電ダム、充実した道路網、長大な運河、学校、洪水対策設備などのインフラ建設を推進した。また、マラリア対策、植林、教育、医療などにも資金がつぎ込まれた。事業の規模は空前絶後だった。一九三三〜五八年に、この地域に投じられた税金は三〇〇億ドル[18]。最盛期の一九五〇年に連邦政府が支出した金額は、世帯当たり六二五ドルにのぼった。しかし一九五八年以降、連邦政府は支出を減らしはじめ、ＴＶＡはおおむね独立採算で運営されるようになった。

このような政策の前提にあるのは、政府が金をつぎ込めば、貧困にからめ取られた地域経済に弾みをつけられるだろうという発想だ。この考え方は理にかなっているように見えるが、左右両派から厳しい批判を浴びている。右派に言わせれば、政府の役割を拡大させようとする「大きな政府」的政策で好ましくないという話になり、左派に言わせれば、地域コミュニティに上から指図する政策で不適切だということになる。進歩的な都市思想家だったジェーン・ジェイコブズは、一九八四年にニューヨーク・レビュー・オブ・ブックス誌に掲載された記事で、TVAを含むビッグプッシュ戦略を辛辣に批判した[19]。この種の政策は地域経済振興の手段として不自然であり、「実際、悲惨な結果を招く」というのだ。

どうすれば、こうした「地域の実情に即した政策」の有効性を厳密に測定できるのか？　着目すべきなのは、「プッシュ」をおこなっている期間に雇用が増えたかどうかではない。資金が流入したときに一時的に地域経済が好転しただけでは、その資金が有効に用いられたとみなすことはできない。重要なのは、政府の資金によってまかれた種が芽吹き、最終的に民間の力によって維持されていく産業集積地がつくり出されたかどうかだ。重要なのは、集積地が自力で存続できる規模まで拡大することだ。政府に求められる役割は、公的な投資によってその一線を越えさせることである。そこまで来れば集積効果が作用しはじめ、補助金が打ち切られたあとも企業と働き手を引きつけ続けられるだろう。

私はパット・クラインとともにTVAについて慎重に調べた結果、この政策により、それまで工業がほとんど存在しなかった地域に産業革命が起きたという結論に達した[20]。この政策のもとでビッグプッシュがおこなわれた一九三三〜五八年、この地域の製造業の雇用は全米平均を上回るペースで増加した。安価な電力と輸送の便のよさに魅力を感じた企業が進出してきたためだ。製造業雇用の増加率は、連邦政府の補助金が入ってこなくなったあとも、全米平均を上回り続けた。そればかりか、連邦政府の資金が流入しなくなって四〇年以上が過ぎた二〇〇〇年の時点でも、アメリカ南部の似たような地域より速いペースで製造業の雇用が増えていた(この効果は次第に薄まってきており、近いうちに消えてしまうだろうが)。ただし、TVAはこの地域を低生産性産業(=農業)から高生産性産業(=工業)に移行させることには成功したが、地域の賃金水準を高めることはほとんどできなかった。理由は単純だ。雇用が増えはじめると、南部のほかの地域から続々と労働者が流れ込んで労働力の供給が増えたために、需要増の効果がほぼ相殺されてしまったのだ。

この種の政策を成功させるうえで難しいのは、政策担当者が有望な企業を見極めて投資することだ。ある意味で、政策担当者にはベンチャーキャピタリストのような資質が求められる。その点、TVAを設立したフランクリン・ルーズベルトはさほど苦労しなかった。当時は製造業こそが雇用増の原動力で、インフラと安価なエネルギーが繁栄の基盤だった時代だ。経済発展の方程式がはっきりしていた。それに、テネシー川流域では工業の発展の度合いがきわめて低く、新たに誕生するのがアルミ工場だろうと、製鉄所だろうと、化学工場だろうと同じくらい意味があった。しかし、時代は変わった。今日、地域の経済的成功を最も左右する要素は人的資本だ。このように状況が変わった結果、どういった企業を誘致すべきかの判断が難しくなっている。ナノテクノロジーの研究所を呼び込むために全予算をつぎ込むべきか、それともアマゾンの新しいデータセンターに来てもらうほうがいいのか? あるいは、太陽光発電パネルの研究開発施設や、バイオテクノロジー研究所のほうが好ましいのか？　どの産業や企業が成功するかを予測することは、プロのベンチャーキャピタリストでも難しい。経済不振にあえぐ都市の首長にそれを見通せというのは、無理難題に等しいだろう。

実は、アメリカの主要なイノベーション産業の集積地のなかで、当局によるビッグプッシュ戦略によって生まれたものはほとんど見当たらない。シリコンバレーは、地元の政治家が計画して築いたわけではない。シアトル、ボストン、サンディエゴ、ロサンゼルスがそうだったように、イノベーション産業の集積地を生み出す種子となるのは、多くの場合、早い段階でその都市に拠点を置いた企業が成功を収めることなのだ。

基本的な構図は、もっと規模が小さく、専門特化している集積地の場合も変わらない（経済が低迷している都市にとっては、そういうタイプの都市のほうが現実的なお手本になるだろう）。オレゴン州ポートランド、アイダホ州ボイジー、カンザス州カンザスシティは、それぞれ半導体、ハイテク全般、動物のライフサイエンスに基盤を置く小規模なイノベーションハブだ。[21]これらの集積地は規模こそ小さいが、きわめて活発に経済活動がおこなわれている。たとえば、ポートランドとボイジーの住民一人当たりの特許取得件数は、ボストンにほぼ匹敵する。この三つのイノベーションハブは、いずれも計画的につくり出されたものではない。ポートランドの場合、始まりは一九七六年にインテルの半導体工場が設立されたことだった。ボイジーにハイテク産業が花開く種がまかれたのは、一九七三年にヒューレット・パッカード（ＨＰ）のプリンター部門が移転してきたときだ。カンザスシティのライフサイエンス産業の歴史は、一九五〇年代にユーイング・マリオン・カウフマンが製薬研究所を開設したときにさかのぼる。最近のブルッキングズ研究所の研究も指摘しているように、これらの都市にハイテク産業が花開くうえで、市政府による熱心な企業誘致が大きな役割を果たしたという事実はない[22]。

一方、ほかの国では、ビッグプッシュ戦略がいくらか成功を収めたケースもある。アイルランドは、ビッグプッシュ戦略を計画的に実践することにより、それまで存在しなかった人的資本集約型の産業を育てることに成功した。税制面を含めて思い切った優遇措置を設けて、ハイテクと金融の集積地を築いたのだ（ただし、金融危機をきっかけに、そうした政策の継続可能性を疑う声が出てきている）。イスラエルには、世界で有数の活気あるハイテク産業の集積地が形成されているが、それを支えているのはイスラエル軍だ。イスラエル政府はハイテク産業を築こうと計画したわけではなかったが、革新的な防衛技術と専門的な人的資本を必要としていた。そうした政府の投資が間接的に民間部門をはぐくみ、それが国際的に競争力をもつようになったのである。

ビッグプッシュ戦略の最も明確な成功例としては、台湾を挙げることができる。台湾政府は一九六〇年代と七〇年代に科学研究に大がかりな助成をおこなうことで、一次産業中心の経済を、活力あるイノベーション産業を擁する先進的な経済に転換させることに成功した。政府の投資をきっかけに、アメリカで活動していた中国系科学者たちが帰ってきて研究開発の集積地が誕生し、その集積地が成長して、やがて民間の企業を支えられるまでになったのである。これは、政策担当者がベンチャーキャピタリスト的な先見の明を見事に発揮した数少ない例の一つだ。台湾政府が資金をつぎ込んだテクノロジーのなかにはビジネスとして実を結ばなかったものもあったが、早い時期に半導体に投資したことが大きくものを言った。半導体はたちまち台湾のハイテク産業の核になり、いまや台湾の経済的繁栄の原動力の一つになっている。最近、台湾のハイテク産業集積地は、ライフサイエンスなど新しいテクノロジーも取り込みはじめた。しかし、台湾のような成功例は例外と言えそうだ。

産業政策の可能性と落とし穴

カリフォルニア州フリーモントの歴史は、ビッグプッシュ型の産業政策の可能性と落とし穴を浮き彫りにしている。伝統的な製造業の雇用が減るなかで、アメリカの一部の都市は、イノベーションに牽引されたクリーンテクノロジー産業の雇用――いわゆる「グリーンジョブ」――の創出を推進してきた。具体的には、太陽光発電、風力発電、電気自動車、エネルギー効率の高い電池などの産業である。こうした産業への移行がとくに大々的に進められている都市の一つがフリーモントだ。高所得層と低所得層が混ざり合っているこの都市は、クリーンテクノロジー関連の研究開発拠点への変身をめざしている。

最近まで、フリーモントの経済は自動車産業が引っ張っていた。町の最大の雇用主は、ニュー・ユナイテッド・モーター・マニュファクチャリング社（ＮＵＭＭＩ）の自動車工場だった。トヨタの乗用車の「カローラ」とピックアップトラックの「タコマ」などを生産していた工場である。フリーモント大通りをドライブすると、大きな工場、倉庫、たくさんの貨物列車が停車している操車場、トラックのためのディーゼルエンジン用ガソリンスタンドの前を通り過ぎる。汚れた窓と色あせた看板の安食堂では、三ドルのベーコンエッグの朝食を出している。ここには、アメリカの無数の工業都市で見られる光景がある。ときおり目に入るヤシの木を除けば、デトロイトと見間違えても不思議でない。

この二〇年間、製造業の雇用が減るにつれて、フリーモント経済の未来はますます不確かに見えはじめた。そしてついにＮＵＭＭＩの工場が閉鎖され、五〇〇〇人の雇用が失われると、大半の住民は最悪の未来を覚悟した。しかし、フリーモントはデトロイトと違って、多くのクリーンテクノロジー企業の誘致に成功した。電気自動車大手のテスラモーターズがＮＵＭＭＩの旧工場を購入するなど、古い工場の跡に入居した企業もあった。こうして、暗い未来が待っているようには見えなくなった――しばらくの間は。「フリーモントでフリスビーを投げれば、新しい太陽光発電関連の企業に当たる」というのは、二〇一〇年に太陽光発電会社のソラリアのＣＥＯであるダニエル・シュガーが語った言葉だ[23]。当時、フリーモント市の経済開発責任者を務めていたロリ・テイラーは、クリーンテクノロジー企業がいずれ経済成長の新たな牽引役になるだろうと楽観していた。

しかし二〇一一年、フリーモントは深刻な打撃をこうむる。市の最大の雇用主になっていた太陽光発電パネルメーカー、ソリンドラが破綻したのだ。この会社は賢明な産業政策のお手本になるはずが、痛ましい反面教師になってしまった。ソリンドラは二〇〇九年、エネルギー省から約五億三五〇〇万ドルの融資保証を受けてフリーモントに大規模な生産施設をつくり、一〇〇〇人以上を雇って太陽光発電パネルの生産を始めた。盛大なオープニングセレモニーもおこなわれたし、オバマ大統領が工場を視察して「明るく繁栄した未来の象徴」と持ち上げもした。メディアも、アメリカの「先進製造業の明るい未来」と呼んでもてはやした。問題は、この会社のビジネスモデルに重大な欠陥があったことだ。同社のビジネスの成功は、新しいタイプの太陽電池が競争力をもつことを前提にしていた。その太陽電池を採用すれば、シリコンを用いる従来型の太陽電池より安価に発電ができるという触れ込みだった。シリコンの価格が高い時期には、ソリンドラのテクノロジーは魅力的に見えた。しかし、シリコンの価格が高ければ、シリコン生産に乗り出す企業が増え、その結果としてシリコンの供給量が増え、価格が下落する。二〇〇九年に連邦政府が融資保証を承認したときには、すでにシリコンの価格が大きく落ち込みはじめていた（もう一つ打撃になったのは、中国政府が自国企業に補助金をふんだんに支給して、安価なシリコン系の太陽電池パネルを市場に供給する方針を取ったことだった）。結局、シリコン価格の下落に耐え切れず、ソリンドラは破綻した。

ソリンドラの破綻は大きく報道されたが、報道は主として政治献金と融資保証決定の関係に集中した。ここで見落とされている重要な教訓が二つある。第一は、政府が産業に補助金を支給する政策は、アメリカでもヨーロッパでもあまり成功していないという点だ。どの産業が勝者になるかを前もって予測することは、政策決定者にとって容易ではない。

二一世紀に入ったころ、クリーンテクノロジー産業は飛躍的成長を遂げる前夜のように見えた。[24] しかし、業界は成長したものの、雇用の伸びは期待されたほどではなかった。二〇〇三年以降、この産業の雇用の増加率は、アメリカ経済全体の数字を下回っている。[25] また、たとえどの産業が成長するかを予測できたとしても、その産業内のどの企業が勝者になるかを見通すのは難しい。実際、エネルギー省は、ソリンドラのビジネスの展望が悪化している最中に、この会社を将来有望と判断して税金をつぎ込むことを決めてしまった。

さらに重要なのが第二の教訓だ。その教訓とは、民間企業を支援するために税金を用いる前に、それが経済的に理にかなった選択かを問うべきだというものである。アメリカ国内の太陽光発電関連企業に早い段階で資金面の支援をおこなうことは、アメリカに一つの産業集積地の種をまく効果があると考えられていた。そして、その集積地が他国との競争に勝って、多くの雇用を生み出すようになると期待されていた。ひとことで言えば、再生可能エネルギー産業という産業全体に対してビッグプッシュ戦略をおこなったのだ。なるほど、集積効果が強く作用し、初期に大規模な投資をおこなうことが大きな意味をもつような産業であれば、国際競争は勝者総取り状態になり、ほかに先駆けて市場に参入した先行者が市場をほぼ独り占めすることになる。そういうケースでは、早い時期にアメリカ政府が補助金を支給すれば、先々までアメリカでその産業を繁栄させられるだろう。いったんアメリカ企業が国際市場でシェアを獲得すれば、補助金の支給も必要なくなる。しかし、セヴェリン・ボレンスタインの研究によれば、太陽光発電関連産業の場合は、状況が違ったようだ。[26]ドイツとスペインがアメリカより早くこの産業でビッグプッシュ戦略を実施し、太陽光発電パネル製造業に莫大な資金をつぎ込んでいた。ところが、補助金を打ち切るとたちまち、両国企業の市場シェアは大幅に落ち込んでしまった。この点から判断して、太陽光発電パネル製造業には、強い集積効果が作用しないと言えるだろう（集積効果が強ければ、いまごろドイツとスペインに太陽光発電関連企業が集中しているはずだ）。したがって、この産業でのビッグプッシュ戦略は経済的に理にかなっていないと判断すべきだ。

私の自宅は、屋根の南面半分が太陽光発電パネルにびっしり覆われていて、日中の時間帯には電力メーターが逆回転するのを見ることができる。わが家の屋根の上でつくられた電力が電力会社に売電されているのだ。電力需要の多い昼間の時間帯に化石燃料需要を減らすことに貢献できていると思うと、悪い気分ではない。わが家が太陽光発電を導入したのは一〇年前で、パネルはアメリカ製だ。しかし近年、太陽光発電パネルはアメリカ以外で製造されるケースが増えている。多くのアメリカ企業は本社と研究施設だけをアメリカ国内に置き、パネルの生産はフィリピンや中国などの外国でおこなうようになっているのだ。[27]ｉＰｈｏｎｅの物語を思い出した読者もいるかもしれない。

環境保護という面では、太陽光発電パネル産業のグローバル化は好ましい傾向と言える。パネルの価格が下落する結果、化石燃料発電に対する太陽光発電の価格競争力が強まるからだ。最近はベトナム製のパネルも入ってきており、いま、わが家に太陽光発電を導入するとすれば、一〇年前の半分の予算でパネルを購入できるだろう。しかし環境問題はともかく、雇用対策としては、どのようなビッグプッシュ戦略なら有効なのかを考えなくてはならない。

産業政策が効果を発揮するのは、その政策がなんらかの市場の失敗を是正することを主たる目的としている場合だ。クリーンテクノロジー産業において、外部性という形で市場の失敗が発生しているのは、製造の段階ではなくイノベーションの段階である。したがって、政府がクリーンテクノロジーの基礎研究と応用研究開発に補助金を支給することは経済的に（そして、もちろん環境保護の面でも）理にかなっている。その種の研究活動は、大規模な知識の伝播を生み出すからだ。しかし、ドイツとスペインの経験から明らかなように、太陽光発電パネルという製品自体の製造に補助金を支出することに合理性は見いだしづらい。

では、フリーモントの場合はどうなのか？　フリーモントはいまもクリーンテクノロジー企業を誘致し、社会保障税免除の優遇措置を適用している。そして、ソリンドラの破綻は大きな打撃となったが、この町の経済は、研究開発集約型のクリーンテクノロジー企業に牽引されて成長を続けている（最近は、バイオテクノロジー企業やハイテク企業も進出しはじめた）。二〇〇六年には六社だったクリーンテクノロジー企業は、二五社まで増えた。[28] なんらかの形で連邦政府の補助金を受け取っている会社もあるが、完全に民間のベンチャーキャピタルの資金で運営されている会社もある。この戦略が先々まで好結果を生み続けるか判断するのはまだ早いが、さしあたりは雇用が生まれているし、町の未来はフリントやデトロイトより明るく見える。

補助金による企業誘致の理論と実際

TVAほどの大規模なビッグプッシュ戦略は今日では考えられないが、もっと規模の小さな取り組みはしばしばおこなわれている。経済が低迷している都市に民間の投資を呼び込むために、連邦政府や州政府はさまざまな形で補助金を支出している。企業がアメリカ国内に新たな本社や研究所、大規模な生産施設をつくる計画を発表すると、誘致合戦が始まるのが常だ。企業を誘致したい州政府は、競い合うようにして、優遇税制、低利融資、インフラの整備、輸出支援と輸出金融の提供、労働者の訓練、エリアマーケティングなどの誘致策を打ち出す。

進出企業に支給される補助金は、莫大な金額になる場合もある。北米の拠点をニュージャージー州ニューアークに移したパナソニックは、一億ドルを超す補助金を受け取った（従業員一人につき一二万五〇〇〇ドル）。スウェーデンの家電メーカー、エレクトロラックスは、テネシー州メンフィスの新工場設立にともない、一億八〇〇〇万ドル（従業員一人につき一五万ドル）の税控除を受けた。メルセデス・ベンツはアラバマ州バンスに工場をつくった際、総額二億五〇〇〇万ドル（従業員一人につき一六万五〇〇〇ドル）の優遇措置を適用された。アメリカの各州政府が地域の経済開発のために支出している補助金は、総額で年間四〇〇億ドル。これは、連邦政府が三〇年にわたってＴＶＡにつぎ込んだ総額を大きく上回る。この種の補助金は、民主党と共和党がおおむね一致している数少ない政策の一つだ。政府の介入を正当化する理屈こそ違っても、企業誘致のための補助金支出は、どちらの党が政権を握っている州でもおこなわれている。テキサス州で共和党のリック・ペリー知事が企業への資金融資のために設けた「エマージング・テクノロジー・ファンド」と同様の仕組みは、伝統的に民主党が強いカリフォルニア州、ニューヨーク州、マサチューセッツ州にも存在する。一方、連邦レベルでは、ソリンドラが活用した融資保証制度が二〇〇五年に共和党のジョージ・Ｗ・ブッシュ政権で設けられ、二〇〇九年に民主党のオバマ政権で拡大されている。

政治家と受益企業はこのような政策のメリットを喧伝するが、莫大な予算の無駄遣いだという批判もある。雇用を一つ増やすために一五万ドルを支出するのは、メンフィスの住民のために最善の方法なのか？　住民に直接、金を配る方法ではだめなのか？　私は二人の研究者との共同研究で、補助金によって大口雇用主の誘致に成功した地域がその後どうなったかを調べてみた。[29]企業は大きな工場を開設しようとするとき、たいてい、数十カ所の候補地をリストアップすることから始める。それを一〇カ所程度に絞り込み、さらにそれをふるいにかけて、二、三カ所にする。そして、そのなかから、進出先を選ぶ。私たちの研究では、最終的に進出先に選ばれた郡（＝勝者）と、最終段階で選考から漏れた郡（＝敗者）のその後を比較した。たとえば、一九九〇年代にＢＭＷがアメリカに工場をつくろうとしたとき、候補地は最終的に二つに絞られた。サウスカロライナ州グリーンビル－スパータンバーグ圏と、ネブラスカ州オマハである。結局、ＢＭＷが選んだのはグリーンビル－スパータンバーグ圏だった（総額一億一五〇〇万ドルの優遇措置が決め手の一つになった）。このケースも含めて、私たちが比較対象にした敗者は、長い選考プロセスを勝ち抜いたものの、最後の最後で惜しくも「落選」した郡だ。したがって、敗者の郡のその後を見れば、勝者の郡が誘致に成功していなければたどった運命をおおよそ知ることができる。

私たちが集めたデータによれば、誘致合戦が始まるまで、勝者と敗者の経済状況は、雇用や賃金水準、生産性の面で似たり寄ったりだった。しかし、企業の進出先が決まったあとは、おそらく知識の伝播により、勝者の郡の生産性が大幅に向上する。既存の工場のなかでとくに大きく生産性が上昇するのは、必要とする人材とテクノロジーが新しい工場と共通している工場だった。そこで、新たに誘致された工場がその土地の既存の企業に対して生産性向上という大きな恩恵をもたらしたと、私たちは結論づけた。その土地の生産性が全般的に向上すれば、雇用が増加し、賃金が上昇する。補助金の支出は、こうした外部性の問題を解消する手段と位置づけることができる。

このように経済学的な論理は明快だが、政策として実行する場合は、理想どおりに運ぶケースばかりではない。本来なら、補助金の額は、誘致される企業が地元にもたらす社会的恩恵と釣り合ったものであるべきだ。しかし現実には、数十もの似たような郡が誘致合戦を繰り広げる結果、企業誘致の社会的恩恵と不釣り合いなくらい、補助金の額が膨れ上がるケースがしばしばある。市長や州知事には、コストを度外視してでも企業を誘致しようとするインセンティブがはたらきやすい。誘致に成功すれば、地元紙は将来生み出される何百もの雇用について大々的に報じる一方で、企業への優遇措置のためにどのような支出がなされるのかは細かく取り上げない。しかし、もし誘致に失敗すれば、政治家は地域経済のために十分な努力をしていないと叩かれる。こうした事情があるので、地方政府は、効果に釣り合わない過剰な補助金を企業に提示してしまう。その場合、得をするのは誘致される企業の株主だけだ。また、個々の郡にとっては補助金の支出が経済的に理にかなっているケースでも、それが国全体にとって得策だとは限らない。企業誘致合戦は、国単位で見るとゼロサムゲームになる場合があるからだ。

地域活性化策の成功の条件

「地域の実情に即した政策」が功を奏して、経済的に苦しんでいる地域の雇用を増やし、賃金水準を高めることに成功した例に、「エンパワーメントゾーン・プログラム」がある。クリントン政権一期目の一九九三年、アトランタ、ボルチモア、シカゴ、デトロイト、ニューヨーク、フィラデルフィア、ロサンゼルス、クリーブランドの困窮している地区向けに、雇用を創出した企業に対する税制優遇措置と地区再開発のためのファンドが創設された。このプログラムの特徴は、都市全体を対象にするのではなく、その中の特定の貧困地区に対象を絞り込んだ点にある。経済的・社会的投資を促すねらいで、貧困地区の居住者や就労者の雇用と職業訓練、企業向けの支援、インフラ整備、地域開発のために資金が投じられた。対象地区の一つであるニューヨークのハーレム地区の一二五番街界隈は、犯罪が蔓延するなど、さまざまな問題に悩まされていたが、いまではニューヨーク市内で屈指の活気あるエリアに様変わりした。

二〇一〇年、パット・クラインをはじめとする三人の経済学者がエンパワーメントゾーン・プログラムの効果を詳しく検証した。[30] この研究では、同プログラムの対象に選ばれた地区と、市政府により候補地区として推薦されたものの、最終的に選考から漏れた地区（つまり、ほぼ同様に貧しい地区だ）の比較をおこなった。すると、プログラムに効果があったらしいという結論が得られた。プログラムの発足から最初の五年間で、対象地区の雇用が目覚ましく増加したのだ。雇用の増加数は非対象地区を約一五％も上回り、住民の平均時給も約八％上昇した。

「地域の実情に即した政策」がしばしば失敗に終わるなかで、このプログラムはなぜ成功したのか？　産業集積地の形成過程と同様、地域活性化の過程では多くの外部性が生じる。たとえば、廃墟になっていた建物に小売店が入居して、多くの買い物客を集めるようになれば、その界隈に足を運ぶ人が増え、周囲の店の客足も多くなる。その区画でゴミのポイ捨ても減り、犯罪も少なくなる。一つの企業が自社の建物の外壁をきれいに改修すれば、近隣の不動産全体の価値が高まる。また、貧困地区に新しい雇用が一つ創出されれば、恩恵に浴するのは、その職に就く一人の人物だけではない。貧困層への公的支援の必要性が減り、犯罪率が低下するという社会的恩恵が生まれる。こうした外部性に対処すること、それが経済開発を成功させる秘訣だ。たとえ地域全体に恩恵をもたらす行動であっても、みずからに及ぶ恩恵がコストに不釣り合いに小さければ、企業や個人はわざわざ自分がコストを負担してまでその行動を取ろうとはしないからだ。

エンパワーメントゾーン・プログラムは、企業や個人にそういう行動を取るインセンティブを与えることに成功した。政治的には、都市の貧困層のために資金を投入する政策という位置づけしかされていなかったが、この政策が実を結んだ理由の一つは、以上のような集団行動問題を解決したことにあった。成功の二つ目の理由は、特定の産業や企業を対象にする産業政策と異なり、政府がベンチャーキャピタリスト的な役割を担わなかったことだ。その地区に恩恵をもたらしそうな投資には、分けへだてなく補助金を支給したのである。三つ目の理由は、非常に重要な点だが、補助金が単なるプレゼントで終わらず、大規模な民間投資の呼び水になったことだ。ある推計によると、このプログラムで政府が支出した一ドルに対して三・五ドルの民間投資がおこなわれ、成長の好循環が生み出された。この点は、「地域の実情に即した政策」の成功の度合いを判断する基準になりうる。こうした好循環が生まれれば、公的資金の投入が打ち切られても、その地区で雇用が生み出され続けるからだ。四つ目の理由は、インセンティブが適切に設計され、適切な対象に向けられていたことである。工場誘致のための補助金はある土地への投資を別の土地に移動させる結果になるケースが多いが、このプログラムは失業率の高い地区の住民を対象にしているので、おおむねほかの地区の雇用創出を犠牲にすることなく新たな雇用を生み出せた。

では、地区の高級化にともなう弊害は避けられたのか？　もともと住んでいた人たちが住めなくなるような結果は招いていないように見える。家賃相場が大きく変動していないからだ（ただし、ニューヨークのハーレム地区は例外）。これは、その地区にすでに住んでいる人や、そこですでに働いている人たちを対象にしたプログラムだからだろう。

エンパワーメントゾーン・プログラムは全体として見れば、政府の資金の有効な投資だった。このプログラムによる賃金の上昇額は、合計で年間九億ドルに上った。新たに生み出された雇用のほとんどが失業者の就労機会になったことを考えれば、政府の投資の効果はきわめて大きく、年間の投資回収率は一五％に達した。[31] この政策は、雇用を増やし、所得水準を高め、地域の活性化について回る外部性を解消することを通じて、いくつかの最貧困地区の人々を助けることができた。

変化には、かならず痛みがともなう。経済的な変化はとくにそうだ。私たちは、仕事や地域コミュニティに多くの時間とエネルギーをつぎ込んでいる。経済状況が変わったからと言って、仕事や地域コミュニティを変えろと要求するのはあまりに酷だ。しかしときには、変わる以外に選択肢がない場合もある。

人々はしばしば、政治に対して現実離れした期待をいだいている。経済的に苦しんでいる地域を活性化させるために地方政府が果たせる役割は、ほとんどの有権者が思っているより、そしてほとんどの首長が認めようとするより小さい。実際には、都市の経済的運命は歴史的要因に大きく左右される。教育レベルの高い労働力と活力あるイノベーション産業を擁していない地域は、集積効果の影響により、厳しい状況に置かれてしまっているのだ。地方政府が経済発展の土台を築き、都市再生に必要な環境（雇用創出を促せるビジネス環境など）を整えられることは事実だが、経済発展を実現するための万能の「魔法の杖」はない。

「あらゆる政治はローカルなものだ」という元アメリカ下院議長ティップ・オニールの言葉を別の章で紹介したが、それにならって言えば、「あらゆるイノベーションはローカルなもの」だからだ。どのような比較優位をもっているかは、それぞれの地域によって異なる。地方政府は、その土地の強みと専門性を活用することを考えなくてはならない。その際、雇用創出のために税金を投入するのは、市場の失敗が放置しがたく、しかも、自律的な産業集積地を築ける可能性が十分にあると判断できる場合に限るべきだ。ただし、地方政治家たちは肝に銘じておく必要がある。なんの手も打たずに地域経済が発展することなどないのだ、と。

＊1 大学の効果を実証するのは難しい。大学はしばしば、高等教育に対するニーズがある都市に存在しているように見える。その点を考えると、ある都市に大学があることは、高技能の労働力が多いことの原因ではなく、結果にすぎないという見方も成り立ちそうなものだ。そこで私は、因果関係を逆に考えていないかを確認するために、ランドグラント大学に着目した。ランドグラント大学とは、一八六二年に成立した連邦法に基づいて、産業と農業の振興のために、連邦政府の支援により各州に設置された大学のことだ。すべての州に最低一つ以上、全部で七三校が創設された。私の研究では、大学の存在しない都市とランドグラント大学がある都市の状況を比べた。大学が地域経済に及ぼす影響を明らかにすることが目的であれば、一般の大学より、ランドグラント大学のある都市と、大学のない都市とを比較することが有効と思われる。ランドグラント大学は連邦法に基づいてつくられた大学で、個別の地域の状況を反映して開設されたわけではない（つまり、高等教育へのニーズがもともと高い都市を選んで開設されたわけではない）からだ。では、比較の結果、なにがわかったか？　ランドグラント大学が設立される前、両方のグループの都市の経済状況はよく似ていた。しかし、今日では大きな違いが生まれている。大学のある都市はそうでない都市より、大卒者が二五％多く、賃金の水準も際立って高い。

第7章 新たなる「人的資本の世紀」

かつて、良質な雇用と高い給料は、工業製品の大量生産と密接に結びついていた。工場こそが経済的価値の生まれる場だった。しかし今日は、誰でもつくれるような製品を生産しても大きな価値を生み出せない。良質な雇用と高い給料の供給源は、次第に、新しいアイデア、新しい知識、新しいテクノロジーを創造する活動に移ってきている。そうした変化は今後も続き、さらに加速するだろう。それにともない、イノベーション能力に富んだ人的資本と企業を引きつけようとする国際競争が激化する。そして、人的資本がどこに集まるかは、地理と集積効果の影響をいっそう強く受けるようになる。その結果、国が繁栄するか衰退するかは、その国の頭脳集積地の数と実力にますます大きく左右されはじめる。物理的な工場の重要性は低下し続け、その代わりに、互いにつながり合った高学歴層が大勢いる都市が、アイデアと知識を生む「工場」として台頭するだろう。

そんな未来に対して、アメリカは準備ができているのか？　答えはイエスでもあり、ノーでもある。アメリカ経済は、いまもさまざまな面で強力だ。世界を見渡しても、アメリカほど効率的で、柔軟で、実力本位の労働市場をもっている国は少ない。ほかの大半の国より、個人の努力とリスクを恐れない姿勢を奨励する仕組みがうまく機能している。こうした点は、最高レベルの人材を呼び寄せるうえで非常に大きな強みだ。そのうえ、近年さまざまな問題が浮上したものの、アメリカの資本市場とベンチャーキャピタルシステムは、世界でも指折りの効率性を誇る。そのおかげで、優れたアイデアと勤勉に努力する意思をもった革新的な起業家たちが開業資金を調達しやすい。これまで見てきたように、この点は新たな企業の設立を強力に後押しする。そしてなにより、活力ある頭脳集積地を擁するアメリカは、今後も活発にイノベーションを生み出し続ける可能性が高い。

こうした長所がある半面、アメリカ経済は深刻な弱点もいくつか露呈している。それらの弱点は、けっして意外なものではない。アメリカ人の国民性を反映したものだからだ。アメリカ社会は、目の前にある「現在」に強い関心をもつ結果、「未来」にあまり目が向かない傾向がある。アメリカ人はすぐに結果を得たがり、努力を長く続けることを好まない。政府の関心とエネルギーの大半は、向こう半年の景気刺激策や、今週の雇用統計への対応など、短期の問題にばかり向けられる。そうした短期の課題は差し迫った問題ではあるかもしれないが、重要性においては長期の課題に劣る。人々の生活水準に先々まで大きな影響を及ぼすのは、長期的な問題のほうだ。短期の経済対策より、長期的にわずかでも成長を加速させる政策のほうがはるかに価値がある。ところが、アメリカ人は、すぐに結果を欲しがり、長期的な問題に責任をもって取り組めない性質のせいで、未来に十分な投資をしていない。

とくに、この三〇年間で浮上した二つの構造的な弱点は、アメリカ経済の能力を大きくそこない、社会に深刻な格差を生み出す。アメリカ経済の牽引役である、充実した人的資本と科学研究を一部の地域が欠いていることはすでに見てきたとおりだが、問題はそれにとどまらない。アメリカは国全体としても人的資本と科学研究に十分に投資しておらず、その代償として給料の上昇ペースが減速し、格差が広がりはじめているのだ。

第6章では、都市が経済の低迷を抜け出すために、どのような政策が有効かを検討した。本章では、二〇世紀にアメリカを経済大国に押し上げた強みを取り戻すために、国全体としてなにをすべきかを論じよう。

科学研究が社会に及ぼす恩恵

アメリカ経済が抱えている問題の一つは、官民ともに研究活動への投資が不十分なことだ。アメリカの大学や企業が他国に比べてわずかな投資しかしていない、という意味ではない（実際にそういうケースもあるが）。問題は、社会的に適切と思われる水準に比べて、投資が少なすぎることだ。そのような現象は、知識の市場に重大な欠陥があるために生じる。第4章で述べたように、大々的な知識の伝播がなされるときは、新しいアイデアの生みの親がつねに努力に釣り合う報酬を手にするとは限らない。研究活動によって生み出された恩恵の一部は、どうしても他人のものになってしまう。将来の成長でイノベーションが果たす役割がことのほか大きいアメリカのような国では、これは見過ごせない問題だ。

昔から、アカデミズムの世界が科学の基礎研究をおこない、民間企業がそれを商業的に実用化することがしばしばおこなわれてきた。そこで、アメリカ連邦政府は国立科学財団（ＮＳＦ）や国立衛生研究所（ＮＩＨ）などを通じて科学研究を助成している。問題は、経済において知識が果たす役割が大きくなってきたのに、それに釣り合うように助成金が増えていないことだ。これまで見てきたように、グローバル化の進展と技術の進歩にともない、新しい知識を商業利用することで得られる恩恵が大きくなった。基礎科学の新発見から得られる経済的価値も拡大している。投資によって得られるものが大きくなれば、投資を増やすのが合理的な態度だ。ところが現実には、連邦政府が基礎科学に割り振る予算はむしろ減っている。太陽光発電の例で見たように、連邦政府や州政府は、経済的効果の疑わしい工場などの生産施設には気前よく補助金を支給するのに、基礎科学にはそれよりずっと乏しい予算しかつぎ込んでいない。

知識の伝播は、アカデミズムの世界から民間企業へという方向がすべてではない。最も重要な知識伝播は、民間企業同士の間で起きる。イノベーションに取り組む企業が研究に投資した場合、研究が生み出す恩恵のすべてをその会社が手にするわけではない。ある企業が電気自動車向けにエネルギー効率の高いバッテリーを開発したとしよう。特許を取得すれば、その企業は新しい技術の生む利益を自社のものにできる。しかし、特許申請がおこなわれれば、業界のほかの企業は、どういう技術的進歩が成し遂げられたかを知ることができる。その情報は、関連するテクノロジーや製品の開発を触発する可能性が高い。

なんらかの新製品が開発されると、このような知識の伝播がかならず起きる。iＰadの登場を例に考えてみよう。iＰadは前例のない商品だったので、市場でどれくらい売れるかは誰も見当がつかなかった。開発に莫大な資源をつぎ込んでいたアップルは、非常に大きなリスクを背負っていたことになる。実際、二〇一〇年一月、サンフランシスコに一部のジャーナリストやオピニオンリーダー（元アメリカ副大統領のアル・ゴアもいた）を招待して、スティーブ・ジョブズがiＰadをお披露目したとき、業界アナリストの多くは懐疑的だった。あまりに割高で、市場の隙間商品にとどまるだろうと考えられたのだ。電話機能のない大型のiＰhoneだと揶揄し、消費者の関心をあまり引きつけられないだろうと予測する人たちもいた。しかしふたを開ければ、世界中で大ヒットし、たちまち多くのライバル社がタブレット型端末の開発に乗り出すこととなった。そうした企業は、アップルがリスクを背負って行動することで集めた情報の恩恵に浴したと言っていい。

こうした知識伝播の効果は非常に大きい。スタンフォード大学のニック・ブルームとロンドン・スクール・オブ・エコノミクスのジョン・ファンリーネンは、このテーマに関して大規模な研究をおこない、何千社もの企業について一九八一〜二〇〇一年の状況を調べた。すると、ある企業が研究開発に投資すると、その会社だけでなく、同業他社の株価も上昇することがわかった。[1] ときには、知識伝播が国境を越える場合もあった。一九九〇年代にアメリカ企業が研究開発予算を増やすと、同業のイギリス企業の生産性も大幅に向上した（もっとも、恩恵に浴したイギリス企業の半分以上は、アメリカに拠点をもっている企業だった）。しかし、知識伝播のかなりの割合はローカルなものだった。地理的に近い場所にある企業の間で知識が伝播するケースが多い。アメリカの企業が新たな知識を生み出せば、ほかのアメリカ企業が恩恵に浴するのである。

このように、イノベーションに対する民間の投資は、投資をおこなった企業に私的利益をもたらすだけでなく、ほかの企業への恩恵という形で社会的利益も生み出す。ところが、イノベーションに対する投資は社会的に望ましい水準に達していない。資金を負担して投資をおこなっても、自社が恩恵を独占できないからだ。そう、市場の失敗が生まれているのである。この状況を是正するためには、政府が介入し、正の外部性を生み出すような研究開発投資をおこなった企業に対して補償をおこなう以外にない。アメリカも含めて大半の先進国が税制優遇措置という形で研究開発に補助金を支給している理由は、ここにある。補助金を支給するのは、それが公平性確保のために必要だからではなく、経済的に有効な方策だからだ。政府がイノベーションに補助金を支給するのは、道義上の義務を負っているからではなく、経済全体に利益がもたらされるからなのである。

しかし現状では、イノベーションのもたらす私的利益と社会的利益のギャップを補助金で十分に埋められていない。ブルームとファンリーネンの推計によれば、アメリカの研究開発の社会的収益率は約三八%で、私的収益率の二倍に近い。[2] この数字のもつ意味は重い。単にアメリカで研究開発への投資が不十分というだけでなく、社会で必要とされる水準の半分しか投資がなされていないことになるからだ。これは、経済政策の面では、企業の研究開発投資に対する税制優遇措置があまりに不足しているということを意味する。科学と工学に関する学術研究、そしてとくに民間企業の研究開発を、連邦政府がもっと支援する必要がある。この支出はやがて回収できる手堅い投資なのだから。また、州政府や地方政府も役割を果たさなくてはならない。知識伝播の効果の一部は地域内にとどまるので、研究開発支援のためのコストを適切に分配するために、恩恵をこうむる地元の州政府や地方政府も補助金の一部を負担するべきだろう。

すべてのイノベーターが等しく補助金を受け取る資格があるわけではない。ブルームとファンリーネンの研究によれば、研究開発が社会にどの程度の利益を生み出すかは、企業によってまちまちだ。コンピュータや通信関係の企業が生む社会的利益は、製薬会社より大きい。製薬業界の研究開発では、ほかの企業がすでにおこなっていることを繰り返すケースがよくある。複数の製薬会社が同じ目的の新薬の特許取得をめざしてしのぎを削るケースも珍しくない。そういう新薬開発競争では、勝者が利益を手にする一方で、それ以外の企業は貴重な資源を浪費する結果に終わる。その結果として、製薬業界の研究開発が生み出す社会的利益は比較的小さいので、税制優遇措置の規模もほかの産業より小さくすべきだろう。
研究活動への投資不足という問題と並んで、アメリカ経済が抱えているもう一つの問題は、これよりはるかに解決が難しい。その問題とは、十分な人的資本をはぐくめていないことだ。この三〇年ほど、大学卒の若者の割合はほとんど増えていない。企業は次第に、自社で必要とする技能をもった人材を確保することに苦労しはじめている。その傾向がとくに目立つのが、イノベーション産業だ。一方、働き手の間の所得格差も拡大している。人材不足も格差拡大も、今日のアメリカで人的資本の需要と供給のバランスが大きく崩れていることのあらわれだ。

昨今、アメリカの教育危機が話題になることが多い。しかし以下で論じたいのは、道徳面の議論ではない（すべての子どもが第一級の教育を受けられるようにすべきだと、私も強く思っているが）。ここでは、もっと実際的な議論をしたい。都市中心部の空洞化が進み、犯罪が多発し、賃金水準が低く、平均寿命も短い——そんな地域がアメリカ全体に広がっていくことを許していいのか？　それが、問われるべき問いだ。

格差の核心は教育にある

アメリカを訪れたヨーロッパ人が驚嘆し、感心することの一つは、社会的階級の意識が希薄なことだ。イギリスやフランスなど、ヨーロッパの多くの国では、階級の意識がいまも残っており（フランス人は強く否定するが）、ブルーカラー労働者とホワイトカラー専門職では、自分が置かれている社会的立場についての認識が大きく異なる。こうした階級意識は、その人がどのような将来の夢をいだき、どのような政治的指向をもつかにも影響を及ぼす。一方、ヨーロッパ人とは対照的に、アメリカ人は階級意識が強くない。なにしろ、世論調査で自分の階級を答えさせると、年収二万ドルの人も三〇万ドルの人も「中流」と答えるくらいだ。この点はアメリカとヨーロッパの文化の根本的違いの一つだと、私は考えている。アメリカ人のほうが起業家精神が強いことや、米欧で所得格差や所得再分配についての意識が異なることの理由も、この違いによって説明できるのかもしれない。

しかし、アメリカ人の自己認識はどうあれ、アメリカの社会では所得格差が拡大している。本書を通して見てきたように、所得格差の拡大には地理的要因が大きく作用しているが、教育面の要因も見逃せない。表4は、一九八〇年以降、フルタイムの男性労働者の一時間当たりの賃金がどのように推移したかを教育レベル別に示したものだ。[3] 見てのとおり、高校しか卒業していない人と高校を卒業していない人の賃金は、一九八〇年よりも下がっている。それに対し、大卒者の賃金は大幅に上昇した。大学院修了者の賃金の上昇率はさらに大きい。

労働市場における格差の時系列的変化を論じる際に、労働経済学者が最もよく用いる指標は、カレッジ・プレミアム（大卒者が高卒者よりどれくらい多くの賃金を得ているかという比率）だ。これは、典型的な高技能労働者と典型的な非高技能労働者の賃金の差を映し出す数字と言える。アメリカの労働市場のカレッジ・プレミアムは、一九八〇年には三一％だったが、その後は毎年

[表 4] **男性の 1 時間当たり賃金の推移**（教育レベル別）

	1980	2010	増減率
高校中退	$13.7	$11.8	-14%
高校卒	$16.0	$14.8	-8%
大学卒	$21.0	$25.3	+20%
大学院修了	$24.9	$33.1	+32%

※2011年の貨幣価値に換算
※25～60歳のすべてのフルタイム就労者を対象にしたデータ

出典：Census of Population および Housing and the American Community Survey（ともにアメリカ国勢調査局）

上昇し続け、いまでは一九八〇年の二倍以上に拡大している。この格差は、働き手が賃金以外に雇用主から受け取る報酬を考慮に入れるとさらに大きくなる。大卒者はたいてい、医療保険料や年金掛金の雇用主負担が高卒者より手厚いからだ。[*1]

アメリカの格差論議でよく見られる誤解は、最富裕層の一%とその他九九%のギャップが格差問題のすべてであるかのような認識だ。超富裕層はイメージしやすい存在だが、社会の格差を拡大させている主たる要因は、そうした人たちの目が飛び出るような金額の所得ではない。アメリカの格差問題の本質は、マンハッタンの一等地にペントハウスをもっているような大富豪や、事業を成功させて巨額のストックオプション（自社株購入権）を手にした若い起業家と、それ以外の大多数の人たちの間のギャップではないのだ。すべてのCEOと金融関係者を除外してアメリカの格差の大きさを計算したとしても、数字はほとんど変わらない。[4] 本当に問題にすべきなのは、平均的な大卒者と平均的な高卒者の格差だ。普通に仕事に就き、家族をもち、住宅ローンを支払っているような普通の人たちの間で、所得の格差が広がっているのである。

四五〇〇万人の大卒労働者と八〇〇〇万人の高卒労働者の間のギャップが急速に拡大している。この格差は、人々の生活水準、家族の安定、健康、さらには子どもたちの将来の健康にも影響を及ぼす。

賃金格差の拡大を生んだ主たる要因が意図的な経済政策だというのも、よくある誤解だ。実質ベースの法定最低賃金の下落、低賃金労働者を守ってきた労働組合などの弱体化、そして規制緩和全般が格差を押し広げてきたと思っている人は多い。しかしデータを注意深く検討すると、こうした制度上の要因が副次的なものにすぎないことがわかる。実際、この三〇年間、ヨーロッパ、アジア、南北アメリカ大陸など、労働市場の制度、政府の規制、税制、労働組合の組織率、最低賃金の水準が異なる多くの国々で賃金格差が拡大している。アメリカ国内を見ると、最低賃金が高い民主党政権の州でも、最低賃金が低い共和党政権の州でも、賃金格差は広がっている[5]。また、賃金格差の拡大はほとんどの産業で進行してきた。この現象は、労働組合の組織率が高い産業でも、組織率が低い産業でも起きているのだ。

賃金格差が拡大している背景には、もっと根深い構造的な要因がはたらいている。近年の膨大な量の研究によれば、賃金格差の拡大は、労働力の需要と供給の変化が原因だと考えるのが最も理にかなっているようだ。具体的に言うと、大学卒の働き手に対する需要が増える一方で、そうした働き手の供給ペースが減速しているために、大卒者の賃金が押し上げられているのだ。ハーバード大学の経済学者であるクローディア・ゴールディンとローレンス・カッツの著書によれば、二〇世紀の大半の時期は、この需給関係で供給が需要を上回っていたため、賃金格差の拡大に歯止めがかかっていた。[6] 一九五〇～六〇年代には、大学に進学する人の割合が急速に増え続け、大学卒の働き手が労働市場に供給されたので大卒者と高卒者の賃金の格差は拡大せず、それどころか縮小した時期もあった。しかし一九七〇年代以降、大学卒の労働力に対する需要が供給を上回るようになり、賃金格差が大きく拡大しはじめた。大卒労働者の供給ペースの減速がとくに際立っているのは男性だ。一九八〇年以降、若い白人男性（二五～三四歳）に占める大卒者の割合は、二二％から二六％へと微増にとどまっている（女性も一時は大卒労働者の供給ペースが減速したが、最近になって再び加速しはじめた。近年の新規の大卒者に占める割合は、女性が六割で男性が四割と、一九八〇年当時と大きく変わっている）。ゴールディンとカッツによると、一九八〇年以降もそれまでと同じペースで大卒者が増え続けていれば、この三〇年間でアメリカの格差は拡大するどころか、縮小していただろうという。

このような状況に、どう対処すべきか？　高技能労働者に対する需要が伸びている理由は明白だ。その理由とは、技術の進歩、グローバル化の進展、アウトソーシングの加速、伝統的な製造業の退潮などである。そしてこれまで見てきたように、人的資本に牽引される知識主導の経済に移行することは、アメリカにとって好ましいことだ。これらの点を考えると、政府が高技能の労働力に対する需要を抑制することはできないし、そうすべきでもない。しかし、高技能の労働力の供給を増やすためにできることは大いにある。

大学進学はきわめてハイリターンの投資

高技能労働者の供給ペースが減速していることを、理屈に合わないと感じる読者もいるかもしれない。大卒者と非大卒者の賃金の格差がこれほどまでに拡大しているのなら、どうして大学に進む若者が増えないのか? この謎を突きつけられると、たいていの人は、大学の学費の上昇を理由に挙げる。確かに、一九七〇年代には大学の学費は比較的安かったが、その後、私立大学も公立大学も学費が大きく跳ね上がった。私立のイェール大学の年間の学費は、一九八〇年代には六二一〇ドルだったが、現在は四万五〇〇〇ドルになっている。州立のカリフォルニア大学バークレー校の学費は、同じ期間に年間七七六ドルから一万三五〇〇ドルへと、イェール大学を上回るペースで上昇した。この二つの大学が特殊なわけではない。アメリカの大学の学費は、過去三〇年間で平均一〇倍に上昇した。これは、ほかの大半のモノやサービスを大きく上回る上昇率だ。こうした学費の上昇が問題の根源なのか?

大学進学をめざす高校生の多くは、自由と冒険と楽しいパーティーの日々を夢見ているが、経済学者という退屈な人種はこの問題を経済的な損得でだけ考える。一九六四年、シカゴ大学の経済学者であるゲーリー・ベッカーが『人的資本――教育を中心とした理論的・経験的分析』(邦訳・東洋経済新報社)という著書を発表した(のちに、ベッカーはこの業績によりノーベル経済学賞を授与された)。この著作の主張は、シンプルだが強力なものだった。大学に進学するという選択も煎じ詰めればほかのあらゆる投資と同じだと、ベッカーは考えた。たとえば、投資として国債を購入する人は、前もってコストを支払い、あとで利息を受け取ることを選択している。大学への進学も、将来に経済的恩恵を得るためにコストを前払いするという性格をもっているというわけだ。「大学進学＝投資」という観点から言うと、大学進学者が事前に支払うコストは非常に高くなっている。[7] しかも、大学在学中の四年間は、高校卒業後すぐに就職していればその間に得られていたであろう給料も受け取れない。この金額も合わせれば、大学進学のコストは平均一〇万二〇〇〇ドルにのぼる。

確かに、大きな金額だ。しかし、大学進学による経済的な恩恵はこのコストをさらに上回る。図11は、大卒者と高卒者の平均年間所得を年齢ごとに示したものだ。両者の年間所得の格差は二二歳の時点ですでに大きく、その後も年々拡大していく。[8] ギャップが最も大きくなるのは五〇歳のときだ。大卒者の平均年間所得が八万ドル近くに達するのに対し、高卒者は三万ドル程度にとどまる。生涯所得を算出すると、大学に進学した人は一〇〇万ドルを突破するが、高校を卒業して働きはじめた人はその半分に満たない。[*2]

大学進学は最も割のいい投資の一つだ。たとえば、高校生の親が子どもを大学にやることの価値を認めず、学費を負担する代わりに、同額の株式や債券を贈ったとしよう。この若者は、大学に進学するより、株式投資や債券投資で収益を得るほうが経済的に潤うのか？　マイケル・グリーンストーンとアダム・ルーニーの研究によれば、大学進学とそのほかの投資の「利回り」を比べると、大学進学より有利な投資を見つけることは難しい。[9] 大学進学の年間利回りは、インフレ調整済みで一五％以上。これは、株式投資（七％）や、債券、金、不動産への投資（いずれも三％未満）が実際に記録してきた利回りを大きく上回る。賢明な投資家なら、大学進学に投資すべきなのだ。しかも、投資のリスクの問題もある。人的資本に対する投資は、ほかの投資に比べて利回りが高いだけでなく、おおむね安全性も高い。もし「大学進学」という銘柄の株式が上場していれば、ウォール街のアナリストの間で超人気銘柄になっていただろう。

大学進学の恩恵はまだある。経済面だけでなく、健康や結婚など人生のさまざまな面にも好影響が及ぶのだ。ジャネット・カリーと私が二〇〇万人以上の母親の代表標本調査をおこなったところ、教育レベルの高い母親ほど、シングルマザーでない確率が高かった。[10] 大学卒の母親の九七％は出産時に結婚していたが、高校中退の母親のうち出産時に結婚していた人は七二％にとどまっている。また、結婚している母親の場合、概して大卒者のほうが高校中退者より夫の潜在的所得が高い。

高度な教育は本人だけでなく、子どもたちにも恩恵をもたらす。私たちの研究によれば、妊娠中に喫煙した母親の割合は、大卒者では二％だったのに対し、高卒者では一七％、高校中退者では三四％にのぼった。早産したり、低体重児を出産したりする割合も、大卒者の母親は非大卒者の母親よりずっと少ない（早産と低体重出産の子どもは、のちに深刻な健康上の問題を生じる確率が高い）。両親が大卒者の子どもは、親の教育レベルが低い子どもに比べて、生まれたときの

［図11］**大卒者と高卒者の年齢別の平均年間所得**

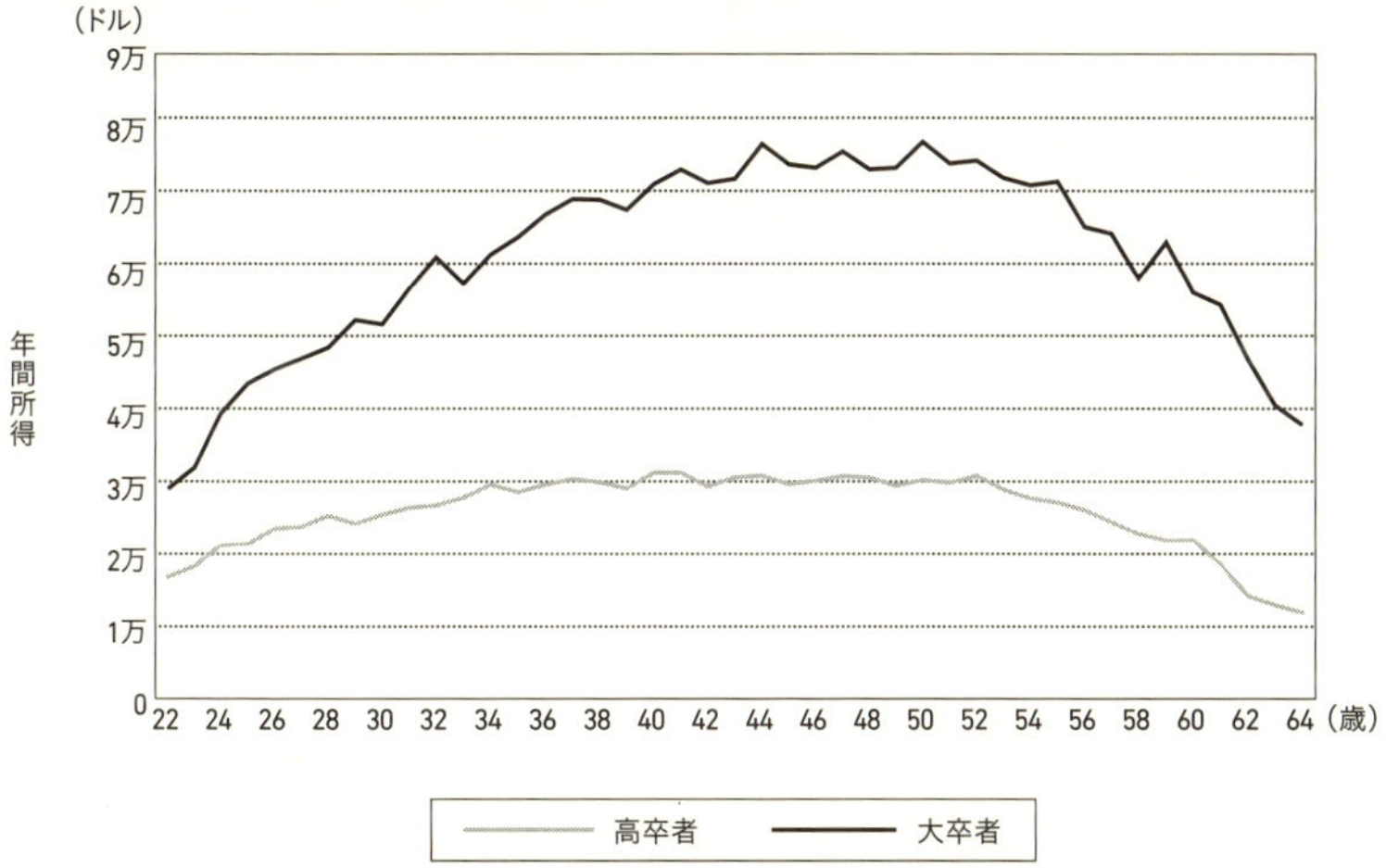

出典：Greenstone and Looney（2011）

健康状態が良好なだけでなく、概して質と年数の両面で充実した学校教育を受けており、その結果として、ますます健康的な人生を送り、大人になってから高い所得を得る確率が高い。

見落としてはならないのは、これらのギャップと教育レベルの関係が単なる相関関係ではないということだ。教育以外の社会的・経済的要因（家庭環境など）の影響により、大学に進む女性が大学進学前にすでに好ましい生活態度を身につけていたわけではないのだ。ここには、相関関係にとどまらない因果関係がある。その証拠に、新たに大学が開設された郡では、その直後に、以上のような側面で女性たちの状況が改善している。

私がランス・ロクナーとおこなった研究によれば、教育の恩恵はこれだけではない。教育レベルが高い人ほど、犯罪に関わる確率が低いのだ。[11] この傾向は白人男性にも見られるが、アフリカ系の人のほうがいっそう際立っている。この現象は、教育が本人だけでなく、社会全体に恩恵をもたらしている例と言えるだろう。

以上のように、教育が個人と家庭と地域社会にさまざまな好ましい影響をもたらすことは明らかだ。最も割のいい投資と言っても過言でないかもしれない。それなのに、どうしてもっと多くのティーンエージャーが大学に進学しないのか？　どのような要因に阻害されて、アメリカの人的資本の拡大が妨げられているのだろう？

障害の一つは、大学の学費を払えない家庭が多いことだ。家庭によっては、子どもを大学にやるだけの蓄えがなく、その金を借りることもできない。普通の投資の場合、いいアイデアをもっているのに資金がない人は銀行に融資を申し込む。毎年、何百万もの小さな企業がこうして誕生している。しかし、人的資本への投資は事情が違う。ビジネスを立ち上げる場合はたいてい、機械や不動産など、形のあるモノに投資するので、それを借金の担保にできる。それと異なり、人的資本は目に見えず、形もない。大学進学を資金面で支援するビジネスが民間でなかなか生まれないのは、そのためだ。

たとえば、ヘッジファンドが企業の株式や社債ではなく、大学進学を希望する若者に投資し、投資の見返りとして、その若者が卒業後に働きはじめたときに、高校卒で職に就いた場合より多くなる所得の一部を受け取る――そんなビジネスを想像できるだろうか？　実は、ルムニという企業がそういう活動をおこなっている。これまでに一五〇〇万ドルの資金を集め、アメリカと中南米の低所得世帯の若者に教育費用を融資している。融資する若者に担保を要求していないので、事業をどこまで拡大できるかは未知数だ。しかし、ルムニは学生たちに、卒業後一〇年にわたり所得の一定割合を返済に回すよう求めているが、強制するのは難しく、学生の良心頼みになっている。強制的に取り立てようと思えば、コストも時間もかかりすぎるからだ（こういう事情で民間の活動に限界があるので、政府がそれにふさわしい学生を対象に、補助金による低利ローンを提供しているのだ）。貧しい家庭の子どもの大学進学率が低い現状に、家庭の経済的な事情がどの程度影響しているかは、経済学者の間でも見方がわかれている。それでも、学費を負担できないことが足枷になっているケースが少なからずあることは間違いないだろう。

近年のアメリカで大学進学率の上昇を阻んでいる二つ目の要因としては、教育レベルごとに居住地がわかれはじめていることが挙げられる。本書でも指摘したように、アメリカでは、大卒者の多い町と高卒者の多い町がはっきりわかれる傾向が強まっている。この現象は、子どもたちの教育レベルにも影響を及ぼす。若者が大学進学を望むかどうかは、友だちに影響される面が大きいように見えるのだ。大学に関心をもたない友だちの間で育った若者は、大学をめざす友だちに囲まれて育った若者に比べて大学に進む確率が低い。こうした影響は前述のように「社会的乗数効果」と呼ばれるもので、社会の教育格差をさらに増幅させる作用をもつ。[*3] この点を考慮すると、最も重要な意味をもつのは幼児教育ということになる。ノーベル経済学賞を受賞した経済学者のジェームズ・ヘックマンは、技能の獲得がさらなる技能の獲得を呼ぶ傾向があることを以前から指摘していた。「技能を習得した人は、さらに多くの技能を習得する。早い段階で技能習得に投資をおこなえば、次の段階でさらなる投資を促せる」というのである。[12] 大学進学率が十分に上昇しない本当の原因は、若者たちの高校時代に、さらにはもっと前にある。幼児期に子どもたちに投資しなければ、大学に進学する若者を増やすことはとうてい不可能だろう。

世界の数学・科学教育レース

最近、あるシリコンバレーの企業を訪ねた際、その会社の幹部でインド出身のエンジニアであるニミシュ・モディにこんな質問をした——どうして、おたくの会社では、エンジニアの半数以上が外国人なのですか? 返ってきた答えはこうだった。「アメリカ生まれのエンジニアが足りないからです。その根本の原因は、アメリカの高校にあります。すべての問題は、アメリカの高校で技術教育が軽んじられていることなのです」。モディは、さらにこう嘆いてみせた。「実は、わが家でも毎日、息子と議論しています。息子は、アメリカで生まれたのですが、数学にさっぱり興味を示さないんですよ」

問題の深刻さを明らかにするために、OECD（経済協力開発機構）の「学習到達度調査（PISA）」の成績を見てみよう。これは、世界各国の一五歳の生徒たちを対象に実施されている学習到達度試験である。世界中の生徒たちが同じ試験問題を解くので、この試験の数学と科学の成績を見れば、世界各国の数学・科学教育の質を比べられる（数学と科学はイノベーションの主要な構成要素と言っていいだろう）。表5は、二〇〇九年の数学・科学部門の結果をまとめたものである。結果は衝撃的だ。ランキングの上位は、上海（この調査では、中国の中で上海だけを抜き出して調べた）、フィンランド、香港、シンガポール。そのあとに、日本、カナダ、オーストラリアなどの豊かな国々がいくつか続く。驚くべきなのは、中国の上海が先進諸国を上回っていることだ。均質で秩序だった社会を築き、教育に多額の投資をしている北欧諸国ですら、上海にはかなわない。トップクラスの国々のあとには、オランダ、ドイツ、イギリスなど、ヨーロッパ諸国の名前が目立つ。最下位グループは、チュニジア、ペルー、インドネシアなどの国々だ。アメリカは全体の真ん中くらい、ハンガリーとチェコ共和国に挟まれ、ポーランド、スロベニア、台湾の後塵を拝している。科学の成績に関して言えば、アメリカは明らかに下半分だ（アメリカは、読解力テストの成績もよくない）。アメリカが抱えている問題は、教育の質だけではない。OECDによれば、就学率も先進三〇カ国のなかで一一位にとどまっている。

アメリカにとってもう一つ気がかりなのは、国内で点数の差が大きいことだ。ブラジル、メキシコ、インドネシアなどとともに、点数が高い生徒と低い生徒のギャップがことのほか大きい。アメリカの教育システムは、平均的な教育レベルが不十分というだけでなく、貧しい家庭の子どもたちへの教育の質がことのほか不満足な水準にとどまっているのだ。今日のアメリカでは、この国の社会の土台を成す社会的契約が守られていないと言わざるをえない。生まれた家庭の貧富に関係なく、すべての人に等しいチャンスが与えられること――そういうアメリカ社会の暗黙の約束に反する状況が生まれているように見える。

こうした憂慮すべき数字を目の当たりにしたとき、人々がよく示す反応の一つは、大きな問題ではないとして片づけるというものだ。なんだかんだ言っても、イノベーション産業で画期的なアイデアが生まれるかどうかを左右するのは大学卒業生や大学院修了者の質であり、アメリカはいまも世界で最も優れた大学の数々を擁している、というわけだ。しかし、この見方は目先のことしか見ていない。ジェームズ・ヘックマンの一連の論文によれば、近年のアメリカで大卒労働者の供給ペースが減速している大きな要因として、高校中退者の増加が挙げられるという。二〇世紀前半のアメリカでは、世代がくだるにつれて、高校卒業率が上昇していった。しかしその割合は、約八〇%に達した一九六〇年代後半を頂点に、その後は下落しはじめた。近年は持ち直しているものの、今日の数字は一九七〇年に比べてほとんど増えていない。一九七〇年、アメリカの高校卒業率(と大学卒業率)は世界一だったが、いまでは多くの国に追い抜かれてしまった。

高校教育に関して言えば、アメリカの過去四〇年間はおおむね失われた日々だった。ヘックマンはこう記している。「高校卒業率が下落した結果、大学進学率が伸び悩み、アメリカの労働力の技能レベルが向上する足が引っ張られている。アメリカが未来の労働力の技能レベルを

[表5] **PISAの成績**（2009年）

	数学	科学
上海（中国）	600	575
フィンランド	541	554
香港	555	549
シンガポール	562	542
日本	529	539
韓国	546	538
ニュージーランド	519	532
カナダ	527	529
エストニア	512	528
オーストラリア	514	527
オランダ	526	522
リヒテンシュタイン	536	520
ドイツ	513	520
台湾	543	520
スイス	534	517
イギリス	492	514
スロベニア	501	512
マカオ	525	511
ポーランド	495	508
アイルランド	487	508
ベルギー	515	507
ハンガリー	490	503
アメリカ	487	502
チェコ共和国	493	500
デンマーク	503	499
フランス	497	498
アイスランド	507	496
スウェーデン	494	495
オーストリア	496	494
ポルトガル	487	493
イタリア	483	489
スペイン	483	488
ロシア	468	478
ギリシャ	466	470
トルコ	445	454
チリ	421	447
セルビア	442	443
ブルガリア	428	439
ルーマニア	427	428
ウルグアイ	427	427
タイ	419	425
メキシコ	419	416
ブラジル	386	405
コロンビア	381	402
チュニジア	371	401
アルゼンチン	388	401
インドネシア	371	383
ペルー	365	369

※一部の国を抜粋

出典：Programme for International Student Assessment

高めたければ、ますます深刻化している高校中退問題と向き合うべきだ」[13]。高校中退率の上昇は、将来に生産性の低下と格差の拡大を生む可能性が高い。大学卒の高技能労働者を大幅に増やさないかぎり、人的資本の供給が需要に追いつかず、格差も拡大し続けるだろう。

問題は、格差だけではない。イノベーションをめざす企業は、自社の必要とする人材を見つけることがますます難しくなってきている。単に大学卒業者の数が足りないだけでなく、適切な技能をもった大学卒業者を十分に生み出せていないことが問題なのだ。あるエコノミストによれば、アメリカでは過去四半世紀の間に、ビジュアルアートとパフォーミングアートを専攻する学生の数が二倍に増えたが、コンピュータ科学、化学工学、微生物学の学生は横ばい、もしくは減少している。大手化学メーカー、3M社のジョージ・バックレーCEOは、科学者とエンジニアをもっと雇いたいが、アメリカ人だけでは必要な人数を採用できないと述べたことがある。建設機械最大手のキャタピラー社のダグ・オバーヘルマンCEOは、もっと直接的な表現をしている。「工場作業員に必要な資質を備えた人物を十分な人数採用できない。技術者に関しても状況は同じだ。アメリカの教育システムは、若者たちに十分な教育をほどこしていない。雇った人間はすべて、こちらで教育し直さなくてはならない」。明らかに、こうした状況がアメリカの経済生産の基盤をむしばんでいると、オバーヘルマンは述べている[14]。最近のある研究によると、バイオテクノロジー企業のCEOの四七%は、将来の三大懸念材料の一つとして高技能労働者の不足を挙げている[15]。シリコンバレーの企業の人事責任者のなかにも、同様の懸念を口にする人が多い。ＰＩＳＡの点数だけを見ると、シリコンバレーがシンガポールやスロベニアではなく、カリフォルニアにあるほうが不思議なくらいだ。

では、アメリカの人的資本を充実させるためには、どうすればいいのか？　その方法は、大きくわけて二つある。一つは、教育の質を劇的に向上させること。とくに高校の数学と科学の教育を大幅に改善し、大学に進む若者の数を増やす。もう一つの方法は、高技能の移民を受け入れて人的資本を「輸入」することだ。いずれの方法も効果はあるが、実現するために必要とされる政府の予算措置と将来に社会に及ぶ影響は異なる。

イノベーションの担い手は移民？

聡明で意欲的な人物が生まれる割合は、世界のどの国でもあまり変わらない。しかしアメリカは、そういう人物が人口に占める割合がほかの国々より大きい。多くの移民がやって来るからだ。歴史を通じてアメリカの大きな強みになってきたのは、優秀で野心的な移民を引きつける力だった。文化的に見て、アメリカほど移民の受け入れに寛容な社会はあまりない。しかし、アメリカに優れた移民が入って来ることには経済上の理由もある。アメリカは、自国で生まれた若者に適切な教育をほどこしているとはもはや言い難いが、高い技能の持ち主に経済的に報いることはやめていない。傑出した働き手――成果をあげるために多くの労力をつぎ込む人や、質の高いアイデアを生み出せる創造性の持ち主――が評価され、多くの報酬を手にできるようになっている。だからこそ、優秀な移民がやって来るのだ。アメリカのイノベーションハブは磁石のように、勤勉で野心的な外国生まれの起業家と科学者を引き寄せている。

そういう国ばかりではない。たとえば大陸ヨーロッパの国々では、働き手を取り巻く環境がアメリカとだいぶ違う。労働契約が硬直的で、給料の額、勤務スケジュール、昇進などに関する制約が強い。意思決定は上意下達型でなされることが多く、昇進はおおむね年功序列で決まり、長い時間がかかる（その半面、降格はめったにない）。社内での給料格差はアメリカより小さいが、努力や才能が給料に反映されにくい。ひとことで言えば、平均以下の働き手にとって、ヨーロッパは雇用の安定が維持される理想的な場だ。しかし、飛び抜けた能力の持ち主は、アメリカで働いたほうが多くのものを得られる。速く出世できるし、給料もかなり高くなる。先進国のなかで、アメリカほど教育への投資が多くの見返りをもたらす国は珍しい（しかも、多くの国はアメリカより税金が高いので、働き手の手取り額ベースで見れば、この差はさらに拡大する）。世界の俊英たちにとって、アメリカの労働市場は際立って魅力的なのである。

アメリカにやって来る移民の技能レベルが次第に高まってきているのも不思議でない。移民全体に占める大卒者・大学院卒者の割合は、一九八〇年以降、大きく上昇している。この傾向には、最近一〇年ほどでさらに拍車がかかっている。近年、アメリカで暮らしている非高技能の移民の累計数は減少に転じているが、高技能の移民の累計数は減っていない（ただし二〇〇八〜一一年には、アメリカの労働市場全体が冷え込んだために、両方のタイプの移民の累計数が減った）。いまや、修士号や博士号の保有率はアメリカで生まれた人たちより移民のほうが高く、四年制大学卒業率は両者がほぼ同等になっている（ただし、極端に学歴の低い人の割合も移民のほうが格段に多い。移民はアメリカ生まれの人たちよりずっと、教育レベルの二極分化が進んでいるのだ[16]）。

アメリカ全体として見ると、高技能の移民の割合が増えていることは確かだが、国内の地域ごとの差は大きい。大学院卒の高学歴の移民を続々と引き寄せている都市がある一方で、学校に通ったことすらない肉体労働者が大勢やって来る都市もある。前者のタイプの都市では、移民の教育レベルがアメリカ生まれの住民より高いので、移民がやって来ることにより、その土地の人的資本の水準が引き上げられる。しかし後者のタイプの都市では、移民の教育レベルのほうが低いので、移民の流入にともない、人的資本の水準が低下してしまう。このほかに、移民とアメリカ生まれの住民の教育レベルが同等の都市もある。移民に関しても「三つのアメリカ」が出現しているのである。

地図5は、大学卒の移民が高校中退の移民より二五％以上多い都市と、逆に高校中退の移民が大学卒の移民より二五％以上多い都市を示したものである。前者が四四都市、後者が三〇都市だ。高技能移民が集まってくる都市には、ニューヘイブン、ミネアポリス、フィラデルフィア、サンフランシスコ、ワシントンDC、ニューヨークなどに加えて、意外なことに、ピッツバーグ、オルバニー、バッファロー、クリーブランドといった往年の製造業都市も含まれている。一方、技能レベルの低い移民が中心の都市は、主として西部や中西部のメキシコ国境に近い地域に固まっている。アリゾナ州フェニックス、カリフォルニア州ベイカーズフィールド、テキサス州エルパソ、同州マッカレンなどだ。このグループには、オクラホマシティ、オマハ、タルサ、ウィチタなど、大平原地帯の大都市も含まれている。これらの都市にやって来る移民の大半は、数年しか教育を受けていなかったり、まったく学校に通ったことがなかったりする人たちだ。二つのタイプの都市のギャップは、この三〇年間で拡大してきた。

流入する移民の教育レベルの違いは、イノベーションハブが形成されている都市とそうでない都市の違いを生み出す原因であると同時に、それがもたらす結果でもある。イノベーションハブには、高技能の移民に適した雇用がふんだんにあるので、そういう移民がやって来る。そして高学歴の移民が増えると、その都市の人的資本のレベルが高まり、その結果として、そのイノベーションハブの生産性と創造性がますます高まるのである。ジェニファー・ハントとマリージョレーン・ゴーティエ＝ルイゼルは二〇一〇年の論文で、過去六〇年間のアメリカの州ごとの特許創出件数と、高技能移民の流入状況の関連を慎重に分析した[17]。それによると、大学卒の移民の割合がとくに増えている州は、特許の創出件数もとりわけ大きく伸びていた。高学歴の移民が地域に与える効果は絶大だ。大学卒の移民の割合が一パーセンテージポイント増えると、住民一人当たりの特許創出件数が九〜一八％も増える。高技能移民が地元出身者以上にイノベーションに貢献することが、その理由の一つだ。特許取得率では、高技能移民が地元出身者の二倍に達している。こうした直接的な貢献に加えて、高技能移民は地域の人的資本を充実

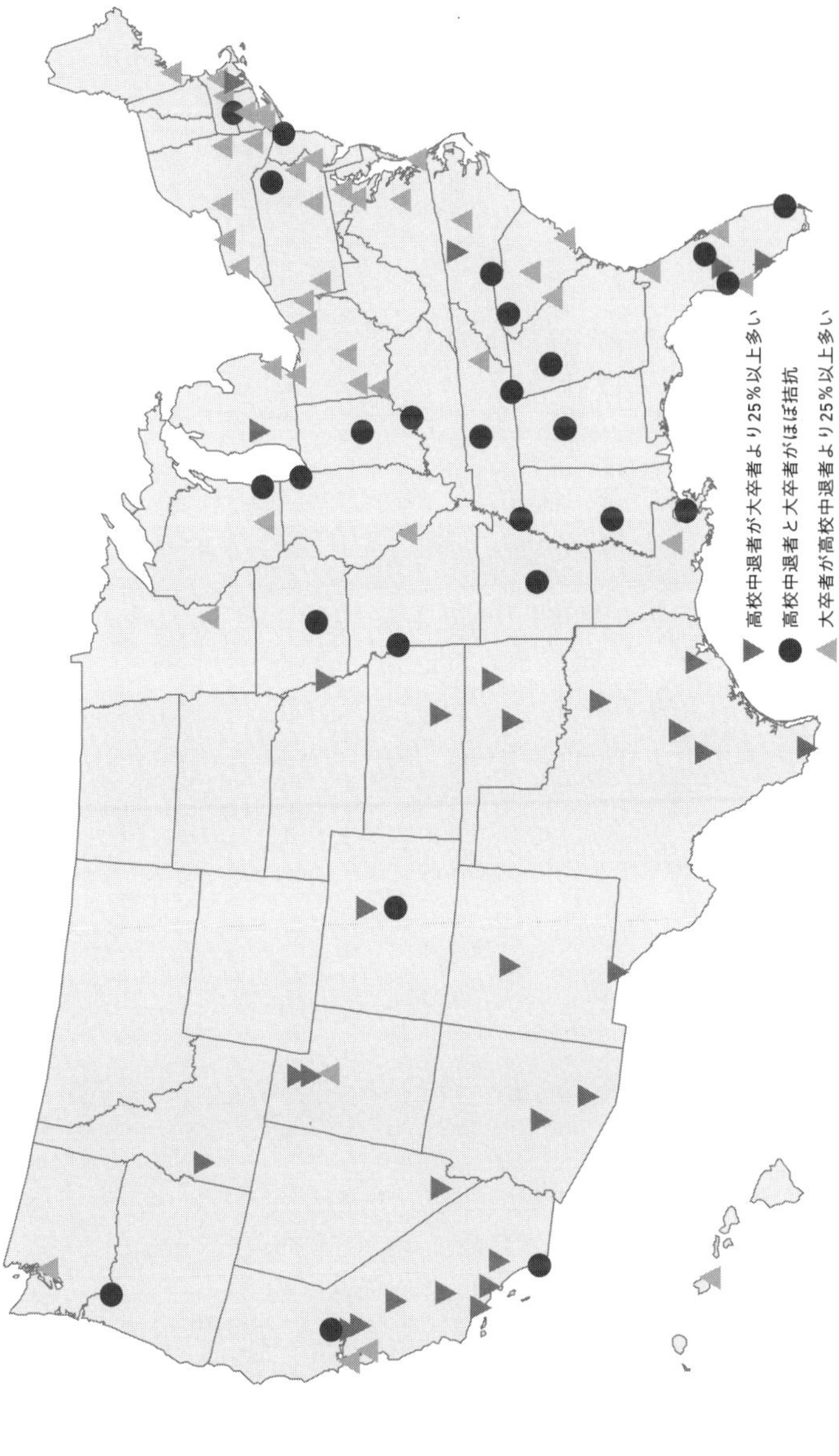

出典：Hall, Singer, De Jong, and Roempke Graefe, www.brookings.edu

［地図5］**移民の教育レベル**

させることを通じて、活気あるイノベーションハブを維持し、知識の伝播を促進する役割も果たしている。移民は、過去三〇年間にアメリカで広がってきた地域間格差をさらに押し広げているのである。

最近まで、移民のイノベーションへの貢献度を出身国別に明らかにすることは困難だった。特許局はその種の情報を記録していないからだ。しかし二〇一一年、経済学者のウィリアム・カーが民族別の姓名データベースを参考に、どの民族がアメリカの技術的進歩に貢献しているかを割り出そうと試みた（具体的には、発明者の姓が「チャン」なら中国系、「グプタ」ならインド系に分類する。これは、マーケティング分野ではすでに用いられている手法だ[18]）。すると、一九九〇年代に、移民系の発明者による特許取得の割合が急増したことがわかった。とくに、中国系とインド系が目立っている。また、移民系の発明はコンピュータや製薬などのハイテク分野が中心なのに対し、非移民系の発明は伝統的な製造業関連が中心だった。

あらゆる研究結果が物語っているのは、アメリカの技術的進歩に対する移民の貢献が拡大しているということだ。そうした統計自体は私も知っていたが、シリコンバレーのハイテク企業を実際に訪ねたときに目の当たりにした現実には驚かされた。アメリカ経済で移民が大きな役割を担っていることを疑う人は、ハイテク企業に足を運び、社員食堂で食事をし、社員と会話してみるといい。アメリカのイノベーションのかなりの割合がアメリカ生まれでない人たちによって成し遂げられていることを、肌で理解できるだろう。

移民は非移民に比べて起業する確率が三割も高い

一九九〇年代、イスラエルに旧ソ連から一〇〇万人以上の移民が移住した。[19] 移民の多くは高学歴者だったので、人口の少ないイスラエルでは、これにより国全体の人的資本のレベルが飛躍的に向上した。製造業に対する効果こそ期待はずれだったが、ハイテク産業では生産性が大幅に改善し、イノベーションが目を見張るほど活発になった。同様のパターンは、高技能の移民が大量に流入したほかのケースでも見て取れる。一九九七年七月一日、香港がイギリスから中国に返還された。返還前の数年間、中国の統治下で暮らすことに不安をいだいた何千人もの住民（多くは高学歴の富裕層だった）がカナダのバンクーバーに移住した。最初は文化的摩擦が避けられなかったし、すべての移住者が長くとどまったわけでもない。それでもバンクーバーは、香港からの移民の流入により、人的資本と金銭的資本の両面で大きな恩恵に浴した。移民たちは多くの蓄えとともに移住してきたので、地域経済に多額の新規投資がもたらされた。そして、多くの移民が香港時代のように高層マンションで生活した結果、都心部の活性化が一挙に加速した。このような変化に後押しされて、バンクーバーは文化的多様性に富んだグローバルな巨大都市に変貌していった。

対照的なのは日本だ。[20] 一九八〇年代、日本のハイテク産業は世界の市場を制していたが、この二〇年ほどでかなり勢いを失ってしまった。とくに、ソフトウェアとインターネット関連ビジネスの分野の退潮が目立つ。運命が暗転した理由はいろいろあるが、大きな要因の一つは、アメリカに比べてソフトウェアエンジニアの人材の層が薄かったことだ。アメリカが世界の国々から最高レベルのソフトウェアエンジニアを引き寄せてきたのと異なり、日本では法的・文化的・言語的障壁により、外国からの人的資本の流入が妨げられてきた。その結果、日本はいくつかの成長著しいハイテク産業で世界のトップから滑り落ちてしまった。別の章で述べたように、専門的職種の労働市場の厚みは、その土地のイノベーション産業の運命を決定づける要因の一つなのである。

移民に関して、誤解されがちな点がある。高技能の移民に就労ビザが発給されると、アメリカ人の働き口が減ると思われがちだが、かならずしもそうではない。むしろ、アメリカ人の就ける職が増える可能性がある。外国出身者はアメリカの労働力全体の一五％にすぎないが、アメリカで働くエンジニアの三分の一、博士号保有者の半分を占めている。移民がいなければ、アメリカはサイエンスで世界に君臨できていなかっただろう。ノーベル賞受賞者の数もずっと少なかったはずだ。アメリカで活動している外国生まれの科学者は、アメリカ生まれの科学者に比べて、ノーベル賞を受賞する確率が二倍以上も高いのだ。移民が米国科学アカデミーと全米技術アカデミーのメンバーに占める割合は、人口全体に占める割合を上回っている。

移民の活躍が目立つのは、科学の世界だけではない。アメリカの労働者にとってはもっと重要な点がある。移民は非移民よりも起業する確率が三〇％近く高い。一九九〇年以降、ベンチャーキャピタルの支援を受けて創業し、のちに株式公開を果たした企業の四社に一社は、移民が創業者だ[21]。また、売上高が一〇〇〇万ドルを超す新興ハイテク企業の四社に一社が移民によって設立されている。アップルの共同創業者スティーブ・ジョブズ（父親は博士号取得のために渡米したシリア人）、ヤフーの共同創業者ジェリー・ヤン（台湾生まれ）、グーグルの共同創業者サーゲイ・ブリン（ロシア生まれ）は、アメリカで会社をつくり、アメリカ生まれの人たちに多くの雇用を提供した移民（や移民の子ども）の一部にすぎない。

こうした点を考えると、昨今の移民論議は的はずれに思える。議論は移民規制強化論者と規制緩和論者の神学論争と化しているが、本当に重要なのは、移民をどれだけ受け入れるかではなく、どのような移民を受け入れるかだ。高い技能をもたない移民が入ってくれば、技能レベルが同程度のアメリカ人の賃金水準が下がり、アメリカ社会の所得格差に拍車がかかる可能性が高いだろう（実際にどの程度の影響があるかは、経済学者の間でも意見がわかれている）。しかし、高技能の移民がやって来れば、好ましい影響が生まれる可能性が高い。その場合、とくに恩恵をこうむるのは技能レベルの低いアメリカ人だ。

理由は三つある。第一に、高技能の移民は、技能レベルの低いアメリカ人と直接的に職を奪い合う関係にない。むしろ、両者は相互補完関係にある。高技能の移民が増えると、技能レベルの低いアメリカ人労働者の生産性も向上する傾向があるのだ。第二に、高技能の移民が加わると、企業はしばしば投資を増やすので、技能レベルの低い人たちの生産性も高まる可能性がある。第三に、高技能の移民は地域経済に大きな波及効果を生む場合が多い。教育レベルの高い住民が増えた都市ではたいてい、雇用が増え、アメリカで生まれた人たちの賃金水準も上昇するのである。

高技能の移民が流入することは、高技能のアメリカ人にとっても基本的には好材料と言えるかもしれない。高技能の移民がやって来れば、高技能のアメリカ人と労働市場で競合し、その結果として高技能のアメリカ人の賃金水準が下がる可能性は高いだろう。しかし、先の第二と第三の要因が高技能のアメリカ人の賃金を押し上げ、競合による賃金下落を埋め合わせてあまりある効果を生む可能性がある。しかしなにより、高技能の移民が大幅に増えれば、社会の賃金格差を縮小させられるかもしれない。つまり、技能レベルの低い移民の流入を規制してもアメリカ人にとってさほど大きな悪影響はなさそうだが、技能レベルの高い移民を規制すると、大きな弊害が発生しかねない。しかも、最も割を食うのは、技能レベルの低い働き手たちだ。

ジェニファー・ハントは最近の研究で、具体的にどのようなタイプの高技能の移民が最も恩恵をもたらすかを明らかにした[22]。大学卒の移民のサンプル調査をおこなったところ、博士号を取得している任期制の研究員（ポストドクトラル・フェロー）や研修医（レジデント）として渡米した人たちが最も活発に独創的な研究や特許を生み出しており、アメリカ生まれの人たちを大きく上回る成果を残していた。一方、すでにアメリカで暮らしている家族や親族を頼って渡米した人たちがあげる成果は、アメリカ生まれの人たちと変わらなかった。

つまり、アメリカの損得だけを考えれば、移民政策を根本的に改めて、大卒者や修士号・博士号保有者の移民を優先的に受け入れるべきだということになる。

移民政策の転換か、自国民の教育か

二〇世紀に入ったころ、アメリカはおおむね未開発の国だった。建国以来の歴史がまだ浅く、文化面でもヨーロッパに劣っていた。知に関しては、ベルリン、パリ、ロンドン、ローマが西洋世界の牽引役で、ニューヨークとシカゴはせいぜい辺境の小都市、アメリカのそれ以外の地域は考慮に値しない未開の地とみなされていた。しかしこの時期、アメリカは、教育に関して世界で傑出した存在をめざそうと決めた。当時の先進国では類のないことだったが、ほぼすべての国民に高校教育を受けさせることにしたのだ。エリート主義的風土が強いヨーロッパ諸国がこれに追随するのは数十年後のことで、しかもヨーロッパでようやく始まった公教育は、アメリカほど進歩的でもなければ、野心的でもなかった。

アメリカは二〇世紀はじめに先見の明のある選択をしたことにより、二〇世紀をほぼ通して、人的資本で世界の先頭を走り続けることができた。ハーバード大学のゴールディンとカッツは著書で、二〇世紀を「人的資本の世紀」と呼んだ。アメリカの労働者はほかの国々の労働者より教育レベルが高く、世界で最も生産的で、革新的で、起業家精神に富んでいた。ゴールディンとカッツによれば、二〇世紀が「アメリカの世紀」だったことは偶然ではない。アメリカが

世界の辺境からグローバルな経済超大国にのし上がった大きな要因は、労働力の質が抜きん出ていたことだった。アメリカが世界経済に君臨できたのはかなりの部分、教育の質が圧倒的に高かったおかげだったのである。しかしこの三〇年ほど、異変が起きている。アメリカの大学院と研究機関の質は依然として世界随一だが、大学進学率の上昇は頭打ちになり、初等・中等教育のレベルはヨーロッパの多くの国に劣り、新興諸国にも次々と追い抜かれてしまった。

二〇世紀に人的資本が経済的繁栄のカギを握っていたとすれば、二一世紀にはその傾向がいっそう強まっている。向こう数十年間に繁栄するのは、創造的な起業家を引きつけ、育てられる社会だ。そのような新しい経済環境で競争力を保つために、アメリカはどのように人的資本を増強していくかを選択しなくてはならない。イノベーションに取り組む企業に技能レベルの高い人材を供給し、しかも技能レベルの違いによる経済格差を縮小する方法は、二通りある。

一つの方法は、移民政策を劇的に転換し、大学卒と大学院卒の移民を優遇することだ。すでに、カナダやオーストラリアが同様の政策を採用している。これをおこなえば、税金をほとんど使うことなく、社会の人的資本を増強できる。たとえば、アメリカ人を教育して一人前のエンジニアに育てるのではなく、インド人のエンジニアを移民として受け入れれば、その人物を教育するためにアメリカの税金を使うことなしに、アメリカ企業が人材を活用できる。アメリカはインドのおかげで、人的資本を無償で利用できるのだ。

もう一つの選択肢は、国内の子どもや若者に対する教育を充実させることにより、社会の人的資本を増強するという方法だ。この道を選ぶ場合は、短期的には納税者に莫大な負担が及ぶ。高校教育の質を飛躍的に向上させ、大学・大学院教育を大幅に拡大させる必要があるからだ。しかし長期的に見れば、恩恵は大きい。アメリカ人の教育レベルが向上し、良質な職に就ける可能性が高くなるだろう。いずれの道も選ばず、なにも手を打たないという選択肢もありうるが、その道の先には恐るべき結末が待っている。この場合、アメリカはイノベーション分野での競争力を失うだろう。へたをすれば、経済が停滞し、さらには縮小に向かい、そのまま盛り返せなくなりかねない。

教育か移民かという選択のどちらを歓迎すべきかは、企業や個人の立場によって変わってくる。グーグルにとっては、優秀なエンジニアさえ採用できれば、その人物がアメリカ人だろうとインド人だろうと関係ない。しかし、アメリカの働き手にとっては大きな違いだ。高技能の移民を大量に受け入れれば、ハイテク産業が雇用面で生み出す恩恵のかなりの割合を外国人が手にすることになる。イノベーション関連の雇用は外国人に与え、アメリカ人は乗数効果によって生み出されるサービス関連の職に就くようになる。カリフォルニア州クパティーノのアップル本社で中国人やインド人の博士号保有者がｉＰｈｏｎｅの設計をおこない、アメリカ生まれの人々はレストランのウェーターや大工、看護師として、中国人やインド人のエンジニアたちの生活を支える仕事をするのだ。こうした点を考えると、教育をどうするかという選択は、いまアメリカがくださなくてはならない重要な戦略的決断の一つと言える。

ローカル・グローバル・エコノミーの時代

都市思想家のジェーン・ジェイコブズが半世紀前に喝破したように、地域コミュニティは自然界のエコシステム（生態系）と同じように、つねに変化し続ける創造的な共同体という性格をもっている。そこに住む人たちがどの程度の創造性を発揮するかによって、コミュニティが成長することもあれば、縮小することもある。コミュニティは、言ってみれば「人的なエコシステム」だ。その中でたえず破壊と再生が繰り返されることが、イノベーションの究極の原動力となる。その点は、いまも昔も変わらない。イノベーションが起きると、一部の産業や職種が時代遅れになる半面、それに代わる新しい産業や職種が生み出される。創造性の火花が散り、「ニューワーク」が誕生するのだ。ジェイコブズがこのように論じたのは一九六〇〜七〇年代のことだったので、著作で言及しているイノベーションの事例はいまとなっては古色蒼然としたものだが、社会に活力と繁栄をもたらす条件についての指摘はいまもまったく古びていない。ジェイコブズが主張したように、都市の充実した環境で人々が交わり合い、さまざまな人のアイデアが思いがけない形でぶつかり合うことで、それまで存在しなかったものが生み出されたとき、イノベーションが起きる。

私たちの生きている世界は、さまざまな矛盾に満ちている。それは、正しく理解することが難しい半面、途方もなく魅力的な場所である。とくに興味深い矛盾の一つは、経済のグローバル化が進むと同時に、ローカル化も進んでいることだ。インターネットが飛躍的な進歩と拡大を遂げたことで、物理的な距離はもはや意味をもたなくなったと言われることが多い。しかしその一方で、どこに住み、どこで職に就くかが、かつてなく大きな意味をもつようにもなっている。いまだに私たちが思いつく最良のアイデアの多くは、日常的な場面での直接の社交関係により予想外の刺激を受けることで生まれている。私たちの重要な人的交流の大半は、相手と実際に顔を合わせる形で実現している。私たちが得る重要な知識の大半は、ウィキペディアではなく、知人を通じて得たものだ。そして、世界の携帯電話通話、ウェブ上のトラフィック、投資資金の流れの大多数は、比較的狭いエリア内でおこなわれている。テレビ会議システムや電子メール、インターネット電話などが普及しても、才能ある人たちが直接触れ合うことによってイノベーションが起きるという傾向は、大きく変わっていない。人と人がじかに顔を合わせることの重要性は、むしろ強まってきた。

モノや情報が世界中を駆け巡るスピードはますます加速しているが、逆に、世界のいくつかの都市への引力も強まっている。グローバル化とローカル化は、一枚のコインの表と裏のような関係に見える。そのような時代には、これまで以上に、都市の性格が経済的成功のカギを握る。最近、拠点をイスラエルからシリコンバレーに移したイスラエル人起業家のヤニフ・ベンサドンに言わせれば、「確かに、世界中のどこにいても、インターネットを使えばなんでもできるが、結局のところ大事なのは人間だ[23]」。私たちの仕事の環境と社会の基本的骨格は、グローバル化とローカル化という、二一世紀の二つの潮流によって根本から様変わりしようとしている。

＊1 教育レベルによる所得格差が広がっているだけでなく、同等の教育レベルの人の間でも格差の拡大が目立ちはじめている。たとえば、大卒者のなかで高給取りの人と薄給で働いている人のギャップが大きくなっているのだ。

＊2 大きな違いだが、この数字は大学教育の効果を正確に反映しているのか？ プリンストン大学で学んだ人と、高校を卒業してすぐに地元のスーパーマーケットに就職した人を単純に比較していいものなのか？ 問題は、いわゆる自己選択のバイアスにより、大学教育の効果を過大に評価していないかどうかだ。大学に進む人はそうでない人に比べて、IQが高く、親が裕福で、家族・親戚関係のコネにも恵まれている場合が多い。これらの要因が有利にはたらく結果、この人たちは大学で勉強しなくても高い給料を受け取っていた可能性が高いのである。これは重大な問題だ。もし、大卒者が高い給料を得ている理由が大学での教育ではなく、IQの高さやコネだとすれば、高い学費を払って大学に行く意味がなくなってしまう。この点を掘り下げて調べた研究がいくつかある。これらの研究では、自己選択の影響をコントロールするために、町に新しい大学が設立されたケースや、州政府が突然、大学進学者への資金面の支援を大幅に充実させたケースに着目した。このようなケースでは、大学へ進学するという決断が外的要因によって決まっている面が大きく、自己選択の影響が比較的小さいからだ。さて、どういう結果が得られたか？ 大多数の研究によれば、大学に進む人のほうが概して分析能力に長けていることは事実だが、大学で学ぶことに

よって、その人の生産性と給料が直接高まることが明らかになった。

とはいえ、誰もが大学に進学すべきだというわけではない。テクノロジーの歴史を振り返れば、高度な教育を受けずに目覚ましいイノベーションを成し遂げた人が大勢いる。もし、あなたが画期的なアイデアをもっているのであれば、大学に行くより、自分の夢を追いかけるほうが明らかに理にかなっている。ビル・ゲイツがハーバード大学を卒業することより、マイクロソフトの仕事に専念することを選んだことが、ソフトウェア産業の大きな転機になった。もし、ゲイツが大学を卒業してからビジネスを起こすことを選択していれば、マイクロソフトはソフトウェア産業の覇者になっておらず、ゲイツ自身も巨万の富を築けていなかったかもしれない。マーク・ザッカーバーグがハーバード大学を中退していなければ、宿敵のウィンクルボス兄弟のほうが先に、SNSをつくっていたかもしれない。ベンチャーキャピタリストのピーター・シールは二〇一〇年、新しい財団を設立し、卓越したビジネスアイデアをもっている二〇歳の若者が大学を中退して起業するのを支援するために、一〇万ドルの助成金を支給しはじめた。しかし、これはあくまでも例外にすぎない。ほとんどの人にとって、大学に進学することは割に合う投資だ。しかも、その投資の見返りはかつてなく大きくなっている。

＊3 大学進学率の上昇を阻んでいる第三の要因は、大卒者の生活コストの高さだ。すでに見たように、大卒者向けの雇用は、生活コストの高い都市部に集中しており、高卒者向けの雇用は、生活コストの安い地域に集中している。その結果、大学進学という投資の魅力が薄まって見えてしまうのだ。

謝辞

真っ当な経済学者は、本など書かないものとされている。学者の本分は学術論文を書くこと、というわけだ。私もこの一五年間、論文の執筆が最大の関心事だった。ほかの学問分野のことは知らないが、経済学の世界では一般向けの本を書いても業績として評価されない。そういう慣習にはもっともな理由がいくつもあるのだが、私は労働経済学と都市経済学の交錯点で研究を続けるうちに、もっと広い読者に向けた本を書きたいという欲求が湧き上がってきた。そんなふうに思いはじめて数年後、マット・カーンとの会話で背中を押され、またちょうど一年間の研究休暇を取得できたことをきっかけに、本書の執筆に着手した。始めてみれば、思っていた以上に楽しい経験だった。一般向けの本を書くことで、ものごとの大きな全体像に目が向き、将来の研究テーマもいくつも見えてきた。次の学術論文を書くのが楽しみでしかたない。

本書の執筆がそれほどまでに楽しい経験になったのは、多くの人たちと意見を交わしながら、自分の考えを形づくっていけたからだ。執筆のほとんどは、研究休暇を取得してスタンフォード大学経済学部と同大学経済政策研究所で過ごした時期におこなった。私を温かく迎え、シリコンバレーの聡明なイノベーターたちに引き合わせてくれたジョン・ショーヴェンに感謝したい。素晴らしい感想を伝えてくれた友人や同僚たちにもお礼を言わなくてはならない。とくに、チャンタイ・シュイ、ポール・オイヤー、パット・クライン、ジョヴァンニ・ペリ、ジェシー・ロスタイン、アレックス・マス、マイケル・ヤーン、ウィレム・ヴレーフは、初期の草稿の全部もしくは一部に目を通し、有益なコメントと建設的な批判を寄せてくれた。ブルース・マンとマット・ウォーニングは、シアトルの歴史について親切に教えてくれた。また、執筆過程の全般を通じて、ニック・ブルーム、ジョン・ファンリーネン、セヴェリン・ボレンスタイン、ウォード・ハンソン、マーク・ブリードラブ、エドワード・グレイザー、ジャック・ラワリー、ジェラルド・オートラー、マーク・バブシン、ベン・ヴォンザストロウ、マルコ・タルチーニ、テッド・ミゲル、アントニオ・モレッティ、ニック・サンダーズとの会話から多くのことを学んだ。カリフォルニア大学バークレー校の、勤勉で好奇心旺盛にして聡明な学生であるアレックス・ウォリンスキーとジョイス・リウは、下調べを手伝い、原稿に磨きをかけてくれた。高い技能を発揮して第3章の地図を作成したのは、マイク・ウエブスターだ。

出版エージェントのゾーイ・パグナメンタは、私がこの本の出版元を見つけるのを見事に助けてくれた。私が本書の出版元にハフトン・ミフリン・ハーコートを選んだ理由の一つは、アマンダ・クックの存在だった。彼女は業界屈指の辣腕編集者という前評判を裏切ることなく、細部にわたる指摘と大きな視野からの提案により、原稿の改善に貢献した。原稿整理を担当したリズ・デュヴァルの丁寧な校正と提案にも大いに助けられた。

最後に、誰よりもイラリアに感謝したい。私が理屈抜きの悲観主義に陥り、執筆を先延ばししようとすると、いつも理屈抜きの楽観主義者ぶりを発揮し、私の新しい挑戦を後押ししてくれた。あとになってみれば、正しいのはいつも彼女のほうだった。

解説

大阪大学経済学部准教授　安田洋祐

本書で頻出するキーワードを三つ挙げるとすれば、アメリカ、イノベーション、シリコンバレーだろう。そう、『年収は「住むところ」で決まる』は、アメリカ経済の新たな成長エンジンであるイノベーション産業が、なぜシリコンバレーのような限られた地域に集積し、それがアメリカ人の暮らしぶりをどのように変えてきたのかを、ミクロとマクロの幅広い視点から分析した大著である。

イノベーションと聞いても、ものづくり大国である（と信じられている）日本の読者にはあまりピンと来ないかもしれない。しかし、著者の次のような予言を耳にすると、他人事とは思えなくなってくるに違いない。

「国が繁栄するか衰退するかは、その国の頭脳集積地の数と実力にますます大きく左右されはじめる。物理的な工場の重要性は低下し続け、その代わりに、互いにつながり合った高学歴層が大勢いる都市が、アイデアと知識を生む『工場』として台頭するだろう。」（第7章）

実は日本においても、お家芸であるものづくり、つまり製造業から、ＩＴに代表されるイノベーション産業へのシフトはすでに急ピッチで進んでいる。製造業でも、単純な作業工程はコストの安い海外へとどんどんアウトソーシングされ、国内に残るのは知識集約型の部署、という傾向が続いているのはご承知の通り。著者は、こうしたイノベーションへのシフトに乗り遅れた国は衰退していき、国家の繁栄はイノベーションハブとなる都市の隆盛が握っていると喝破する。

もちろん、こうした主張は今日ではそこまで珍しいものではない。そのため、一見すると「巷にあふれるＩＴ礼賛書と変わらないのでは？」という印象をもたれるかもしれない。しかしそこは若手を代表する新進気鋭のモレッティ教授。分野横断的な経済学の視点と現実のデータを武器に、イノベーションやハイテク産業の実態に科学的なアプローチで斬り込んでいくことで、類書とは一線を画しているのだ。せっかくなので、以下で一例を挙げておこう。

著者の分析によると、ハイテク産業で新たに一件の雇用が生まれると、その地域でサービス関連の新規雇用がなんと五件も生み出される。これに対して、伝統的な製造業の場合には、一件の雇用増が生み出す新規雇用は一・六件にすぎない。驚くべきことに、ハイテク産業と製造業では、地域の雇用に与える影響が三倍以上も違うのだ。他にも、アウトソーシングは従来型の製造業のほとんどで雇用を消失させる一方、イノベーション産業では逆に雇用を生み出す場合が多いことも明らかにされる。これらの意外な事実は、我々が抱きがちな「イノベーション産業は雇用を生み出せない」という先入観をガラッと変えるものと言えるだろう。

きちんとした学問的な根拠にもとづいていることは、本書の大きな売りである。といっても、小難しい経済学の概念はほとんど出てこないし、数式なんかは一本も登場しないので安心してほしい。本文のいたるところにちりばめられた様々な数字や表、ストーリーを通じて、アメリカ経済におけるイノベーション産業の隆盛を、読者は生き生きと実感することができるだろう。本書の中ではざっくりとしか触れられていないため目立たないが、実は労働経済学、都市・地域経済学、教育経済学、国際貿易、成長理論などの各分野で実証された膨大な量の研究成果が反映されている。これらの多くが、著者であるモレッティ教授自身の研究であるのだから驚きだ。

ここで少し、モレッティ教授についてご紹介しておこう。本書の著者エンリコ・モレッティはイタリア出身の経済学者で、同国トップの経済学部を擁する名門ボッコーニ大学を一九九三年に卒業してから、アメリカへ大学院留学。二〇〇〇年にカリフォルニア大学バークレー校で博士号を取得し、同年から二〇〇四年までカリフォルニア大学ロサンゼルス校で教鞭をとった後、母校のバークレー校に戻り、現在は同校で教授を務めている。現実のデータを用いた実証研究のスペシャリストで、経済学界を代表する若手注目株の一人だ。教育や人的資本の蓄積が生産性や犯罪などに与える影響を明らかにした一連の研究で、専門家の間ではつとに有名である。二〇〇八年には、卓越した研究業績を挙げた四〇歳以下のイタリア人経済学者に贈られる、カルロ・アルベルト・メダルを受賞。労働経済学や都市経済学などの複数の経済学分野にまたがって驚異的なペースで論文を量産していて、アメリカン・エコノミック・レビューやジャーナル・オブ・ポリティカル・エコノミーなどの一流ジャーナルを中心に、すでに約五〇本もの論文を出版している。いま、乗りに乗っている気鋭の経済学者だ。

さて、冒頭でお伝えしたように、本書に登場する話題の大半は、アメリカやアメリカ経済に関するものである。これは日本の読者にとっては少し残念なお知らせかもしれない。ただ、著者が言うように「アメリカがどう変わりつつあるかは、日本の未来を見通すうえで大いに参考になる」ことは間違いないだろう。また、登場する回数こそ多くないものの、日本について言及している箇所もちゃんとある。特に、原書から大幅に改訂された序章は、日本やアジアの読者を意識した内容へとかなり様変わりしているのでありがたい。ちなみに、序章は単なるイントロダクションではなく、本書の内容のダイジェスト版という感じに仕上がっている。後続の章で詳しく扱う主な分析結果をまとめて分かりやすく紹介していて、ここさえ読めば本書の雰囲気が伝わるすぐれものだ。まだ本文を読まれていない方は、少なくとも序章（と、もちろんこの解説も！）だけはぜひ目を通していただきたい。

イノベーション産業やイノベーションハブの台頭は、太平洋の対岸の出来事ではない。今後の日本の成長戦略を考える上で中心に据えなければならない、最も重要な政策イシューなのである。本書を読まれた方は、そう強く実感されるに違いない。日本の失われた二〇年をイノベーションの衰退という視点から分析したモレッティ教授の次の言葉を、日本の政策担当者は重く受け止める必要があるだろう。

「一九八〇年代、日本のハイテク産業は世界の市場を制していたが、この二〇年ほどで勢いを失ってしまった。とくに、ソフトウエアとインターネット関連ビジネスの分野の退潮が目立つ。運命が暗転した理由はいろいろあるが、大きな要因の一つは、アメリカに比べてソフトウエアエンジニアの人材の層が薄かったことだ。アメリカが世界の国々から最高レベルのソフトウエアエンジニアを引き寄せてきたのと異なり、日本では法的・文化的・言語的障壁により、外国からの人的資本の流入が妨げられてきた。その結果、日本はいくつかの成長著しいハイテク産業で世界のトップから滑り落ちてしまった。別の章で述べたように、専門的職種の労働市場の厚みは、その土地のイノベーション産業の運命を決定づける要因の一つなのである。」（第7章）

本書は、二年前に原書が出たときから気になっていた一冊で、すぐにキンドル版をダウンロードした。内容的には私の専門領域とはいえないが、政策的な含意も強く、日本の読者にもぜひ知ってほしい内容であると思い、解説を引き受けた次第である。

私自身はゲーム理論という理論研究に特化しており、同じ経済学者であっても、モレッティ教授が行っているような実証研究に触れる機会は少ない。しかし、異分野の視点も加えることによって本書の内容をさらに多角的に見ることが可能になるかもしれない。まさに本書にあるところの知識の外部性を通じたアイデアのイノベーションである……というほど大げさな話でもないのだが、せっかくなので、以下ではゲーム理論とイノベーション産業との接点を探ってみたい。なお、本書のより詳細かつ専門的な解説記事としては、自身も数多くの関連研究を手がける都市経済学の重鎮、ハーバード大学のエドワード・グレーザー教授による書評[*1]をおすすめする。

ゲーム理論で得られた知見を生かして、現実の市場や制度をデザインする、「マーケットデザイン」と呼ばれる分野をご存じだろうか。「マーケット」をデザインするといっても、金銭の授受を伴う狭い意味での市場だけを対象とするわけではなく、より広い「交換の場」について議論することができる。たとえば、マーケットデザインが大きな成功を収めてきたマッチングの制度設計では、人と人、人と組織など、メンバーたちの間でグループやパートナーを形成するときに、どうすれば具体的な仕組みを使って望ましいマッチングを達成できるのか、という問題を扱っている。日本でも、研修医をどの病院へ配属させるかを決定するために機械的なマッチングの仕組みが二〇〇四年から導入されているが、この「研修医マッチング」はマーケットデザインの代表的な実践例の一つだ。各研修医は自分が研修を希望する病院のリストを、各病院は自分たちが採用したい研修医のリストを、それぞれ優先順位をつけてインターネットを通じて提出するだけでよい。あとはゲーム理論の研究成果にもとづいて、お互いの満足度がもっとも高まるマッチング結果が自動的に導かれる。研修医と病院の双方にとってメリットが大きい仕組みなのである。

このマッチング問題へのゲーム理論的なアプローチは、ひょっとするとイノベーションの促進を考えるうえで役に立つかもしれない。本書でも強調されているように、イノベーションを生み出すために鍵を握るのが、高度な知識を持った人と人との交流である。資本集約的な製造業では個々の労働者の役割は小さく、また多くの人材は代えが利くため、企業は労働市場を通じて比較的スムーズに適切な人材を集めることができる。これに対して、誰と誰をマッチングするか、どういったチームを組むかがアウトプットを大きく左右するイノベーション産業では、お互いの適性やニーズをよりきめ細かく把握する必要があるため、旧来型の労働市場は人集めに適さない。少なくとも、マッチングの効率を高めるために、何らかの改善の余地があるはずだ。ここにマーケットデザインの考え方が使えるのではないだろうか。

もちろん、研修医マッチングのような機械的な仕組みをそのままイノベーション産業に応用すれば問題が解決する、というほど話は単純ではない。ここでは、マッチングを改善するために大まかにどういった点に気をつければよいのかを、マーケットデザイン分野の第一人者であるスタンフォード大学のアルビン・ロス教授の言葉をヒントに考えてみよう。マッチング理論の大家であるとともに、数多くの現実のマーケットデザインを主導した実践家でもあるロス教授は、その貢献が評価されて二〇一二年にノーベル経済学賞を受賞している。このロス教授が、論文[*2]のなかで、マーケットデザインを成功させるためには三つの要素が欠かせないと述べている。それは、マーケットの厚み、安全性、そして混雑の解消だ。効率的なマッチングの仕組みをつくっても、参加者が集まらなければ始まらない。マーケットに厚みを持たせることが、最優先事項なのである。そのためには、仕組み自体が単純かつ透明で、各人が安心して参加できなければならない。一見すると軽視されがちな安全性であるが、実はこういった細かい気配りこそが制度設計の肝だとロス教授は訴える。しかし、話はこれで終わりではない。首尾よくマーケットに厚みが出てきたときに気をつけなければいけないのが混雑現象だ。できるだけスピーディーに、かつ各人が納得のいくかたちでマッチングを処理する必要がある。実践家としての自らの経験から、これら三つの要素が満たされないとマーケットは思い描いたパフォーマンスを発揮しない、とロス教授は警鐘を鳴らしている。

マーケットデザインはまだ学問分野としては日が浅いが、幸いにして一般向けの書籍も出始めている。より詳しい内容に関心のある方には、この分野の優れた研究者である慶應大学の坂井豊貴准教授の『マーケットデザイン』[*3]を強くおすすめしたい。実際に使われている代表的な制度の仕組み、背後の理論、実践例がバランスよく紹介されている。また、ゲーム理論と制度設計の関係を深く知りたい方は、(手前味噌で恐縮だが)拙稿「社会を変える新しい経済学　マーケットデザインの挑戦」[*4]をぜひ参照していただきたい。イノベーション産業の仕組み作りを考えるうえでも、マーケットデザインの考え方や、先に言及したロス教授の教訓は生かすことができるに違いない。

次に、個々の労働者へと目線を移してみよう。「希少性のあるところに価値が生まれる」という経済の基本ルールは、労働者に対してもあてはまる。グローバル競争によって希少性の低下した製造業の労働者は、ますます代えの利く存在となり企業に買い叩かれていく。企業や産業全体としても、付加価値を生み出すことがどんどん難しくなっていくだろう。希少性を生み出し、グローバル競争を生き抜くためには、企業にとっても労働者にとってもイノベーションの創発が欠かせないのだ。この点を指摘したのが、投資家や経営コンサルタント活動の傍ら、京都大学で教鞭をとる瀧本哲史客員准教授だ。デビュー作の『僕は君たちに武器を配りたい』[*5]で、労働者が代えの利く存在になっていく現象を「コモディティ化」と呼んだ瀧本氏は、その二年後に書かれた『君に友だちはいらない』[*6]において、コモディティ化を脱して希少性や付加価値を生み出すために、個々人がとることのできる具体策を説いている。それが、「仲間づくり」の方法論だ。タイトルのイメージとは裏腹に、イノベーションの時代を先取りした、有効なチーム作りのための指南書なのである。ミクロの視点からイノベーションを創発するための数多くの事例やアイデアがちりばめられており、非常に示唆に富む。本書を補完する一冊として、ぜひ手に取っていただきたい。

最後に、著者の言葉をもう一つ、いや二つだけ引用しておこう。

「人類の歴史上、生産性と生活水準の上昇を力強く牽引してきたのは、つねにイノベーションと技術の進歩だった。」(第1章)

「私たちの物質的幸福は、新しいアイデア、新しいテクノロジー、新しい製品を生み出し続けられるかどうかにかかっているのである。」(第1章)

二一世紀の我々の生活に決定的な影響を与えるのがイノベーションだ。本書『年収は「住むところ」で決まる』は、日本が、東京が、そしてあなた自身がイノベーションの世紀という大海原へ飛び出すための、心強い羅針盤となるだろう。本書を手に、一人でも多くの日本の読者が、過酷なこの航海をぜひ成功させてほしい。

二〇一四年二月　（たまたま訪問中の）知識の集積地、シリコンバレー、スタンフォード大学より

＊1 Glaeser, Edward. "A Review of Enrico Moretti's *The New Geography of Jobs*." *Journal of Economic Literature*, 51 (2013) (3): 825-837.

＊2 ちくま新書　二〇一三年

＊3 Roth, Alvin E. "What Have We Learned from Market Design?" *The Economic Journal*, 118 (March 2008): 285-310.

＊4 『日本の難題をかたづけよう　経済、政治、教育、社会保障、エネルギー』第一章　光文社新書　二〇一二年

＊5 講談社　二〇一一年

＊6 講談社　二〇一三年

参考文献

Adams, James D., and Adam B. Jaffe. "Bounding the Effects of R&D: An Investigation Using Matched Establishment-Firm Data." Rand Journal of Economics 27, no. 4 (Winter 1996): 700-21.

Alexopoulos, Michelle. "Read All About It!! What Happens Following a Technology Shock?" American Economic Review 101, no. 4 (June 2011): 1144-79.

Arora, Ashish, Lee G. Branstetter, and Matej Drev. "Going Soft: How the Rise of Software Based Innovation Led to the Decline of Japan's IT Industry and the Resurgence of Silicon Valley." NBER Working Paper 16156. National Bureau of Economic Research, July 2010.

Atkinson, Robert D., and Paul D. Gottlieb. "The Metropolitan New Economy Index." Progressive Policy Institute, Case Western Reserve University, 2001.

Autor, David. "The Polarization of Job Opportunities in the U.S. Labor Market: Implications for Employment and Earnings." Center for American Progress and the Hamilton Project, April 2010.

Autor, David H., and David Dorn. "The Growth of Low-Skill Service Jobs and the Polarization of the U.S. Labor Market." NBER Working Paper 15150. National Bureau of Economic Research, July 2009.

Autor, David H., David Dorn, and Gordon Hanson. "The China Syndrome: Local Labor Market Impacts of Import Competition in the United States." March 2011.

Autor, David H., Lawrence F. Katz, and Melissa S. Kearney. "The Polarization of the U.S. Labor Market." American Economic Review 96, no. 2 (May 2006): 189-94.

Autor, David H., Frank Levy, and Richard J. Murnane. "The Skill Content of Recent Technological Change: An Empirical Exploration." Quarterly Journal of Economics 118, no. 4 (November 2003): 1279-1334.

Azoulay, Pierre, Joshua S. Graff Zivin, and Jialan Wang. "Superstar Extinction." NBER Working Paper 14577. National Bureau of Economic Research, December 2008.

Baker, David R. "U.S. Solar Firms Lead in Installation." San Francisco Chronicle, September 24, 2011.

Balasubramanian, Natarajan, and Jagadeesh Sivadasan. "What Happens When Firms Patent? New Evidence from U.S. Economic Census Data." Review of Economics and Statistics 93, no. 1 (February 2011): 126-46.

Barboza, David. "As China Grows, So Does Its Appetite for American-Made Products." New York Times, April 7, 2011.

Basker, Emek. "Selling a Cheaper Mousetrap: Wal-Mart's Effect on Retail Prices." Journal of Urban Economics 58, no. 2 (September 2005): 203-29.

Baumgardner, James R. "The Division of Labor, Local Markets, and Worker Organization." Journal of Political

Economy 96, no. 3 (June 1988): 509-27.

——. "Physicians' Services and the Division of Labor Across Local Markets." Journal of Political Economy 96, no. 5 (October 1988): 948-82.

Becker, Gary S. Human Capital: A Theoretical and Empirical Analysis, with Special Reference to Education. New York: Columbia University Press, 1964. [『人的資本——教育を中心とした理論的・経験的分析』佐野陽子訳、東洋経済新報社、1976年]

Belenzon, Sharon, and Mark Schankerman. "Spreading the Word: Geography, Policy and University Knowledge Diffusion." CEPR Discussion Papers 8002. Centre for Economic Policy Research, September 2010.

Bishop, Bill. The Big Sort: Why the Clustering of Like-Minded America Is Tearing Us Apart. New York: Houghton Mifflin Company, 2008.

Bleakley, Hoyt, and Jeffrey Lin. "Thick-Market Effects and Churning in the Labor Market: Evidence from U.S. Cities." FRB of Philadelphia Working Paper 07-23. Philadelphia: Federal Reserve Bank, October 2007.

Bloom, Nicholas, Mirko Draca, and John Van Reenen. "Trade Induced Technical Change? The Impact of Chinese Imports on Innovation, IT and Productivity." NBER Working Paper 16717. National Bureau of Economic Research, January 2011.

Bloom, Nicholas, Mark Schankerman, and John Van Reenen. "Identifying Technology Spillovers and Product Market Rivalry." NBER Working Paper 13060. National Bureau of Economic Research, April 2007.

Borenstein, Severin. "The Private and Public Economics of Renewable Electricity Generation." NBER Working Paper 17695. National Bureau of Economic Research, December 2011.

Bound, John, Jeffrey Groen, Gábor Kézdi, and Sarah Turner. "Trade in University Training: Cross-State Variation in the Production and Use of College-Educated Labor." Journal of Econometrics 121 (2004): 143-73.

Broda, Christian, and John Romalis. "The Welfare Implications of Rising Price Dispersion." Chicago: University of Chicago, 2009.

Busso, Matias, Jesse Gregory, and Patrick M. Kline. "Assessing the Incidence and Efficiency of a Prominent Place Based Policy." NBER Working Paper 16096. National Bureau of Economic Research, June 2010.

Mark Calvey. "Bay Area Startups Court Cash-strapped, Creditworthy." San Francisco Business Times, February 10, 2012.

Card, David, Kevin F. Hallock, and Enrico Moretti. "The Geography of Giving: The Effect of Corporate Headquarters on Local Charities." Journal of Public Economics 94, no. 3-4 (2010): 222-34.

Card, David, and Enrico Moretti. "Does Voting Technology Affect Election Outcomes? Touch-screen Voting

and the 2004 Presidential Elections." Review of Economics and Statistics 89, no. 4 (November 2007): 660-73.

Carrell, Scott, Mark Hoekstra, and James E. West. "Is Poor Fitness Contagious? Evidence from Randomly Assigned Friends." Journal of Public Economics 95, no. 7-8 (August 2011): 657-63.

Clark, Don. "Overseas Tech Firms Ramp Up Hiring in Silicon Valley." Wall Street Journal, June 23, 2011.

Cockburn, Iain M., and Matthew J. Slaughter. "The Global Location of Biopharmaceutical Knowledge Activity: New Findings, New Questions." In Josh Lerner and Scott Stern, eds., Innovation Policy and the Economy, Vol. 10, pp.129-57. Chicago: University of Chicago Press, 2010.

Costa, Dora L., and Matthew E. Kahn. "Power Couples: Changes in the Locational Choice of the College-Educated, 1940-1990." Quarterly Journal of Economics 115, no. 4 (November 2000): 1287-1315.

Currie, Janet, and Enrico Moretti. "Mother's Education and the Intergenerational Transmission of Human Capital: Evidence from College Openings." Quarterly Journal of Economics 118, no. 4 (2003): 1495-1532.

Delo, Stacey B. "When the Car-Rental Fleet Is Parked in Your Driveway." Wall Street Journal, May 19, 2011.

Echeverri-Carroll, Elsie. "Economic Growth and Linkage with Silicon Valley." Texas Business Review, December 2004.

Eicher, Theo. "The Microsoft Economic Impact Study." Seattle: Microsoft Corporation, March 2010.

Fallows, James. "China Makes, the World Takes." The Atlantic, July 2007.

Ferrie, Joe. "Internal Migration." In Susan B. Carter et al., eds., Historical Statistics of the United States: Millennial Edition. New York: Cambridge University Press, 2003.

Fletcher, Jason M. "Social Interactions and Smoking: Evidence Using Multiple Student Cohorts, Instrumental Variables, and School Fixed Effects." Health Economics 19, no. 4 (April 2010): 466-84.

Florida, Richard. The Rise of the Creative Class: And How It's Transforming Work, Leisure, Community and Everyday Life. New York: Basic Books, 2002. [『クリエイティブ資本論――新たな経済階級の台頭』井口典夫訳、ダイヤモンド社、2008 年]

Friedman, Milton. Capitalism and Freedom. Chicago: University of Chicago Press, 1962. [『資本主義と自由』村井章子訳、日経 BP 社、2008 年]

Gelles, David. "All Roads Lead to the Valley." Financial Times, May 18, 2009.

Glaeser, Edward, and Jacob Vigdor. "The End of the Segregated Century: Racial Separation in America's Neighborhoods, 1890-2010." Civic Report 66. Manhattan Institute for Policy Research, January 2012.

Glaeser, Edward L. Triumph of the City: How Our Greatest Invention Makes Us Richer, Smarter, Greener, Healthier, and Happier. New York: Penguin, 2011. [『都市は人類最高の発明である』山形浩生訳、

NTT 出版、2012 年]

Glaeser, Edward L., Joseph Gyourko, and Raven Saks. "Why Is Manhattan So Expensive? Regulation and the Rise in House Prices." Journal of Law and Economics 48, no. 2 (October 2005): 331-69.

Glaeser Edward L., and Kristina Tobio. "The Rise of the Sunbelt." NBER Working Paper 13071. National Bureau of Economic Research, April 2007.

Glaeser, Edward L., and Bryce A. Ward. "The Causes and Consequences of Land Use Regulation: Evidence from Greater Boston." Journal of Urban Economics 65 (2009): 265-78.

Goldin, Claudia, and Lawrence F. Katz. The Race Between Education and Technology. Cambridge, Mass.: Belknap/Harvard University Press, 2008.

Greenstone, Michael, Rick Hornbeck, and Enrico Moretti. "Identifying Agglomeration Spillovers: Evidence from Winners and Losers of Large Plant Openings." Journal of Political Economy 118, no. 3 (2010): 536-98.

Greenstone, Michael, and Adam Looney. "Where Is the Best Place to Invest $102,000-In Stocks, Bonds, or a College Degree?" Hamilton Project, Brookings Institution, June 2011.

Greenstone, Michael, and Enrico Moretti. "Bidding for Industrial Plants: Does Winning a 'Million Dollar Plant' Increase Welfare?" NBER Working Paper 9844. National Bureau of Economic Research, July 2003.

Gregg, Paul, and Stephen Machin. "Child Development and Success or Failure in the Youth Labor Market." In David G. Blanchflower and Richard B. Freeman, eds., Youth Employment and Joblessness in Advanced Countries, pp.247-88. Chicago: University of Chicago Press, 2000.

Gregg, Paul, Stephen Machin, and Alan Manning. "Mobility and Joblessness." In Richard Card, Richard Blundell, and Richard B. Freeman, eds., Seeking a Premier Economy: The Economic Effects of British Economic Reforms, 1980-2000, pp.371-410. Cambridge, Mass.: NBER Books, 2004.

Griffith, Rachel, Rupert Harrison, and John Van Reenen. "How Special Is the Special Relationship?" American Economic Review 96, no. 5 (2006).

Grove, Andy. "How America Can Create Jobs." Bloomberg Businessweek, July 1, 2010.

Hall, Matthew, Audrey Singer, Gordon F. De Jong, and Deborah Roempke Graefe. "The Geography of Immigrant Skills: Educational Profiles of Metropolitan Areas." State of Metropolitan America 33. Washington, D.C.: Brookings Institution, 2011.

Hann, Il-Horn, Siva Viswanathan, and Byungwan Koh. "The Facebook App Economy." Center for Digital Innovation, Technology and Strategy, University of Maryland, September 11, 2011.

Hanson, Gordon H., Jr., Raymond J. Mataloni, and Matthew J. Slaughter. "Expansion Abroad and the Domestic Operations of U.S. Multinational Firms." 2003.

Heckman, James. "Policies to Foster Human Capital." Research in Economics 54 (2000): 3-56.

Heckman, James J., and Paul A. LaFontaine. "The Declining American High School Graduation Rate: Evidence, Sources, and Consequences." NBER Reporter, 2008 no. 1.

Helft, Miguel. "In Silicon Valley, Buying Companies for Their Engineers." New York Times, May 18, 2011.

Hoge, Patrick. "Help Desk Firm Solves Problem of How to Grow." San Francisco Business Times, October 2010.

Hunt, Jennifer. "Which Immigrants Are Most Innovative and Entrepreneurial? Distinctions by Entry Visa." Journal of Labor Economics 29, no. 3 (July 2011): 417-57.

Hunt, Jennifer, and Marjolaine Gauthier-Loiselle. "How Much Does Immigration Boost Innovation?" American Economic Journal: Macroeconomics 2, no.2 (April 2010): 31-56.

Jacobs, Jane. "Why TVA Failed." New York Review of Books, May 10, 1984.

Jacobs, Karrie. "Made in Brooklyn." Metropolis Magazine, June 2010.

Jacoby, Jeff. "Made in the USA." Boston Globe, February 6, 2011.

Jaffe, Adam. "Real Effects of Academic Research." American Economic Review 79, no. 5 (1989): 957-70.

Jaffe, Adam, Manuel Trajtenberg, and Rebecca Henderson. "Geographic Localization of Knowledge Spillovers as Evidenced by Patent Citations." Quarterly Journal of Economics 108, no. 3 (August 1993): 577-98.

Kain, John F. "Housing Segregation, Negro Employment, and Metropolitan Decentralization." Quarterly Journal of Economics 82, no. 2 (May 1968): 175-97.

Kane, Yukari Iwatani. "Overseas Start-Ups Move In." Wall Street Journal, May 26, 2011.

Kerr, William R. "The Agglomeration of U.S. Ethnic Inventors." In Edward L. Glaeser, ed., Agglomeration Economics, pp. 237-76. Chicago: University of Chicago Press, 2010.

Kissack, Andrea. "Electric Vehicle Companies Tap Silicon Valley Cash." Morning Edition, NPR, October 13, 2010.

Klepper, Steven. "The Origin and Growth of Industry Clusters: The Making of Silicon Valley and Detroit." Journal of Urban Economics 67, no. 1 (January 2010): 15-32.

Kline, Patrick. and Enrico Moretti. "Local Economic Development, Agglomeration Economies and the Big Push: 100 Years of Evidence from the Tennessee Valley Authority." NBER Working Paper 19293. National Bureau of Economic Research, August 2013.

Kraemer, Kenneth L., Greg Linden, and Jason Dedrick. "Capturing Value in Global Networks: Apple's iPad and iPhone." July 2011.

Krueger, Dirk, Fabrizio Perri, Luigi Pistaferri, and Giovanni L. Violante. "Cross-Sectional Facts for Macroeconomists." Review of Economic Dynamics 13, no. 1 (January 2010): 1-14.

Kulkarni, Sandeep C., Alison Levin-Rector, Majid Ezzati, and Christopher J. L. Murray. "Falling Behind: Life Expectancy in U.S. Counties from 2000 to 2007 in an International Context." Population Health Metrics 9, no. 16 (June 2011).

Lee, Kyungjoon, John S. Brownstein, Richard G. Mills, and Isaac S. Kohane. "Does Collocation Inform the Impact of Collaboration?" PLoS One 5, no. 12 (December 2010).

Leuty, Ron. "S.F. Life Sciences Hub Lures East Coast Venture Firms." San Francisco Business Times, May 27-June 2, 2011.

Lin, Jeffrey. "Technological Adaptation, Cities, and New Work." Review of Economics and Statistics 93, no. 2 (May 2011): 554-74.

Lochner, Lance, and Enrico Moretti. "The Effect of Education on Crime: Evidence from Prison Inmates, Arrests and Self-Reports." American Economic Review 94, no. 1 (2004): 155-89.

Lohr, Steve. "Silicon Valley Shaped by Technology and Traffic." New York Times, December 20, 2007.

Lucas, Robert. "On the Mechanics of Economic Development." Journal of Monetary Economics 22, no. 1 (July 1988): 3-42.

Ludwig, Jens, et al. "Neighborhoods, Obesity, and Diabetes—A Randomized Social Experiment." New England Journal of Medicine 365 (October 2011): 1509-19.

Lychagin, Sergey, Joris Pinkse, Margaret E. Slade, and John Van Reenen. "Spillovers in Space: Does Geography Matter?" NBER Working Paper 16188. National Bureau of Economic Research, July 2010.

Machin, Stephen, Panu Pelkonen, and Kjell G. Salvanes. "Education and Mobility." Journal of the European Economic Association, doi: 10.1111/j.1542-4774.2011.01048.x.

Mallaby, Sebastian. More Money Than God: Hedge Funds and the Making of a New Elite. New York: Penguin, 2010. [『ヘッジファンド——投資家たちの野望と興亡』三木俊哉訳、楽工社、2012 年]

Manacorda, Marco, and Enrico Moretti. "Why Do Most Italian Youths Live with Their Parents? Intergenerational Transfers and Household Structure." Journal of the European Economic Association 4, no. 4 (June 2006): 800-29.

Manyika, James, and Charles Roxburgh. "The Great Transformer: The Impact of the Internet on Economic Growth and Prosperity." McKinsey Global Institute (2011).

Markusen, Ann, Peter Hall, Scott Campbell, and Sabina Deitrick. The Rise of the Gunbelt: The Military Remapping of Industrial America. New York: Oxford University Press, 1991.

Mas, Alexandre, and Enrico Moretti. "Peers at Work." American Economic Review 99, no. 1 (2009): 112-45.

——. "Racial Bias in the 2008 Presidential Election." American Economic Review 99, no. 2 (2009): 323-29.

Mattioli, Dana. "As Kodak Fades, Rochester Develops Other Businesses." Wall Street Journal, December 24, 2011.

Mayer, Heike. "Bootstrapping High-Tech: Evidence from Three Emerging High Technology Metropolitan Areas." Metropolitan Economy Initiative no. 10. Brookings Institution, June 2009.

Milligan, Kevin, Enrico Moretti, and Philip Oreopoulos. "Does Education Improve Citizenship? Evidence from the U.S. and the U.K." Journal of Public Economics 88, no. 9-10 (2004): 1667-95.

Moretti, Enrico. "Estimating the Social Return to Higher Education: Evidence from Longitudinal and Repeated Cross-Sectional Data." Journal of Econometrics 121, no. 1-2 (2004): 175-212.

——. "Local Labor Markets." In Orley Ashenfelter and David Card, eds., Handbook of Labor Economics, Vol. 4B, pp. 1237-1313. London: Elsevier, 2011.

——. "Local Multipliers." American Economic Review 100, no. 2 (May 2010): 373-77.

——. "Real Wage Inequality." NBER Working Paper 14370. National Bureau of Economic Research, 2008.

——. "Social Learning and Peer Effects in Consumption: Evidence from Movie Sales." Review of Economic Studies, forthcoming.

——. "Workers' Education, Spillovers and Productivity: Evidence from Plant-Level Production Functions." American Economic Review 94, no. 3 (2004): 656-90.

National Academy of Engineering, Committee on the Offshoring of Engineering. The Offshoring of Engineering: Facts, Unknowns, and Potential Implications. Washington, D.C.: National Academies Press, 2008.

Paserman, M. Daniele. "Do High-Skill Immigrants Raise Productivity? Evidence from Israeli Manufacturing Firms, 1990-1999." CEPR Discussion Papers 6896. Centre for Economic Policy Research, July 2008.

Pélissié du Rausas, Matthieu, et al. "Internet Matters: The Net's Sweeping Impact on Growth, Jobs and Prosperity." McKinsey Global Institute, May 2011.

Powell, Walter, Kjersten Whittington, and Kelley Packalen. "Organizational and Institutional Genesis: The Emergence of High-Tech Clusters in the Life Sciences." In John F. Padgett and Walter W. Powell, eds., The Emergence of Organization and Markets. Princeton, N.J.: Princeton University Press, forthcoming.

Riddell, Lindsay. "East Bay Schools Aim to Refresh Biotech Labor Pool." San Francisco Business Times, April 22-28, 2011.

Samuelson, Kristin. "High-Skill Job Openings Abound." Chicago Tribune, October 3, 2011.

Schumpeter, Joseph. Capitalism, Socialism, and Democracy. New York: Harper and Brothers, 1942. [『資本主義・社会主義・民主主義』中山伊知郎・東畑精一訳、東洋経済新報社、1995 年]

Scott, Allen. "Origins and Growth of the Hollywood Motion-Picture Industry: The First Three Decades." In Pontus Braunerhjelm and Maryann P. Feldman, eds., Cluster Genesis: Technology-Based Industrial Development, pp. 17-37. London: Oxford University Press, 2006.

Sieg, Holger, V. Kerry Smith, H. Spencer Banzhaf, and Randy Walsh. "Estimating the General Equilibrium Benefits of Large Changes in Spatially Delineated Public Goods." International Economic Review 45, no. 4 (November 2004): 1047-77.

Sorenson, Olav, and Toby E. Stuart. "Syndication Networks and the Spatial Distribution of Venture Capital Investments." American Journal of Sociology 106, no. 6 (May 2001): 1546-88.

Tam, Pui-Wing. "Technology Companies Look Beyond Region for New Hires." Wall Street Journal, September 23, 2010.

Thiel, Peter. "The End of the Future." National Review, October 3, 2011.

Thompson, Peter. "Patent Citations and the Geography of Knowledge Spillovers: Evidence from Inventor- and Examiner-added Citations." Review of Economics and Statistics 88, no. 2 (May 2006): 383-88.

Tice, Carol. "Geeks of a Feather." Washington CEO, March 2008.

U.S. Bureau of Labor Statistics. "Career Guide to Industries, 2010--2011 Edition." 2011.

——. "Industry Output and Employment Projections to 2018." Monthly Labor Review, November 2009.

——. "Occupational Employment Projections to 2018." Monthly Labor Review, November 2009.

——. Occupational Outlook Handbook. 2010-2011.

U.S. Patent and Trademark Office, Technology Assessment and Forecast Branch. "United States Patent Grants?—Number of Grants per 100,000 Population, by Metropolitan Area, 1998."

Van Reenen, John. "The Creation and Capture of Rents: Wages and Innovation in a Panel of U.K. Companies." Quarterly Journal of Economics, 111, no. 1 (February 1996): 195-226.

Vara, Vauhini. "Clean Tech Arrives, with Limited Payoff." Wall Street Journal, January 20, 2011.

——. "Red Flags for Green Energy." Wall Street Journal, October 12, 2011.

Wessel, David. "Big U.S. Firms Shift Hiring Abroad." Wall Street Journal, April 19, 2011.

——. "The Factory Floor Has a Ceiling on Job Creation." Wall Street Journal, January 12, 2012.

Wheeler, Christopher H. "Cities and the Growth of Wages Among Young Workers: Evidence from the NLSY." Journal of Urban Economics 60, no. 2 (September 2006): 162-84.

——. "Job Flows and Productivity Dynamics: Evidence from U.S. Manufacturing." Macroeconomics Dynamics 11, no. 2 (April 2007): 175-201.

——. "Local Market Scale and the Pattern of Job Changes Among Young Men." Regional Science and Urban Economics 38, no. 2 (March 2008): 101-18.

Wilson, William Julius. The Truly Disadvantaged: The Inner City, the Underclass, and Public Policy. Chicago: University of Chicago Press, 1987. [『アメリカのアンダークラス——本当に不利な立場に置かれた人々』青木秀男監訳、平川茂・牛草英晴訳、明石書店、1999年]

Wozniak, Abigail. "Are College Graduates More Responsive to Distant Labor Market Opportunities?" Journal of Human Resources 45, no. 4 (Fall 2010): 944-70.

Zucker, Lynne G., and Michael R. Darby. "Capturing Technological Opportunity via Japan's Star Scientists: Evidence from Japanese Firms' Biotech Patents and Products." Journal of Technology Transfer 26, no. 1-2 (January 2001): 37-58.

——. "Movement of Star Scientists and Engineers and High-Tech Firm Entry." NBER Working Paper 12172. National Bureau of Economic Research, 2006.

——. "Present at the Biotechnological Revolution: Transformation of Technological Identity for a Large Incumbent Pharmaceutical Firm." Research Policy 26, no. 4-5 (December 1997): 429-46.

Zucker, Lynne G., Michael R. Darby, and Jeff S. Armstrong. "Commercializing Knowledge: University Science, Knowledge Capture and Firm Performance in Biotechnology." Management Science 48, no. 1 (January 2002): 138-53.

——. "Geographically Localized Knowledge: Spillovers or Markets?" Economic Inquiry 36, no. 1 (January 1998): 65-86.

Zucker, Lynne G., Michael R. Darby, and Marilynn B. Brewer. "Intellectual Human Capital and the Birth of U.S. Biotechnology Enterprises." American Economic Review 88, no. 1 (March 1998): 290-306.

Zucker, Lynne G., et al. "Minerva Unbound: Knowledge Stocks, Knowledge Flows and New Knowledge Production." Research Policy 36, no. 6 (July 2007): 850-63.

原注

第1章

[1] Jacoby, "Made in the USA."

[2] Glaeser, Triumph of the City.

[3] Fallows, "China Makes, the World Takes."

[4] Autor, Dorn, and Hanson, "The China Syndrome."

[5] Bloom, Draca, and Van Reenen, "Trade Induced Technical Change?"

[6] Jacobs, "Made in Brooklyn."

[7] Ibid.

[8] Broda and Romalis, "The Welfare Implications of Rising Price Dispersion."

[9] Basker, "Selling a Cheaper Mousetrap."

[10] County Business Patterns（アメリカ国勢調査局）のデータに基づく。

[11] Fallows, "China Makes, the World Takes."

[12] Autor, "The Polarization of Job Opportunities in the U.S. Labor Market."

[13] Autor, Levy, and Murnane, "The Skill Content of Recent Technological Change."

[14] Autor, "The Polarization of Job Opportunities in the U.S. Labor Market."

第2章

注

[1] World Intellectual Property Indicators, World Intellectual Property Organization, 2010.

[2] アメリカ特許商標局のデータに基づく。

[3] Grove, "How America Can Create Jobs."

[4] County Business Patterns（アメリカ国勢調査局）のデータに基づく。

[5] Hann, Viswanathan, and Koh, "The Facebook App Economy."

[6] Alexopoulos, "Read All About It!!"

[7] Manyika and Roxburgh, "The Great Transformer."

[8] アメリカ労働省労働統計局によれば、「アメリカ経済における科学研究と研究開発のすべてとは言わないまでも、かなりの部分はこの［ライフサイエンス系研究開発］産業でおこなわれている……製薬、化学、輸送機器、航空宇宙製品など、幅広い産業における研究開発の多くは、［製造業などから区別された］科学研究開発サービス産業内で実施されている。多くの企業は、工場やその産業に特徴的な施設とは別の場所に、研究所やその他の研究開発施設を置いているからである」(Bureau of Labor Statistics, "Career Guide to Industries, 2010-2011 Edition." より)。

[9] Bureau of Labor Statistics, "Occupational Employment Projections to 2018."

[10] Balasubramanian and Sivadasan, "What Happens When Firms Patent?"

[11] Calvey, "Bay Area Startups Court Cash-Strapped, Credit-worthy."

[12] "Yoga in America," Yoga Journal, February 2008.

[13] Bureau of Labor Statistics, Occupational Outlook Handbook, 2010-2011.
[14] 貿易部門の労働者の生産性が高く、所得も多いほど、それによって支えられる非貿易部門の雇用も多くなる。実際、アメリカでは、貿易部門の雇用の数が多く、賃金が高い都市ほど、非貿易部門の雇用が多い。
[15] Moretti, "Local Multipliers."
[16] Ibid.
[17] Wessel, "The Factory Floor Has a Ceiling on Job Creation."
[18] Eicher, "The Microsoft Economic Impact Study."
[19] Pélissié du Rausas et al., "Internet Matters."
[20] Helft, "In Silicon Valley, Buying Companies for Their Engineers."
[21] Barboza, "As China Grows, So Does Its Appetite for American-Made Products."
[22] Wessel, "Big U.S. Firms Shift Hiring Abroad."
[23] Fallows, "China Makes, The World Takes."
[24] このときインドは、OECDのGLP（優良試験所規範）に関する作業グループが定めた試験ルールを全面的に遵守しているという認定を得ることをめざしていた。このあと、2011年3月3日、インドは同作業グループの正規メンバーとして認められた。これにより、インドのGLP認証済みの研究所で実施された試験結果に基づく安全性データは、ヨーロッパ、アメリカ、日本を含むOECD全加盟国、さらには南アフリカやシンガポールなどの一部の非加盟国でも認められることになった。対象には、医薬品、工業化学薬品、食品・飼料添加物、農薬（化学合成によるものと生物由来のものの両方）の試験が含まれる。
[25] Cockburn and Slaughter, "The Global Location of Biopharmaceutical Knowledge Activity"; Hanson, Mataloni, and Slaughter, "Expansion Abroad and the Domestic Operations of U.S. Multinational Firms."
[26] National Academy of Engineering, The Offshoring of Engineering.
[27] Balasubramanian and Sivadasan, "What Happens When Firms Patent?"
[28] Van Reenen, "The Creation and Capture of Rents."
[29] イノベーションが生み出すレントの一部が働き手のものになるのは理にかなっている。イノベーションで最も重要な要素は、物的資本ではなく人的資本だからだ。イノベーション関連の職では、仕事の性格がほかの業種と異なる。イノベーションをおこなうためには、創造性が欠かせず、創造性を発揮し、イノベーションを実践するためには、働き手がひときわ仕事にのめり込むことが求められる。そこで、企業はレントをわけ合うことにより、従業員にいっそう仕事に打ち込ませようとするのだ。

第3章

[1] "City of Despair," The Economist, May 22, 1971, pp.57-58.
[2] 数字はCensus of PopulationとAmerican Community Survey（アメリカ国勢調査局）に基づく。大卒者には、大学院卒業者も含む。
[3] Tice, "Geeks of a Feather."
[4] 数字は以下の論文の推計に基づく。Moretti, "Local Multipliers."

[5] アメリカ特許商標局のデータに基づく。

[6] 以下の資料に基づく。U.S. Patent and Trademark Office, "Extended Year Set—Patents By Country, State, and Year All Patent Types," December 2010. 以下の資料によれば、1929 年から 89 年にかけて特許取得件数の州間格差は狭まったが、1990 年以降は格差が広がりはじめた。Hunt and Gauthier-Louiselle, "How Much Does Immigration Boost Innovation?"

[7] U.S. Patent and Trademark Office, "United States Patent Grants—Number of Grants per 100,000 Population, by Metropolitan Area, 1998."

[8] データは以下による。PricewaterhouseCoopers, "MoneyTree Report."（最新のデータは 1995 年のもの）

[9] Echeverri-Carroll, "Economic Growth and Linkage with Silicon Valley."

[10] ここで示した数字は、2006 年、2007 年、2008 年の American Community Survey（アメリカ国勢調査局）のデータ（Ipums USA より入手）に基づく税引き前の年収である。推計の正確性を最大限高めるために、当該の職種に就いている人が市内に 100 人以上いる場合に限って、そのデータを分析に含めた。たとえば弁護士であれば、American Community Survey に 100 人以上の弁護士の収入データが記されている都市だけを対象にした。ただし工場の現場責任者に関しては、20 人以上の都市に対象を広げた。100 人以上のデータが記録されている都市がきわめて少ないためである。

[11] American Community Survey（アメリカ国勢調査局）のデータに基づく。

[12] 2006-2008 年の Census of Population と American Community Survey（アメリカ国勢調査局）のデータに基づく。データは、大都市圏（生産年齢人口が 20 万人以上）に居住する、教育と所得のデータがそろっている 25 ～ 59 歳の働き手すべてのもの。

[13] American Community Survey（アメリカ国勢調査局）のデータに基づく。

[14] American Community Survey（アメリカ国勢調査局）のデータに基づく。

[15] Moretti, "Estimating the Social Return to Higher Education"; Moretti, "Workers' Education, Spillovers, and Productivity."

[16] Lucas, "On the Mechanics of Economic Development."

[17] Moretti, "Estimating the Social Return to Higher Education."

[18] Lin, "Technological Adaptation, Cities, and New Work."

[19] Census of Population と American Community Survey（アメリカ国勢調査局）のデータに基づく。

[20] 1980年、1990年、2000年の Census of Population と 2006年、2007年、2008年の American Community Survey（アメリカ国勢調査局）のマイクロデータに基づく。対象は 25 ～ 60 歳の働き手。数字はそれぞれの年の上位 10 都市と下位 10 都市のものなので、最上位グループと最下位グループを構成する都市は毎年入れ替わっている。その意味で、このグラフはアメリカ社会全体を通して見た格差の大きさの変遷を映し出すものと解釈すべきである。分析の方法を変えて、最上位グループの 10 都市と最下位グループの 10 都市の構成を 1980 年時点のまま固定するアプローチもありうる。しかし、この場合もグラフの形状はあまり変わらない。

[21] Glaeser and Vigdor, "The End of the Segregated Century."

[22] 1980年、1990年、2000年の Census of Population と 2006年、2007年、2008年の American Community

Survey（アメリカ国勢調査局）のマイクロデータに基づく。対象は25～60歳の働き手。数字はそれぞれの年の上位10都市と下位10都市のものなので、最上位グループと最下位グループを構成する都市は毎年入れ替わっている。その意味で、このグラフはアメリカ社会全体を通して見た格差の大きさの変遷を映し出すものと解釈すべきである。分析の方法を変えて、最上位グループの10都市と最下位グループの10都市の構成を1980年時点のまま固定するアプローチもありうる。しかし、この場合もグラフの形状はあまり変わらない。

[23] Institute for Health Metrics and Evaluation（ワシントン大学）のデータに基づく。

[24] Kulkarni, Levin-Rector, Ezzati, and Murray, "Falling Behind."

[25] Institute for Health Metrics and Evaluation（ワシントン大学）による3147郡の男女の平均寿命のデータに基づく。教育と所得の格差に関するデータは、それぞれ年の上位10郡と下位10郡のものである。したがって、最上位グループと最下位グループを構成する郡はその都度異なる。

[26] Carrell, Hoekstra, and West, "Is Poor Fitness Contagious?"

[27] Fletcher, "Social Interactions and Smoking."

[28] Ludwig et al., "Neighborhoods, Obesity, and Diabetes—A Randomized Social Experiment."

[29] この数字には、現在の婚姻状態に関係なく、すべての成人が含まれる。したがって、離婚経験者のなかには、調査時点で再婚していた人も含まれる。データは、Census of Population と American Community Survey（アメリカ国勢調査局）による。18～70歳のすべての人が対象。

[30] the Census of Population と the American Community Survey（アメリカ国勢調査局）のデータに基づく。

[31] 数字はすべて、郡ごとの投票率データに基づく著者の分析による。データは、"Does Voting Technology Affect Election Outcomes?" および "Racial Bias in the 2008 Presidential Election." で用いたものである。

[32] Milligan, Moretti, and Oreopoulos, "Does Education Improve Citizenship?"

[33] Friedman, Capitalism and Freedom［『資本主義と自由』村井章子訳、日経BP社、2008年］.

[34] Dave Leip's Atlas of U.S. Presidential Elections と CNN のデータに基づく。

[35] IRS Statistics of Income data files の NPO 法人（「501c（3）団体」）用の税務申告書類（詳細版）に基づく。このデータは、Card, Hallock, and Moretti, "The Geography of Giving." で使用したものである。

[36] この点に関する上位10都市と下位10都市の格差は、1990年に比べてかなり広がっている。

第4章

[1] Hoge, "Help Desk Firm Solves Problem of How to Grow."

[2] Tam, "Technology Companies Look Beyond Region for New Hires."

[3] Kane, "Overseas Start-Ups Move In."

[4] Baumgardner, "Physicians' Services and the Division of Labor Across Local Markets."

[5] ザッカーバーグはインタビューで、シリコンバレーの文化で好きになれない点をいくつも挙げているが、「もしあのままボストンに本社を置いていれば、フェイスブックは成功してい

なかっただろう」と認めている。以下を参照（Interview at Y Combinator's Startup School, October 29, 2011）。
[6] Wheeler, "Local Market Scale and the Pattern of Job Changes Among Young Men"; Bleakley and Lin, "Thick-Market Effects and Churning in the Labor Market."
[7] Costa and Kahn, "Power Couples."
[8] Clark, "Overseas Tech Firms Ramp Up Hiring in Silicon Valley."
[9] Sorenson and Stuart, "Syndication Networks and the Spatial Distribution of Venture Capital Investment."
[10] Delo, "When the Car-Rental Fleet Is Parked in Your Driveway."
[11] Gelles, "All Roads Lead to the Valley."
[12] Interview, "The Changing Role of the Venture Capitalist," Marketplace, NPR, January 18, 2011.
[13] Kissack, "Electric Vehicles Companies Tap Silicon Valley Cash."
[14] 以下の論文に引用。Jaffe, Trajtenberg, and Henderson, "Geographic Localization of Knowledge Spillovers as Evidenced by Patent Citations."
[15] Ibid.
[16] Thompson, "Patent Citations and the Geography of Knowledge Spillovers."
[17] Lohr, "Silicon Valley Shaped by Technology and Traffic."
[18] Belenzon and Schankerman, "Spreading the Word."
[19] Adams and Jaffe, "Bounding the Effects of R&D."
[20] Azoulay, Graff Zivin, and Wang, "Superstar Extinction."
[21] Lee, Brownstein, Mills, and Kohane, "Does Collocation Inform the Impact of Collaboration?"
[22] クロニクル・ビルディングに入居している社会的企業向けの施設「ハブ・ソーマ（Hub Soma)」のウェブサイトの定義による。
[23] Markusen, Hall, Campbell, and Deitrick, The Rise of the Gunbelt, pp.87-89.
[24] 以下に引用。Grove, "How America Can Create Jobs."
[25] Klepper, "The Origin and Growth of Industry Clusters."
[26] Riddell, Lindsay. "'Anti-Growth' Company Shooting for the Stars, " San Francisco Business Times, July 1, 2011.
[27] Mattioli, "As Kodak Fades, Rochester Develops Other Businesses."

第5章

[1] Manacorda and Moretti, "Why Do Most Italian Youths Live With Their Parents?"
[2] 以下に引用。Ferrie, "Internal Migration."
[3] Ibid.
[4] Micro data, 2000 Census.
[5] Wozniak, "Are College Graduates More Responsive to Distant Labor Market Opportunities?"
[6] Gregg, Machin and Manning, "Mobility and Joblessness."
[7] Machin, Pelkonen, and Salvanes, "Education and Mobility."
[8] アメリカ労働省労働統計局のデータに基づく。

[9] 移動せずにとどまる人の一部には、労使双方の情報不足が原因で雇用のミスマッチが生じることによる「摩擦的失業」が起きていると考えられる。

[10] Kain, "Housing Segregation, Negro Employment, and Metropolitan Decentralization."

[11] Bound, Groen, Kézdi, and Turner, "Trade in University Training."

[12] Mallaby, More Money Than God.

[13] Sieg, Smith, Banzhaf, and Walsh, "Estimating the General Equilibrium Benefits of Large Changes in Spatially Delineated Public Goods."

[14] データと方法論に関しては、以下の論文で詳述した。Moretti, "Local Labor Markets."

[15] たとえば、以下を参照。Krueger, Perri, Pistaferri, and Violante, "Cross-Sectional Facts for Macroeconomists."

[16] Moretti, "Real Wage Inequality."

[17] こう思う人もいるかもしれない。「大卒者たちは高額の住宅ローンや家賃を支払っているが、素晴らしい都市で暮らしている。生活コストが高いのは、便利な場所を好んで住んでいる結果なのではないか？」。しかし私の研究によると、大卒者たちが都会暮らしを好むようになった結果として、沿岸部の大都市への大卒者の移住が加速したわけではない。1980年代に比べて都市の生活が快適になったことは事実だが、それは移住の原因というより、むしろ結果だ。大卒者たちが生活コストの高い都市に移り住むようになった最大の理由は、雇用の面にある。大卒者向けの雇用、とくに金融分野とハイテク分野の雇用がほかの土地よりも多く増えたために、そういう都市に大卒者が流入したのである。大卒者が高い生活コストを支払ってまでサンフランシスコやボストンに住んでいるのは、そこに仕事があるからだ。1980年ごろに突然、大卒者が高卒者以上にこれらの町を気に入ったからではない。

[18] Glaeser and Ward, "The Causes and Consequences of Land Use Regulation"; Glaeser and Tobio, "The Rise of the Sunbelt"; Glaeser, Gyourko, and Saks, "Why Is Manhattan So Expensive?"

[19] Ibid.

第6章

[1] Powell, Whittington, and Packalen, "Organizational and Institutional Genesis."

[2] Leuty, "SF Life Science Hub Lures East Coast Venture Firms."

[3] Powell, Whittington, and Packalen, "Organizational and Institutional Genesis," pp.4-5.

[4] Ibid.

[5] Zucker, Darby, and Brewer, "Intellectual Human Capital and the Birth of U.S. Biotechnology Enterprises."

[6] Ibid.; Powell, Whittington, and Packalen, "Organizational and Institutional Genesis."

とくに、Powell, Whittington, and Packalenによれば、潤沢な大学基金をもつ大学が所在し、有力な産業集積地に発展していてもおかしくなかったのに、実際には集積地が形成されなかった都市も多い。同論文は、以下のように記している。「ニューヨーク圏とニュージャージー州中部地区には、有力な大学と……多くの資金力豊富な金融機関、多くの多国籍製薬企業が存在している……フィラデルフィア圏には、ペンシルベニア大学、ウィスター研究所、フ

ォックス・チェイス癌センター、フィラデルフィア子ども病院――いずれも重要な公的研究機関だ――や、多くの有力製薬企業がある……ロサンゼルスには、最も歴史が長く、最も成功しているバイオテクノロジー企業の一つであるアムジェンが1980年に設立され、カリフォルニア工科大学とカリフォルニア大学ロサンゼルス校（UCLA）に科学的資源がふんだんに蓄えられている……テキサス州ヒューストンには、豊富な資金と、いくつかの大学と医学校、先進的な研究病院がある……ジョージア州アトランタには、アメリカ疾病対策センター（CDC）、一流大学であるエモリー大学とジョージア工科大学がある……オハイオ州クリーブランドは、歴史上きわめて早い時期にベンチャーキャピタルが根づいた都市で、アメリカ屈指の研究病院であるクリーブランド・クリニックがある。しかしこれらの都市は、いずれもバイオテクノロジー産業を花開かせているとは言えない」（pp. 4-5）。

[7] Zucker, Darby, and Brewer, "Intellectual Human Capital and the Birth of U.S. Biotechnology Enterprises"; Zucker et al., "Minerva Unbound"; Zucker, Darby, and Armstrong, "Commercializing Knowledge"; Zucker and Darby, "Capturing Technological Opportunity via Japan's Star Scientists"; Zucker, Darby, and Armstrong, "Geographically Localized Knowledge"; Zucker and Darby, "Present at the Biotechnological Revolution."

[8] Zucker and Darbyのさらに新しい研究によると、バイオテクノロジー分野における世界のスター研究者の半分あまりがアメリカに拠点を置いている。世界最高水準の大学を擁するアメリカは、スター研究者の世界最大の供給源だが、そうした人材すべてがアメリカにとどまって研究を続けるとは限らない。しかし、アメリカを出ていく研究者とアメリカにやって来る研究者では、アメリカに移ってくる人のほうが圧倒的に多い。最近は、スイス、イギリス、カナダなどからの流入が目立つ。スイスは新たに導入された規制により、バイオテクノロジーの研究がやりにくくなったこと、イギリスは大学への支援が大幅に削減されたこと、カナダはアメリカほど高技能労働者にとって労働市場が魅力的でないことが理由だろう。このような事情があるので、この産業におけるアメリカの優位はますます強まっている。

イノベーション産業集積地の形成過程でスター研究者の果たす役割がことのほか大きいのは、製薬・バイオテクノロジー産業とコンピューティング・IT産業だ。ナノテクノロジーはこれらの産業ほどではなく、半導体産業はスター研究者の役割がハイテク産業で最も小さい。以下の論文を参照。Zucker and Darby, "Movement of Star Scientists and Engineers and High-Tech Firm Entry."

[9] 数字はすべて以下による。Scott, "Origins and Growth of the Hollywood Motion-Picture Industry."

[10] Ibid.

[11] Richard Florida, "The Rise of the Creative Class," p.206.

[12] Jacobs, "Made in Brooklyn."

[13] 以下を参照。"The Cost of Cool," Economist, September 17, 2011.

[14] Jon Swartz, "San Francisco's Charm Lures High-Tech Workers," USA Today, December 6, 2010.

[15] Ibid.

[16] "The Revolution on Batteries," Boston Globe, May 22, 2011.

[17] Jaffe, "Real Effects of Academic Research."

[18] 300億ドルという金額は、2010年の貨幣価値によるもの。

[19] Jacobs, "Why TVA Failed."

[20] Kline and Moretti, "Local Economic Development, Agglomeration Economies and the Big Push."

[21] この三つの事例について、詳しくは以下を参照。Mayer, "Bootstrapping High-Tech."

[22] Ibid. ただし、Mayerによれば、近年は公共政策の重要性が増しているという。地域の企業が公共政策の変更を主張し、それに成功するケースも出てきている。たとえば、ポートランド、ボイジー、カンザスシティでは、公共政策の変更によってイノベーション関連の企業が多く集まりはじめ、高技能の労働力の需要が高まり、地元大学の研究への依存も強まった。しかしいずれの場合も、政策変更が実現するまでにはかなりの時間を要した。テクノロジーに経済的基盤を置く都市の経済発展には、どうしても長い時間がかかるものなのだ。

[23] Vara, "Clean Tech Arrives, with Limited Payoff."

[24] 燃料電池、太陽光、風力、地熱発電関連のイノベーションの特許申請件数（全世界）は、2000年には584件だったのが、09年には3424件へと、9年間で6倍近くに増えた。とりわけ特許申請件数が多いのは、太陽光発電関連だ。太陽光発電と燃料電池に関する特許は日本の発明者、風力発電関連の特許はアメリカの発明者が最も多く生み出している。以下を参照。World Intellectual Property Organization, World Intellectual Property Indicators, 2010.

[25] Vara, "Red Flags for Green Energy."

[26] Borenstein, "The Private and Public Economics of Renewable Electricity Generation."

[27] Baker, "U.S. Solar Firms Lead in Installation."

[28] Vara, "Clean Tech Arrives, With Limited Payoff."

[29] Greenstone, Hornbeck, and Moretti, "Identifying Agglomeration Spillovers"; Greenstone and Moretti, "Bidding for Industrial Plants."

[30] Busso, Matias, Gregory, and Kline, "Assessing the Incidence and Efficiency of a Prominent Place Based Policy."

[31] これらの計算は、本書執筆時点（2011年）で最新のデータに基づいている。投資の回収率は、居住者と非居住者の年間の所得増加額の総額と、このプログラムのために納税者が負担する費用の総額（6億ドル）を比較して算出した。後者の数字は、課税のプロセスでの効率損失を考慮に入れて、1.3倍にして計算した。また、プログラムの影響を受ける働き手の労働の潜在価格はゼロと想定した。このプログラムでは、失業率の高い地区を対象にしているので、この想定は非現実的なものではない。

第7章

[1] Bloom, Schankerman, and Van Reenen, "Identifying Technology Spillovers and Product Market Rivalry." 以下も参照。 Griffith, Harrison, and Van Reenen, "How Special Is the Special Relationship?" および Lychagin, Pinkse, Slade, and Van Reenen, "Spillovers in Space."

[2] Bloom, Schankerman, and Van Reenen, "Identifying Technology Spillovers and Product Market Rivalry."

[3] Census of Population および American Community Survey（アメリカ国勢調査局）のデータに基づく。

[4] ここで私が用いた国勢調査データは、最上位層の数字が伏せられている。具体的には、年間所得30万ドルを上回る人の所得はすべて30万ドルとして扱われている。この処理は、調査回答者の匿名性を守ることが目的だ。これをおこなわないと、最上位層の回答者の素性が容易に推測されてしまう。しかし、超高額所得者の数字がデータに十分に反映されないという弊害もある。

[5] たとえば、以下を参照。Autor, "The Polarization of Job Opportunities in the U.S. Labor Market."

[6] Goldin and Katz, The Race Between Education and Technology.

[7] Greenstone and Looney, "Where Is the Best Place to Invest $102,000?"

[8] Ibid. これらの平均値には、職に就いていない人（給料がゼロ）の人のデータも含まれている。したがって、この数字は、大卒者と高卒者の賃金水準の違いだけでなく、失業率の違いも反映したものになっている。

[9] Ibid.

[10] Moretti and Currie, "Mother's Education and the Intergenerational Transmission of Human Capital."

[11] Lochner and Moretti, "The Effect of Education on Crime."

[12] Heckman, "Policies to Foster Human Capital."

[13] Heckman and LaFontaine, "The Declining American High School Graduation Rate."

[14] Samuelson, "High-Skill Job Openings Abound."

[15] Riddell, "East Bay Schools Aim to Refresh Biotech Labor Pool."

[16] たとえば、Goldin and Katz, The Race Between Education and Technology によれば、移民の17%は総就学年数が9年に満たない。この割合は、アメリカで生まれた人の場合は1%だ。

[17] Hunt and Gauthier-Loiselle, "How Much Does Immigration Boost Innovation?"

[18] Kerr, "The Agglomeration of U.S. Ethnic Inventors."

[19] 伝統的な製造業の場合、移民が及ぼす効果は、この段落で指摘したものとは逆らしい。以下を参照。Paserman, "Do High-Skill Immigrants Raise Productivity?"

[20] Arora, Branstetter, and Drev, "Going Soft."

[21] 数字はすべて以下による。Kerr, "The Agglomeration of U.S. Ethnic Inventors."

[22] Hunt, "Which Immigrants Are Most Innovative and Entrepreneurial?"

[23] Lohr, "Silicon Valley Shaped by Technology and Traffic."

■著者略歴

エンリコ・モレッティ

Enrico Moretti

経済学者。カリフォルニア大学バークレー校教授。専門は労働経済学、都市経済学、地域経済学。ロンドン・スクール・オブ・エコノミクス（LSE）国際成長センター・都市化プログラムディレクター。サンフランシスコ連邦準備銀行客員研究員、全米経済研究所（NBER）リサーチ・アソシエイト、ロンドンの経済政策研究センター（CEPR）及びボンの労働経済学研究所（IZA）リサーチ・フェローを務める。イタリア生まれ。ボッコーニ大学（ミラノ）卒業。カリフォルニア大学バークレー校でPh.D.取得。

■解説者略歴

安田洋祐

Yosuke Yasuda

経済学者。大阪大学経済学部准教授。専門はマーケット・デザイン、ゲーム理論。2002年東京大学経済学部卒業。2007年プリンストン大学経済学部Ph.D.取得。政策研究大学院大学助教授を経て現職。

■訳者略歴

池村千秋

Chiaki Ikemura

翻訳者。訳書に『ワーク・シフト』（リンダ・グラットン著、プレジデント社）、『大停滞』（タイラー・コーエン著、NTT出版）、『グーグル／ネット覇者の真実』（共訳、スティーブン・レヴィ著、阪急コミュニケーションズ）などがある。

年収は「住むところ」で決まる

2014年4月30日第1刷発行
2018年7月24日第5刷発行

著者……エンリコ・モレッティ

訳者……池村千秋

発行者……長坂嘉昭

発行所……株式会社プレジデント社
〒102-8641
東京都千代田区平河町2-16-1
電話　編集(03) 3237-3732
　　　販売(03) 3237-3731

編集……中嶋 愛

装丁……岡本 健＋

制作……関 結香

印刷・製本……萩原印刷株式会社

ISBN978-4-8334-2082-2
Printed in Japan